ZDTh

Zeitschrift für Dialektische Theologie

Heft 62 Jahrgang 31 Nummer 2/2015

Der wahre Mensch.
Jesus in der Christologie Karl Barths

EVANGELISCHE VERLAGSANSTALT
Leipzig

Zeitschrift für Dialektische Theologie
Journal of Dialectical Theology

ISSN 0169-7536

Gründer

Gerrit Neven (Kampen)

Herausgeber

Georg Plasger (Siegen) in Verbindung mit Gerard den Hertog (Apeldoorn), Bruce Mc-Cormack (Princeton), Cornelis van der Kooi (Amsterdam), Niklaus Peter (Zürich), Peter Opitz (Zürich), Rinse Reeling Brouwer (Amsterdam), Günther Thomas (Bochum) und Peter Zocher (Basel)

Redaktion und Layout

Sarah Huland-Betz (Siegen)

Kerstin Scheler (Siegen)

Redaktionsanschrift

Universität Siegen

Prof. Dr. Georg Plasger

D - 57068 Siegen

zdth@uni-siegen.de

Abonnementskosten:

Preise incl. MWSt.: Einzelheft: € 18,80, Einzelheft zur Fortsetzung € 17,80, für Mitglieder der Karl Barth-Gesellschaft e.V. 30 % Rabatt, für Studierende 40 % Rabatt, jeweils zuzügl. Versandkosten (z.Zt. je Heft in D 1 €; innerhalb Europas 3 € + MwSt.). Die Fortsetzung läuft immer unbefristet, ist aber jederzeit kündbar.

Vertrieb: Evangelische Verlagsanstalt GmbH . Blumenstraße 76 . 04155 Leipzig
Bestellservice: Leipziger Kommissions- und Großbuchhandelsgesellschaft (LKG)
Frau Christine Falk, An der Südspitze 1–12, 04579 Espenhain
Tel. +49 (0)34206–65129, Fax +49 (0)34206–651736 . E-Mail: cfalk@lkg-service.de

Cover: Kai-Michael Gustmann, Leipzig

Satz: Sarah Huland-Betz, Siegen

Drucken und Binden: Hubert & Co., Göttingen

ISBN 978-3-374-04097-1

www.eva-leipzig.de

Inhalt

Ernstpeter Maurer

„Der königliche Mensch". Das Leben Jesu in Barths Christologie

Barth skizziert in § 64,3 „Der königliche Mensch" den vorösterlichen Jesus. Dabei wird der Akzent gesetzt auf den wahren Menschen im Sinne der Zwei-Naturen-Lehre. Es geht nicht um einen Menschen „im allgemeinen". Daher kann nicht „ein von dem österlichen Nachher abstrahiertes vorösterliches Vorher" rekonstruiert werden.[1] Barth orientiert sich am Text des Neuen Testaments und besteht darauf, dass diese Methode auch historisch angemessen ist. Es wäre nicht sachgemäß, wollten wir davon absehen, dass es um die Begegnung *Gottes* mit anderen menschlichen Personen geht. Insofern wäre die Rückfrage „hinter" die Texte nach einem „historischen" Jesus eine Reduktion, die keineswegs die wahre Wirklichkeit trifft. Wohl aber macht Barth die Texte transparent für die gott-menschliche Wirklichkeit im Sinne der klassischen Christologie. Ich wende mich zunächst dem Abschnitt § 64,3 zu.

1. Diagonale Überblicke

Barth will nur eine Skizze bieten – „in einigen Diagonalen" (175). Dabei wird sich zeigen, dass diese Beschränkung theologisch begründet ist.

Als *erster* Aspekt (I) tritt die einzigartige Begegnung in den Mittelpunkt, die im Text ihre Spuren hinterlassen hat. Jesus macht *Geschichte* – allerdings als „befremdliches und aufregendes Novum" (175). Dabei wird der bereits in der christologischen Erörterung (§ 64,2) zentrale Begriff „Geschichte" von einer historischen Faktizität deutlich abgegrenzt, sofern Fremdheit und Provokation in den Mittelpunkt rücken. Wenn die Texte von der Zwei-Naturen-Lehre her gelesen werden, gilt es den Konflikt der göttlichen mit

---

[1] Karl Barth, *KD* 4/2, Zürich ³1978, 174. Die Seitenzahlen im Text beziehen sich auf diesen Band.

der menschlichen Wirklichkeit zu profilieren. Aber die göttliche Wirklichkeit ist ihrerseits eine lebendige und daher eine geschichtliche Wirklichkeit. Daher ist der Konflikt nur *zu erzählen*. Eine Erzählung muss kohärent sein – und das kann die historische Rekonstruktion nicht leisten, vielmehr setzt Barth denkbar tief an, nämlich bei der Geschichte Gottes mit den menschlichen Geschöpfen, deren letzte Kohärenz in der ewigen Gnadenwahl liegt. Es ist daher nicht erstaunlich, wenn Barth schon gleich in einem zweiten Punkt die Entscheidungen hervorhebt, die durch Jesus provoziert werden (vgl. 175 ff.). Die Scheidungen auf der menschlich-geschichtlichen Ebene zeichnen nicht etwa die herkömmlichen Fronten nach, sondern laufen „quer durch sie alle" hindurch (176).

Das ist für die „narrative Logik" wichtig. Die Scheidungen sind nicht verrechenbar – sie sind *inkommensurabel* – mit den sonstigen „Verschiedenheiten und Gegensätzen", sie stehen quer und verweisen darin auf eine tiefere Dimension. Natürlich kann aus diesen narrativen Details nicht die Erwählungslehre abgeleitet werden. Sie kann aber in solchen Details aufleuchten, wenn sie bereits vorausgesetzt wird. Barth betont, es gebe keine Neutralität gegenüber Jesus. Hier kommt es jeweils zu einer radikalen Entscheidung zwischen Nachfolge und Ablehnung. Diese Entscheidung wird zum Zeichen der ewigen Entscheidung – und zwar im Zusammenhang mit der letzten Verwerfung Jesu durch alle anderen. So wird die einzigartige Wirklichkeit Jesu als des königlichen Menschen profiliert, die ihrerseits die Erinnerung und damit das Zeugnis von seiner Gegenwart *gestaltet* hat (vgl. 178). Ein wesentlicher Zug dieser Gestalt ist der Bezug zum Alten Testament: „So konnte jetzt das ganze Alte Testament gerade nur noch als Verheißung des Kommens dieses Menschen gelesen und ausgelegt werden." (178) Darin zeigt sich die Tiefe *dieser* Geschichte. Es ist die Geschichte Gottes mit dem erwählten Volk, die sich hier in einer ultimativen Weise vollendet und erfüllt. Der andere wesentliche Zug liegt in der Transparenz Jesu für die Gegenwart Gottes: Nur dem Willen des Vaters unterworfen „und also nicht willkürlich, aber auch von nirgendswoher gedrungen und gezwungen, sah man ihn überlegen kommen und gehen, schalten und walten, hörte man ihn reden, sah man ihn aber auch schweigen und, indem er das Alles tat, Herrschaft aufrichten und ausüben." (180) Die Notwendigkeit – der Gehorsam Jesu – ist hier identisch mit wahrer Freiheit. Solche Transparenz wird literarisch in den Evangelien *gestaltet*. Es wäre wahnsinnig, sie als historisches Faktum „hinter" den Texten zu konstruieren, aber sie allein ermöglicht ein angemessenes Verständnis der Texte.

Barth verbindet zuletzt die unwiderrufliche Gegenwart Jesu mit dem Kreuz, von dem aus die ganze Geschichte im Rückblick erzählt wird. Die Gegenwart dieser Geschichte ist nicht auszulöschen, sie vergegenwärtigt sich selbst: „gerade der damals endlich und zuletzt Gekreuzigte ist [...] der heute *gegenwärtige*, der einst *kommende*, der *lebendige* Herr." (182) Das kann einerseits nur von Ostern her gesagt werden. Andererseits steckt darin auch, dass sich in der „Zielgeraden", wo die Berichte „in mächtigem Gefälle" der Passion „entgegeneilen" (182), eine göttliche Notwendigkeit abzeichnet, die zum göttlichen Leben gehört und daher nur Ewigkeit sein kann – Ewigkeit aber nicht als Zeitlosigkeit, sondern als bleibende Gegenwärtigkeit.

Zur „narrativen Logik" der Evangelien macht Barth eine interessante Bemerkung: Es gibt kein „Lebensbild Jesu", die Kontinuität dieses Lebens bleibt eher rätselhaft, in Etappen gegliedert, „von denen doch jede einzelne offenkundig auch das Ganze darstellt" (184). Darin spiegelt sich gerade die Spannung zwischen dem Gefälle dieses Lebens auf das Kreuz hin und der Singularität des königlichen Menschen, die immer wieder alle Kategorien sprengt. Die Fremdheit, wie sie als narratives Moment der Evangelien unübersehbar ist, wird zum Zeichen für einen Konflikt um die Wirklichkeit – und es könnte ja sein, dass unsere explizite oder auch stillschweigende „Ontologie der Persönlichkeit" eine Abstraktion ist. Hingegen gibt uns der königliche Mensch die Freiheit, „von ihm her zu denken und zu wollen, in seine Nachfolge einzutreten" (185), also: in der neuen Wirklichkeit zu leben. An dieser konkreten Geschichte haben wir zu lernen, was Wirklichkeit, „was das Geschöpf, was der Mensch ist" (185).

Das ist im *nächsten* Abschnitt (II) ohnehin deutlich, denn nun geht es um die These, wonach der königliche Mensch *analog* zur Existenzweise Gottes existiert (vgl. 185). Das Gefälle des Lebens Jesu konvergiert letztlich mit der Erniedrigung des Sohnes Gottes, seinem Weg in die Fremde. Es ist übrigens zu bemerken, dass gerade in dieser menschlichen Erniedrigung die Erhöhung des Menschensohnes ihre Zuspitzung findet. So ist die „Entsprechung" nicht die Wiederholung im verkleinerten Maßstab, sondern die Verwicklung von Geschichten: Die Geschichte Gottes in der Verwicklung mit der Geschichte Jesu tritt den menschlichen Geschöpfen dramatisch entgegen und löst eine einzige Konfliktgeschichte aus, in der diese Person allen anderen immer fremder und ärgerlicher wird.

Die Erniedrigung des königlichen Menschen zeichnet sich darin ab, dass er sich an den Rand des „Establishments" begibt. Jesus ist solidarisch „mit dem Gott, der in den Augen der Welt [...] als Inhalt eines Grenzbegriffs existiert" (188). Dabei werden nicht einfach die Maßstäbe umgekehrt, es wird vielmehr jeder Maßstab in Frage gestellt. Es geht um eine Umwertung *aller* Werte (vgl. 188). Es geht also nicht um einen immanenten Wert von Randgruppen, vielmehr bleibt die Gegenwart Gottes inkommensurabel.

Der königliche Mensch ist der göttlichen Existenzweise analog in dem *revolutionären* Charakter seines Verhältnisses zu Wert- und Lebensordnungen (vgl. 191). Wohlgemerkt: nicht prinzipiell-systematisch und auch nicht programmatisch, sondern stets *radikal.* „Er stellte – und das war das tief Beunruhigende seiner Existenz nach allen Seiten – *alle* Programme, *alle* Prinzipien in Frage." (191) Darin zeigt sich die königliche *Freiheit.* Jesus ist frei, „quer durch alle jene Systeme hindurchzugehen", so dass ihre Vorläufigkeit, Relativität, Brüchigkeit aufleuchtet (192). Jesus ist unter keine Kategorie zu bringen. Gerade so gibt Gott den Ordnungen ihren begrenzten Bereich, aber niemals eine totale Geltung. In Jesus handelt Gott als „Durchbrecher aller Bande" (193).

Hier zeigt sich wieder die theologische Dimension der Erzählung: Die Bewegung wird geschaffen durch die permanente und immer wieder neu akzentuierte Fremdheit, die Inkommensurabilität, die immer wieder quer steht. Es ist insofern ganz präzise, wenn Barth zu Beginn von „Diagonalen" spricht. Dadurch kommt es zu einer pointierten Darstellung der Transzendenz Gottes – im doppelten Sinne des Wortes – nicht als Jenseits, sondern als Unruhe mitten in der Geschichte. Daher aber setzt uns der königliche Mensch auch in Bewegung, als erhöhter Menschensohn. Der Begriff des „Inkommensurablen" (199) ist hier sehr interessant, weil Barth ihn auch damit in Verbindung bringt, dass die neue Wirklichkeit einen radikalen Gegensatz darstellt, so dass es keine Neutralität gibt. Anders gesagt: Es gibt keinen gemeinsamen Nenner – und das ist die schlichte Bedeutung von „inkommensurabel". Das elementar anschauliche Beispiel ist die Diagonale im Quadrat. (Die bloße Negation der Verhältnisse schafft hingegen keine *bleibende* Irritation.) Von da geht eben die Unruhe aus, die des Menschen Trägheit bleibend überwindet, so kommt es zu einer inkommensurablen Geschichte, in der sich die ewige Gottesgeschichte abzeichnet. Innerhalb der Wirklichkeit der Welt bleibt der Fremdkörper und zwingt zu revolutionären Perspektivwechseln, ohne aber jemals durch eine innerweltliche Umwälzung beseitigt zu werden. *Darin wird Gott konkret* (vgl. 199): Gerade durch die Störung aller uns zugänglichen Skalen entzieht sich Gott in höchst aufdringlicher Weise (vgl. 200).

Der königliche Mensch ist für die Menschen und spiegelt darin *das göttliche Ja* zum Menschen wider. Jesus bringt den Menschen Freude. Genauer: er ist die Freude des Reiches Gottes, die den Menschen geschenkt wird (vgl. 203). Das Elend ging in Jesu Herz, „in ihn selbst hinein", bis es „nicht mehr das ihrige, ganz das seinige war. Er erlitt es an ihrer Stelle." (205) Hier wiederholt sich der *Personentausch* aus dem ersten christologischen Durchgang.[2] So kommt es zu einer intensiven und nicht mehr überbietbaren *personalen Relation*. Das zeichnet Barth exegetisch an Mt 9,36 nach, am Leitfaden des Wortes *óchloi*. An der „Masse" – dem namenlosen „Man" – tritt die Dynamik des Elends hervor, wo gerade das Streben nach der eigenen Identität zum Verlust der einzigartigen Personalität führt, weil diese Personalität nur in der personalen Relation zu Jesus geschenkt werden kann. Das Elend der „Masse" hängt damit zusammen, dass es keine rechten Hirten gibt. Der Hirte muß das „törichte Rufen und Blöken: Ich! Ich! hören und in seinem tiefsten Grund, besser als die Leute selbst, verstehen." (207) Das ist die „hermeneutische" Wendung des Erbarmens. Sie führt dazu, dass alle zusammengebracht werden. Gerade so wird Jeder für sich bei seinem Namen gerufen. „So wären alle geborgen bei ihm." (207) Ihre Freiheit gründet in seiner Herrschaft, die seiner dienenden Hinwendung nicht widerspricht.

Hier wäre die in § 64,2 vorbereitete Grundstruktur der Anhypostasie in Erinnerung zu rufen, die Barths Skizze insgesamt leitet. Mit dem Begriff „Anhypostasie" ist gemeint, dass der Sohn Gottes das Subjekt des Lebens Jesu Christi ist, wohingegen die menschliche Natur kein eigenes Personzentrum aufweist. Barth legt Wert darauf, dass gerade darin sich die Freiheit des königlichen Menschen ausbildet. Diese Freiheit konvergiert in der Selbsthingabe Jesu mit der Selbsthingabe des Gottessohnes. So wird Jesu geschichtliches Leben durchsichtig für die Geschichte Gottes. Es kommt also auch zu einer konkreten Begegnung mit dem königlichen Menschen. Daher läuft die Anhypostasie nicht auf eine Abstraktion hinaus, sondern auf eine aufdringliche Identität der göttlichen und der menschlichen Natur. Dabei wird gerade aus der Selbst-Hingabe die Identität der Person geschaffen. Darauf müssen wir noch eingehen, weil Barth den freien Gehorsam des Menschensohnes immer wieder hervorhebt (s.u. 3.). Dagegen zeichnet sich an der „Masse" nach Mt 9,36 ab, wie aus dem Streben nach Identität die Unfreiheit resultiert. Erst die Befreiung von diesem Streben macht die mensch-

---

2   Vgl. *KD* 4/1, Zürich [3]1975, § 59.

lichen Personen frei, in der Beziehung zu dem königlichen Menschen, der seinerseits die Herrschaft in freiem Gehorsam ausübt.

Es dürfte klar sein, dass die mehrfach hervorgehobene Inkommensurabilität in der Begegnung mit dem Menschensohn bereits auf diese anhypostatische Struktur verweist. Dieser königliche Mensch paßt in keine Ontologie – insofern bleibt er ohne Ort und hat nach „menschlichem" Ermessen keine Identität. Darin aber liegt letztlich seine Kraft, die Unruhe zu schaffen, die auf andere menschliche Personen übergreift und sie letztlich befreit.

Im *dritten* Abschnitt (III) geht es um das Reden und Handeln Jesu. Sein Leben hat den Charakter einer Geschichte, die allerdings *inkommensurabel* ist. Daher sind auch die Evangelien „inadäquate *Versuche*, die Überlieferung von Jesu Lebenstat festzuhalten" (vgl. 214). Allerdings ist es ein historisches (!) Faktum, dass sich in allem fragmentarischen Charakter der Überlieferung ein konturiertes Bild abzeichnet. „Eben in dem von ihnen in den Grundzügen übereinstimmend bezeugten Bild seines Handelns sah die sich konstituierende Gemeinde ihn selber, hörte sie das Zeugnis seines eigenen, des einen Heiligen Geistes." (215) Das ist hermeneutisch bedenkenswert: Der fragmentarische Charakter der evangelischen Überlieferung entspricht der inkommensurablen Struktur des Handelns und Redens Jesu. Zugespitzt: Es entspricht dem Gegenstand der Texte, dass sie sich einer historischen Rekonstruktion sperren. Die „innere Einheitlichkeit" des Bildes (214) kann nicht von uns geschaffen werden, sie muß sich selbst durchsetzen.

Zu den eigentümlichen Worten Jesu macht Barth überraschend formale Bemerkungen. Er geht weder auf die Anstößigkeit der Bergpredigt noch auf die Mehrdeutigkeit der Gleichnisse ein. Die Originalität der Worte Jesu ist nicht auf besondere Inhalte zurückzuführen, sondern immer auf den Bezug zu seiner Person, „daß sie nun eben als *seine* Worte ausgesprochen werden" (216). Daher kann die Gemeinde sie *unbekümmert* überliefern, also uneinheitlich, nicht auf aramäisch *etc*. Barth stellt denn auch die Frage, ob man nicht gerade von dieser historischen Tatsache ausgehen muß. Die anhypostatische Relation des Menschensohns zum Gottessohn springt über auf die Relation der Texte zur Person Jesu Christi. Es geht nur darum, dass *Jesus* geredet hat. Dabei läßt die Ansage des kommenden Heils das Heil auch tatsächlich anbrechen. Indem Jesus redet, spricht Gott. Für die Nachricht gilt: „natürlich redet sie von *Gott* – indem nämlich der Mensch *Jesus* von ihm redet. Und umgekehrt: indem er diesen *Menschen* zum Reden erweckt hat, hat Gott *selbst* sie ausgesprochen." (218) Hier koinzidiert die Nachricht mit dem, der sie bringt. Daher kann es nicht primär um den Inhalt gehen, denn die Heilsbotschaft liegt darin, *dass* sie an uns ergeht. Das würde gerade verdunkelt, wollte man den Inhalt der Botschaft abziehen von der Person. So ist die scheinbar formale Abstraktheit in Barths Exegese durchaus angemessen. Barth kann von einem „absoluten" *didáskein* Jesu sprechen (222). Hier werden einerseits das Gesetz und Propheten vollmächtig ausgelegt, sie werden aber auf die Gegenwart Jesu bezogen, denn darin sind die Schriften erfüllt. Das ist wieder der Grundzug der Geschichte Jesu: Hier kommt die Geschichte Israels zur Vollendung. Daher ist das Reden Jesu identisch mit dem Wort Gottes – und daher auch ein Fremdkörper und ein Ärgernis, das zur Entscheidung zwingt (s.o. zu I). Das Faktum eines inkommensurablen Redens konvergiert mit der Auslegung des Gesetzes und der Propheten. Es geht aber ausdrücklich nicht um einen „Inbegriff von irgendwelchen abstrakten Wahrheiten und Forderungen" (223). Ähnlich konturiert Barth das *kerýssein* Jesu. Hier wird die Geschichte Israels aufs Höchste verdichtet. Wieder kommt es zur indirekten Identität zwischen Jesus und dem Wort Gottes, einem absoluten (227) *kerýssein*: Jesus redet als der, der da kommt, „nicht von einer noch ausstehenden oder anderwärts geschehenden, sondern von der, *indem er da ist*, sich vollziehenden göttlichen Machtergreifung: er *vollzieht* sie, indem er redet." (227)

Barth gibt keine Hinweise darauf, dass bestimmte Inhalte die Verkündigung bestimmen, es geht vielmehr um den Bezug auf das Geschehen selbst im Horizont der alttestamentlichen Verheißung. Die theologisch fruchtbare Einsicht liegt darin, dass bestimmte Inhalte niemals für sich allein transparent sein können für die göttliche Wirklichkeit, während umgekehrt die biblisch überlieferten Worte Jesu durch den Bezug auf seine Gegenwart – in der ganz singulären Situation der Erfüllung der alttestamentlichen Geschichte – bedeutsam werden. Die auf den ersten Blick sehr formale Transparenz des Redens Jesu wird hier vertieft durch ein Muster, das man als „Verdichtung" bezeichnen könnte. Im Rahmen literarischer Gestaltung ist das nicht ungewöhnlich. Das Muster tritt hervor im Gegenüber von Johannes dem Täufer und den Aposteln, also in der Wende – der *strophé* – von der Zeit der Erwartung zur Zeit der Erinnerung. Der Täufer gehört, „gerade als letzter, mächtigster Träger der reinen Verheißung, schon in die Geschichte der Erfüllung der alttestamentlichen Verheißung hinein." (229) Daher ist seine Ankündigung des nahen Gottesreichs als Formel identisch mit dem Reden Jesu, aber doch auch nicht einfach dasselbe. Es ist die „Summe der alttestamentlichen Verheißungsrede, in der diese in die Ankündigung, in das *kerýssein* der Erfüllung schon übergeht" (229). Die Struktur der Zeit wird hier gekennzeichnet als *Verdichtung*, die Zukunft wird Gegenwart. Sofern sich das in der Verkündigung der Apostel analog abzeichnet, hinterläßt die sich in die Ewigkeit hinein „aufstauende" Zeit in den Texten ihre Spur.

Die Struktur der Zeit – ihre „Dichte" – hat natürlich mit der „narrativen Logik" zu tun. Es ist zudem zu beachten, wie hier Wort und Tat, Sprache und Geschichte, oder auch: Geschichten und Geschichte ineinandergreifen. Das narrative Gefälle, das zum Kreuz führt, wird hineingestellt in die Konfliktgeschichte Jahwes mit Israel als deren Vollendung. Diese Geschichte ist – als Gesetz und Propheten – immer schon sprachlich gestaltet, immer schon worthaft. Daher spitzt sie sich im Medium der Verkündigung zu, so führt das Reden Jesu auch zu seiner Kreuzigung. Das gilt es zu verkünden. Die Sprache als Zeugnis ist die reale Beziehung zu Jesus Christus. Die *anhypostatische Relation* ist die der *Zeugen*, die das Leben Jesu nur eben bezeichnen. Die Vollmacht des apostolischen Wortes hängt daran, dass es „in jener *Beziehung* gesprochen ist" (231). Es weist als Wort vom *Kreuz* und von der *Versöhnung* über sich selbst hinaus und auf die konkrete Geschichte Jesu Christi hin. Diese konkrete Geschichte ist aber nicht „der historische Jesus", denn konkret ist diese Geschichte als Einbrechen Gottes in die Geschichte. So ist die Verkündigung anhypostatisch auf Jesus Christus bezogen, dessen Verkündigung ihrerseits anhypostatisch auf das ewige Wort Gottes bezogen ist, weil sie es in der Geschichte realisiert. Hier werden inhaltliche Bezüge sichtbar, denn nun kann etwa die Verkündigung des Paulus gelesen werden einerseits als Verdichtung des alttestamentlichen Zeugnisses, andererseits als Hinweis auf das endgültige Ereignis. Insofern sind natürlich, angefangen mit der Bergpredigt und den Gleichnissen, die Worte Jesu zu interpretieren. Auch hier ist die Anknüpfung an das alttestamentliche Zeugnis auf der einen, die befremdliche bis ärgerliche Konzentration auf Jesus Christus selbst herauszuarbeiten, wenn wir den „vorösterlichen" Jesus profilieren wollen – und zwar mit historischen Gründen, denn *dieses* Reden muß sich der Gemeinde eingeprägt und dürfte wohl auch Jesus ans Kreuz gebracht haben.

„Der andere Aspekt der Lebenstat Jesu" (232) besteht in seinen konkreten *Handlungen*. Die Wirklichkeit wird in den Taten Jesu aufgebrochen, und zwar so, dass sich hier ein wirklich Neues ereignet. Wir stoßen wieder auf die Inkommensurabilität, die für die Wunder Jesu *entscheidend* ist. Die Texte sind erneut unbekümmert über die Parallelen mirakulöser Geschehnisse in der Umwelt. Die Wunder stehen hingegen immer im Zusammenhang mit dem Reden Jesu, das ebenso eine Konfrontation mit dem ganz Neuen ist. „Die Bergpredigt [...] war in nicht geringerem Sinn *Wunder*wort, Einbruch und Geschehen des dem Menschen Unbegreiflichen, wie etwa die Erweckung des Jünglings von Nain [...] Wunder*tat* war." (234) Hier kommt die ganze *Weltfremdheit* seiner Verkündigung zum Leuchten. Daher interessiert sich Barth gar nicht für die Faktizität der Wunder, sondern nur für ihren Charakter als Zeichen des Einbruchs der göttlichen Wirklichkeit in die alte, verfallene Welt der Sünde.

Die Wunder Jesu sind absolute Wunder. Darin bricht ein Gegensatz auf, „durch den die *Gegensätze* des für unser Denken [...] Ordentlichen und Außerordentlichen, Begreiflichen und Unbegreiflichen, Natürlichen und Übernatürlichen, Weltlichen und Unweltlichen, Diesseitigen und Jenseitigen [...] unbedeutend werden." (238) Das *Neue* des Reiches Gottes ist kein Inbegriff „formaler Transzendenz" im Sinne eines leeren Geheimnisses (238 f.). Der bloß relative Gegensatz des Ordentlichen und des Außerordentlichen – der auch hinter der Frage steckt, ob die Wunder „wirklich" geschehen sind – ist künstlich und falsch (vgl. 239). Die Überlegung schließt an den revolutionären Charakter der Begegnung Jesu mit den anderen menschlichen Personen an. Das radikal Andere kann nur in einer bleibenden Inkommensurabilität gegenwärtig werden.

Barth analysiert daher die Struktur der Texte (vgl. 239 ff.). Die Wunder Jesu ereignen sich (a) absichtslos. Sie weisen (b) keine bestimmte Technik auf. Sie sind (c) selbstlos. Sie bleiben (d) ohne erkennbares Programm, sie sind „Anfänge *ohne* die entsprechenden Fortsetzungen" (241). Die Wunder stehen (e) in einem notwendigen Zusammenhang mit Verkündigung und Glauben. Sie haben (f) *symbolischen* Gehalt. Hier wird die anhypostatische Struktur auch der Wunder überdeutlich: Sie werden skizziert als durchsichtige Zeichen. Dabei fällt der Charakter der Anfänge auf, die sich immer wieder neu ereignen und jedes Wunder zu einer singulären Tat machen. Für die „narrative Logik" ist der „symbolische" Zug wichtig: Die Wunder schaffen ein Urbild für gewisse Situationen in der Gemeinde als einer geschichtlichen Wirklichkeit, die sich aus dem wirksamen Wort Jesu heraus bildet (vgl. 241). Die Wirklichkeit der Gemeinde ist nicht soziologisch oder psychologisch zu erfassen, sondern durch ihren Bezug auf das radikal Neue, wie es in die Geschichte eingebrochen ist. Sie bildet gleichsam mit der Existenz des königlichen Menschen zusammen die neue Wirklichkeit der Erhöhung der menschlichen Natur und ist auf die Begegnung mit dieser Person anhypostatisch bezogen. Das radikal Neue bricht aber durch den Glauben an Jesus in die Gegenwart ein.

Erneut geht es um den Bezug auf die Geschichte Israels auf der einen Seite und die reine Beziehung von Personen auf Jesus auf der anderen Seite. Die Aktion Gottes in den Wundern „ist das Neue am *Ziel* und *Ende* der Geschichte Israels." (243) Darin zeichnet sich ihr absoluter Charakter ab, im Gegenüber zu allen relativen Übergängen und Innovationen. Es geht um das Handeln Gottes, der in ihnen sein Reich aufrichtet – so sind sie immer nur, aber eben wirklich *Zeichen* des Gottesreiches und als solche „absolute Wunder" (244). Die Begegnung Gottes mit menschlichen Personen ist das jeweils ganz Unverrechenbare, das sich dann in den Zeichen ausprägt, aber nicht umgekehrt aus den Zeichen ableitbar ist. Die Zeichen werden immer erst in einem narrativen Zusammenhang durchsichtig.

Die bedingungslose Zuwendung Jesu ist entscheidend und läßt das Wunder zum Zeichen der *Erwählung* werden. Gott stellt sich „in größter Selbstverständlichkeit darin an die Seite des Menschen" (249). „Gott *zuerst* ist Partei gegenüber dem Nichtigen, das den Menschen zunichte machen will" (250). Ein solcher Satz kann gar nicht abgeleitet werden aus einer Exegese der Wundererzählungen, er muß bereits anderweitig feststehen. Welches noch so außerordentliche Ereignis sollte denn als Ausgangspunkt für eine „induktive" Bestätigung des Gottesreichs genommen werden? Das gilt auch für den Spitzensatz, wonach die Wunder „neue Schöpfung" sind (250). Solche Einsichten gewinnt Barth aus exegetischen, vor allem aus *narrativen Details*. Er fragt auch nach einer Wirklichkeit „hinter" den Texten, nur ist das die Auferstehungswirklichkeit, von der die Texte immer schon herkommen, also eine durchaus historische, nämlich in den Texten wirksame und unverrechenbare Wirklichkeit. Es genügt, dass sich in der Begegnung mit Jesus das Leben einzelner Menschen in wunderbarer Weise geändert hat. Die *Gestaltung* dieser Wendung im Sinne eines außerordentlichen Geschehens gehört zum unvergesslichen Eindruck der Begegnung (s.o. zu I). Diese Gestaltung verbleibt aber auf der relativen Ebene und ist als solche zweideutig.

Das zeigt sich besonders an den Dämonenaustreibungen, die auch psychiatrisch verstanden werden können und keineswegs von einem auch historisch fragwürdigen Konstrukt eines „mythischen Weltbildes" abhängen (253). Es geht um etwas Besonderes: Die Dämonen ergreifen Besitz von einem Menschen, um ihn zu zerstören, und zwar im Zusammenhang eines ganzen destruktiven Reiches. „Diese *spezifische* Anschauung von den Dämonen, ihrem Wirken und ihrem Zusammenhang [...] ist eine spezifisch *spätjüdische* Anschauung, gehört also zu den Merkmalen der *Schlußetappe* der Geschichte *Israels*. [...] Wir befinden uns in einem ganz besonderen Wirklichkeitsbereich, in der Zeit eines [...] einzigartigen Übergangs ins Leere" (253f). Der Kanon ist abgeschlossen, die Prophetie ist verstummt und wird durch eine geschichtslose Apokalyptik ersetzt, der Wille Gottes wird in der Auslegung des Gesetzes zur Forderung. Das Judentum wird zur Religion. „Jahve hatte geredet, nun schwieg er." In diesem *„geistlich-geschichtlichen Vakuum"* taucht die Vorstellung des Reiches der Dämonen auf bzw. hier wird dieses Reich zur objektiven Wirklichkeit. In dieser einzigartigen Situation wird die „Herrschaft des *Nichtigen* über den Menschen" erfahrbar (254). Diese einzigartige Situation kann nur narrativ profiliert werden, auf dem Hintergrund der alttestamentlichen Geschichte zeichnet sich ein Netz von Differenzen ab und wird durchsichtig für eine *kosmische* – insofern tatsächlich eine ontologische – Konfrontation. Der einzigartige Blick des Spätjudentums trifft auf „objektive *Sachverhalte"* (254). In diesem Kontext sind die Exorzismen Jesu eben mehr als gelungene psychiatrische Interventionen.

Es ist bedeutsam, wie Barth hier die Überlieferungsgeschichte als historisches Faktum ernst nimmt und theologisch profiliert. Die sprachliche Gestalt einer Geschichte gehört ja zur geschichtlichen Wirklichkeit. Wenn diese Wirklichkeit auf einen kosmischen Konflikt hinausläuft, dann zeichnet sich das auf der Ebene der Texte ab – und wenn umgekehrt die Wundergeschichten auf der Folie des alttestamentlichen Zeugnisses einen kosmischen Konflikt gestalten, dann gehören sie *selber zu dieser neuen Wirklichkeit*, allerdings nur indem sie das Neue bezeichnen, nicht etwa herbeireden.

Barth zeichnet an der Geschichte Joh 9,1 ff nach, dass der geheilte Blinde faktisch bereits zu Jesus gehört, bevor er glaubt, bevor der Glaube als Relation auch ans Licht gezogen und schließlich bekannt wird (vgl. 261 ff.). Wie aber kann der Glaube einen Menschen erretten? Das ist insofern einleuchtend, als mit „Glaube" eben eine Beziehung zum gnädigen Handeln Gottes gemeint ist, die tiefer reicht als die geschöpfliche Wirklichkeit, also auch nicht mit einer psychischen Bestimmung zu verwechseln ist: „Wer im Sinn des Neuen Testamentes glaubt, der tut das – gewiß als seine eigene freie Tat – weil und indem er eben *von dem her, an den* er glaubt, die *Freiheit* dazu hat. Und eben in Ausübung dieser Freiheit greift er ja dann in seiner Tat aus nach dem, was vor und unabhängig von seiner Tat *ist* [...], ist er von diesem Seienden her wie von rückwärts so auch von vorne selber gehalten, vielmehr angezogen, in Bewegung versetzt, wie ein Eisenspan vom Magneten" (266).

„Freiheit" wird hier verstanden als Bewegung von Gott her und auf Gott hin, umgriffen von der Freiheit und der Gnade Gottes, also niemals als eine menschliche Entscheidungsfreiheit, sondern als die Befreiung von einer Gefangenschaft. In einer solchen Bewegung verliere ich durchaus jeden „Selb-stand". Die anhypostatische Relation setzt eine Geschichte in Gang, in der mir mein Charakter in Bezug zu Jesus als dem königlichen Menschen geschenkt wird. Das wird alles schief, wenn man „auf die menschliche Aktion des Glaubens als solche, auf seinen mentalen Vollzug blicken [...] wollte.". „Glaube" als menschliche Aktion meint gerade nur den Übergang „von Jesus her zu Jesus hin", und eben darin hat der Glaube *„realen Anteil"* an der Macht Gottes (267). Es geht daher immer um den Nachvollzug eines narrativen Gefälles, das sich in meiner Geschichte befreiend auswirkt. Dafür bedarf es keines personalen Zentrums! *Indem die Zuwendung Gottes mich umgreift, setzt sie die Geschichte in Gang, die mich personalisiert.* So werden die Wunder Jesu tatsächlich auch zu „Urbildern" für den Glauben der Gemeinde als Leib Christi.

„Dieser Übergang ins *Konkrete* und ins *Physische* ist das *Besondere* des Glaubens dieser Menschen: der Überschuß, den er sichtbar macht." (272). Erst dieser Überschuß macht aber die singulären Ereignisse der Wunder durchsichtig für die freie Gnade Gottes. Die freie Gnade Gottes wird erst verstanden, wenn sie als Luxus aufgefasst wird (vgl. auch 261). Erst dann wird sie auch gerade in ihrer Partikularität unterschieden von einer allgemeinen und demnach wieder abstrakten Gnade (vgl. 272). Die Gnade Gottes ereignet sich mitten in der Zeit – und daher immer in singulären Ereignissen. Es könnte interessant sein, von hier aus die Erwählungslehre zu verstehen als Einsicht in den Überfluss der göttlichen Freiheit. Das ist eine wichtige Profilierung. Die Balance von Freiheit und Notwendigkeit zeichnet sich in der ewigen Gnadenwahl so ab, dass die innere Stringenz des göttlichen Wählens immer noch größere Spielräume erschließt.

2. Das Kreuz als Integral

Barth schiebt *viertens* (IV) vor der Erörterung des Kreuzes Jesu eine hermeneutische Reflexion ein (vgl. 274 ff). Wir haben „den uns historisch im Ganzen sicher bekannten Bestand der mit diesem Begriff [sc. ‚Neues Testament'] bezeichneten Überlieferung vorausgesetzt und also [...] auf jede historisch-kritische Konstruktion oder Rekonstruktion dieser Voraussetzung verzichtet" (274). Diese Überlieferung stellt das Ganze des Lebens Jesu von Ostern und der Ausgießung des Heiligen Geistes aus dar und trifft damit „die geschichtliche Wahrheit seiner geschichtlichen Existenz" (274) als des königlichen Menschen. Das ist eine hermeneutische, aber auch eine theologisch-ontologische Position. Es geht nicht um das naive Fürwahrhalten von Quellen, sondern um das sehr reflektierte Ernstnehmen von Zeugnissen. Auch dabei wird unterschieden, nur eben an anderen Maßstäben. Es geht Barth um den Gegenstand, auf den die Zeugnisse verweisen, nicht um einen Gegenstand, den wir dahinter konstruieren.[3] Geschichte ist nie sprachlos, daher ist die Suche nach sprachlosen Fakten „hinter" den Geschichten zuweilen aufschlussreich, aber stets eine Abstraktion. Wohl aber geht es um den Gegenstand, auf den die Quellen verweisen, und das ist *die gott-menschliche Wirklichkeit Jesu Christi*. Die drei Perspektiven (I – III) sind ausreichend, um die *Fülle* zu *skizzieren*, die dieser Name bezeichnet (vgl. 276). Das anhypostatische Zeugnis macht gerade in seinem fragmentarischen Charakter die Person deutlich, die den Zeugen begegnet ist und die uns durch die Texte hindurch wieder begegnet.

Es muss aber gerade daher noch das Kreuz Jesu Christi bedacht werden. Dieser Mensch wurde „*verworfen* und *ausgelöscht*". Dazu hat er Ja gesagt, es „aus freiem Willen erduldet und auf sich genommen". Die Evangelien haben „gerade den auferstandenen, den lebendigen, der erhöhten Menschen Jesus nicht anders gesehen, gekannt, bezeugt, denn als den Mann, dessen Ende und Ausgang dieser, dessen Geschichte zuletzt eben seine Passionsgeschichte war." (276) Barth unterstreicht den „schneidende[n] *Kontrast*" zwischen dem Sinn und dem Ende Jesu (277). Dieser Kontrast ist ein narratives Charakteristikum, das sich durch die Evangelien hindurch verfolgen läßt: „daß die Finsternis dieses Ausgangs *reale, letzte, eigentliche*, auch von ihm selbst durchaus nicht einfach durchschaute und wie ein Tunnel durchlaufene Finsternis war, das haben also die Evangelien nicht verschwiegen, sondern gesagt." (278) Die Passion ist gleichwohl kein tragischer Fremdkörper – dieser Eindruck entsteht nur, wenn wir abstrakt unterscheiden. Die Evangelien haben nämlich mit „merkwürdige[r] *Kohaerenz*" und „*Geradlinigkeit*" die Ereignisse auf die Passion zulaufen lassen (278). Das Kreuz ist „wohl das Ende und der Abbruch des Weges Jesu, eben als das aber zugleich sein *Ziel* und *Abschluß*." Der königliche Mensch wurde gerade am Kreuz gekrönt.

---

3   Das entwickelt Barth bereits in den hermeneutischen Erwägungen zur *explicatio*. Vgl. *KD* 1/2, Zürich ⁶1975, 810 ff.

„Alles hat vielmehr seine *Spitze* und seinen eigentlichen *Glanz* darin, daß
er […] zuletzt als ein Verbrecher zwischen zwei anderen Verbrechern am
Galgen hing" (279). In der Passion existiert er als „der Gottessohn, der auch
der Menschensohn ist, in der tiefsten Finsternis von Golgatha aufs Höchste
in der Herrlichkeit der Einheit des Sohnes mit dem Vater, gerade in jener
Gottverlassenheit der von Gott unmittelbar geliebte Mensch!" (279 f) Das
ist das von Ostern her aufgeschlossene *Geheimnis des Ganzen* (vgl. 280).

In der Geradlinigkeit zeichnet sich die innere Notwendigkeit, das nar-
rative Gefälle ab, das zum Tod Jesu führt – und es steht mit den anderen
Linien durchweg in Verbindung, ohne dass eine Synthese möglich wäre.
Der gemeinsame Nenner ist die Inkommensurabilität – das Leben Jesu ist
immer wieder unverrechenbar und vollendet darin die Geschichte Israels.
Hier konvergiert das Leben des königlichen Menschen mit dem Weg des
Gottessohnes in die Fremde. Darin zeichnet sich das innergöttliche ewige
Leben ab, vertieft durch die ewige Wahl: Die Herrlichkeit der Einheit von
Vater und Sohn ist die glanzvolle innergöttliche – also nicht etwa subordi-
natianisch missverstandene – Unterordnung des Sohnes unter den Vater,
die am Kreuz ihre Vollendung erreicht. Darin konzentriert sich aber das
Geheimnis Gottes und wird zugleich geschichtliches Ereignis im Leben des
königlichen Menschen.[4] Insofern ist die Erniedrigung des Gottessohnes zugleich die Erhöhung des königlichen Menschen – allerdings ans Kreuz, das
von Ostern her als Inthronisation durchsichtig wird und die menschlichen
Personen in die Dynamik des Leibes Christi hineinzieht.

Barth verweist auf die Konvergenz in der Überlieferung der Evangelien
und des Paulus. Auch die Gemeinden des ersten Jahrhunderts haben „nicht
erst in der Auferstehung, sondern gerade im *Tode* des Herrn wie *in nuce* die
*Heils*tat und *Heils*wirklichkeit seiner Existenz gesehen". Es wäre erstaunlich,
wenn sie die Überlieferung „nicht *richtig* verstanden hätten, und wieder:
wenn die so richtig verstandene Überlieferung nicht dem objektiven geschichtlichen *Sachverhalt* entsprochen hätte." Barth geht noch weiter und
zeigt auf, wie unwahrscheinlich es wäre, die Konvergenz durch einen My-
thus zu erklären: „Wie erfindet man, wie erfindet sich so etwas: das, was da
auf immerhin nicht ganz wenigen verschiedenen Linien 30-70 Jahre nach
dem Tode eines geschichtlichen Menschen – in dieser merkwürdigen Konzentration gerade von diesem seinen *Tod* erzählt und gesagt worden ist?"
(285)

---

4   Vgl. KD IV/1, 219 ff.

Die Verdichtung der Linien ist auch in der Sicht der historischen Analyse signifikant. Natürlich ist das kein „Beweis" der Auferstehung, aber der unableitbare geschichtliche Anfang der christlichen Kirche (vgl. 286). Daher ist es auch für die wissenschaftliche Theologie sinnvoll, hier einzusetzen. Das entspricht dem Bekenntnis zu Jesus Christus als theologischem Axiom. Historisch bleibt der Übergang von Karfreitag zu Ostern, vom Kreuz zum Bekenntnis eine Lücke, die aber als Zeichen einer ganz anderen Wirklichkeit zum Ausgangspunkt der kraftvollen Bewegung des Heiligen Geistes wird. Von da aus können die hermeneutischen Entscheidungen von § 64,3 gut nachvollzogen werden, die das Neue Testament eben in seinem historisch vorliegenden Bestand ernst nehmen, aber durch solche Linien profilieren, die im Leben Jesu bereits die ganz andere Wirklichkeit dieser Begegnung aufleuchten lassen.

Barth hebt die Willigkeit und Bereitschaft Jesu hervor, in den Tod zu gehen. Darin vollstreckt er freiwillig die *göttliche Verordnung* – wobei „seine Ausführung von ihm nicht als ein leidiger, schicksalsmäßiger Zwang oder als ein zufälliges Unglück, sondern eben, in jener Bereitschaft und Willigkeit erlitten, auch Inhalt seiner Selbstbestimmung wird." (287) Die innergöttliche Selbstunterscheidung erreicht ihre höchste Intensität gerade im Gegenüber von Gottes Verordnung und freiem Gehorsam des Menschensohnes. Dieser Gehorsam entspricht dem innergöttlichen Leben: Es ist kein zufälliges Geschick, wenn Jesus in den Tod geht, sondern ein Gefälle, das dem ewigen Leben Gottes entspringt. Es kommt dabei zu einem Gegenüber in Gott, sofern der Wille Gottes und der Gehorsam des Menschensohnes einander korrespondieren – das zeigen ja die Gebete in Gethsemane und am Kreuz. Im Rückgriff auf § 64,2 wäre zu sagen: Die Erniedrigung des Gottessohnes schafft den eigenen Willen des Menschensohnes als Gehorsam, aber unterscheidbar im Sinne des klassischen Dyotheletismus (s.u. 3.).

Hier wiederholt sich die ganze Geschichte Israels „in konzentriertester Form, in einem Nu" (289). Wir stoßen wieder auf die „narrative Struktur" der Verdichtung, die auf die ewige Entscheidung in Gott verweist. Daher kommt es hier zu einer letzten Entscheidung – aber eben weil eine letzte, ist es keine „freie" Entscheidung (s.o.), sondern eine geschichtlich notwendige Situation: „Der *Mensch gegen Gott* stand auf dem Spiel. […] nur in Jerusalem konnte das erkannt werden." (290) Auch hier zeichnet sich eine Notwendigkeit ab, das Gefälle des menschlichen Widerstandes gegen Gott – neben der göttlichen Bestimmung und deren freier Annahme durch den Menschensohn. Darin zeichnet sich aber auch ab, dass die Selbstbestimmung der Gegner Jesu nicht aus der göttlichen Gnadenwahl herausfällt. Die Notwendigkeit tritt in der ungeheuerlichen Verdichtung hervor, mit der das erwählte Volk den Gottessohn verwirft und damit ans Kreuz erhöht. Dabei ist zu betonen: „Die zugleich freie und von Gott verfügte und als letzte Aktion der Geschichte Israels notwendige Bestimmung der Existenz Jesu auf seinen Tod hin hat ihr ungleiches, aber in seiner Ähnlichkeit nicht zu verkennendes Gegenbild in der *Existenz seiner Jünger*." (291) Dabei geht es nicht um Identifikation, sondern um Nachfolge, und das ist keine Frage der Moral, sondern der „Ontologie" (292)! Die anhypostatische Existenz bezieht uns als Jünger auf das Leben Jesu Christi. Es geht um Ontologie, um eine notwendige Relation, in der wir frei werden auf Gott hin. Diese Relation kann nur von Christus her etabliert werden, als „Anhypostasie zweiten Grades". Wir werden zur zeichenhaften Wirklichkeit, im Zusammenhang des Zeugnisses.

3. Anhypostatische Relationen

Damit erreichen wir den Punkt, wo die Skizze des „königlichen Menschen" für die „klassische" Christologie von § 64,2 durchsichtig wird. Zunächst ist deutlich: Das neutestamentliche Zeugnis bezieht sich auf die Wirklichkeit dieser Person seinerseits anhypostatisch. Es bezeichnet sie sparsam, daher ist es konsequent, wenn Barth sich mit einer *Skizze* begnügt, mit wenigen diagonalen (!) Linien, in denen die Fülle dieser Realität doch lebendig hervortritt. Das Zeugnis gehört aber seinerseits auch zur Wirklichkeit des königlichen Menschen, der nicht ohne seinen Leib und gerade in diesem Gegenüber die singuläre geschichtliche Wirklichkeit ist. Barth gewinnt die Skizze, indem er einerseits auf narrative Charakteristika des neutestamentlichen Zeugnisses achtet und andererseits streng den Bezug auf die eine Person in der Einheit von Gottes- und Menschensohn hervorhebt. Dabei arbeitet er die „inkommensurable" Innenspannung in den biblischen Texten heraus. Dazu gehören die Kontraste, die nicht in eine glatte Synthese zu bringen sind, die innere narrative Logik, die gleichwohl nicht als geradlinige Entwicklung nachzuzeichnen ist, sondern sich jeweils eigentümlich verdichtet. Dazu gehört auch der Übergang von der Vollendung der Geschichte Israels zum Einbruch der göttlichen Ewigkeit in die Geschichte. Diese Konfiguration ist begründet in der Argumentation von § 64,2. Es ist klar, dass von der narrativen Struktur des Zeugnisses her nicht auf die ewige Er-

wählung geschlossen werden kann – wohl aber ist in der anderen Richtung
stringent nachzuvollziehen, welche *Spuren* die Inkarnation in den Texten
hinterlassen wird.

Soll das Zeugnis als sprachlich-literarisches Gebilde eine besondere Wirklichkeit darstellen, so ist das plausibel im Zusammenhang mit der
sprachlichen Wirklichkeit der Person. Wenn der Sohn Gottes uns als könig-
licher Mensch entgegentritt, dann ist das im Sinne Barths objektive Wirklichkeit. Jesus existiert als menschliches Du. „Gerade als Du ist ein Mensch
aber auch nicht etwa nur eine existentiale Bestimmung des Ich, sondern
geradezu der Inbegriff aller objektiven Weltwirklichkeit." (54) Das ist on-
tologisch bedeutsam, weil hier die Wirklichkeit nicht primär von der un-
belebten Natur her gedacht wird, sondern von der personalen Anrede her.
Es kommt darauf an, dass es sich um ein menschliches Du handelt. Daran
ändert es nichts, wenn darin das ewige göttliche Du auf uns zukommt. Daraus ergibt sich zwar eine irreduzible Doppelperspektive, weil nun die Begegnung mit dieser menschlichen Person immer auch die Begegnung mit Gott
ist. Aber so wird diese menschliche Existenz *nicht weniger konkret, sondern
noch lebendiger.* Das Geheimnis Gottes als Geschichte mitten in unserer
Geschichte ist inkommensurabel und setzt eine unwiderrufliche Bewegung
in Gang, die uns ergreift. Das entspricht der pneumatologischen Linie, wonach die Selbsterschließung der einzigartigen Geschichte Jesu Christi eine
Vertiefung seiner Geschichte in unsere Geschichte hinein bewirkt (vgl. 64).
Dabei wird nicht die Inkarnation wiederholt oder fortgesetzt, sondern findet je und je statt, sofern das ewige göttliche Leben sich in der Geschichte
ereignet. Dieses Ereignis ist in erster Linie wieder das sprachliche Zeugnis.

Zunächst ist eine Person in der Begegnung als *Du* eine Realität, also im
Gegenüber. Die personale Identität kann nicht in erster Linie auf Eigenschaften zurückgeführt werden – die ergeben sich vielmehr erst aus den Begegnungen. Es ist daher konsequent, wenn Barth die Lehre von der *commu-
nicatio idiomatum* „in Fluss" bringt und dynamisiert. Damit wird sogleich
die Zwei-Naturen-Lehre erschlossen, denn in einer Person kann mir Gottes Sohn begegnen und eben darin der Menschensohn. Die Erniedrigung
des Gottessohnes und die Erhöhung des Menschensohnes entsprechen
einander – diese Entsprechung ist aber keine zweigleisige Dynamik (etwa
als nestorianische Verwicklung zweier Personen), sondern in der einen
Geschichte die andere, und *beide als eine einzige Person.* Das kann mit der
Anhypostasie leicht verbunden werden: *Die Erniedrigung des Gottessohnes
setzt in einer menschlichen Natur eine Geschichte frei, die auch einen eigenen*

menschlichen Willen hervorbringt. Es muss allerdings darüber nachgedacht werden, wie *ein Wille ohne eigenes Personzentrum denkbar* ist. Hier prägt Barth die Formel vom freien Gehorsam des Menschensohnes gegenüber der ebenso freien Gnadenwahl Gottes. Damit ist die Frage gestellt, ob sich *Freiheit ohne eigenes Personzentrum* denken lässt. Im Rahmen der reformatorischen Theologie ist das letztlich kein Problem, aber es bleibt kontraintuitiv.

Allerdings zeichnet sich eben deshalb der Konflikt ab: Die menschliche Person ist in der Regel durch ihren *Eigen*-willen charakterisiert, der in die Spannung von Freiheit und Notwendigkeit führt. Es geht dabei um die *Freiheit des Wollens*, nicht des Handelns. Diese Freiheit der Selbstbestimmung ist letztlich eine Illusion, weil die eigene Bestimmung immer schon bestimmt ist (was nicht durchschaut wird). Das zeigt sich darin, dass ich mich zwar von den Tendenzen meines eigenen Wollens distanzieren kann, aber immer nur in einer schon anderwärts bestimmten Weise. Daher kann ich der Verflechtung von Freiheit und Notwendigkeit nicht entrinnen. Diese Verflechtung ist aber das Ergebnis meiner Geschichte und ihrer Verflechtung in andere Geschichten und macht gerade meine Personalität aus, meine Identität. Aus dieser Analyse ergibt sich, dass es eine Illusion ist, ein personales Zentrum „hinter" dieser Verflechtung zu postulieren – eine ebenso kraftvolle wie gefährliche Illusion (s.o. 1. zu Abschnitt II).

Im Unterschied dazu ist unsere Erhebung im Leib Christi eine Befreiung: Der eigene Wille wird durch Begegnungen befreit, mir wird die selbstvergessene Ausrichtung auf Jesus Christus geschenkt (vgl. Gal 2,20).[5] Der Wille ist befreit von der eigenen Subjektivität, von der Illusion, dass das Spiel der Freiheit und Bestimmung letztlich in mir selber seinen Ursprung haben müsste. Ich kann mich dann in meinen Entscheidungen, Äußerungen und Handlungen wiedererkennen und habe durchaus eine eigene Identität. Die wird mir von Gott her geschenkt, in dieser Gelassenheit liegt meine Identität, die von Gottes Bestimmung getragen wird. Barth bestimmt den Glauben im Zusammenhang der Wunder genau in dieser Richtung (s.o. 1. zu Abschnitt III). Das Paradigma für diese Bestimmung ist natürlich der Menschensohn. Im Gegensatz dazu beharrt die sündige Person auf der „Selbstsubstantivierung", das führt in die Verblendung, die Trägheit und die Dummheit.

---

5   Das ist die „freie Selbstzurücknahme", wie sie im Kraftfeld des Heiligen Geistes möglich wird. Vgl. Michael Welker, *Gottes Offenbarung. Christologie*, Neukirchen-Vluyn ²2012, 208 ff.

Es ist bemerkenswert, dass diese Fragen im Kontext des menschlichen Willens Jesu bereits in der altkirchlichen Debatte gestellt wurden. Darauf bezieht sich Barth in § 64,2. Es geht – wie bereits angemerkt – um die Balance zwischen Anhypostasie und menschlichem Willen, eine Spannung, die bereits in der Formel von Chalcedon angelegt ist.[6] Barth vertieft zunächst die antiochenische Linie, in der das unaufhebbare Gegenüber Jesu Christi als des einzig wahren Menschen gerade zu einer alle anderen menschlichen Personen umfassenden Dynamik wird. Er verbindet das aber mit der alexandrinischen Linie, die mit der Lehre von der Anhypostasie die eigenständige Personalität der menschlichen Natur Jesu Christi leugnet. Alexandrinisch ist zunächst die Betonung der angenommenen menschlichen Natur. „Menschliche Natur" bedeutet: dasselbe geschichtliche Wesen wie wir – „dieselbe geschöpfliche Existenzweise als individuell einmalige Einheit von Seele und Leib in einer zwischen Geburt und Tod beschlossenen Zeit" (26). Das impliziert keineswegs ein „personales Zentrum", vielmehr kann die individuelle Balance von Seele und Leib auch zurückgeführt werden auf die geschichtliche Verwicklung der Personen. Da solche Verwicklungen nur in Erzählungen zur Sprache gebracht werden können, ist es konsequent, wenn Barth die *sprachliche* Gestalt des neutestamentlichen Zeugnisses als Wirklichkeit *sui generis* betrachtet und die narrativen Eigentümlichkeiten als Verweis auf die personale gott-menschliche Wirklichkeit profiliert.

Die besondere Menschlichkeit Jesu Christi ist „der aller anderen Menschen zugleich *ganz* gleich und *ganz* ungleich" (28). Die Besonderheit seiner Geschichte – und zwar die bleibende Singularität – zeichnet sich *in* der Geschichte als Gegenüber ab. Insofern handelt es sich gerade nicht um „Ontologie" im klassischen Sinne, nicht um „wesentliche Eigenschaften", wohl aber um Personen in Beziehungen und in Geschichten. Ungleich ist der Menschensohn uns darin, dass in ihm seine und unsere *Erhöhung* stattfindet (vgl. 29). Es kommt zu einer *Begegnung mit einem qualitativen Gefälle, aber innerhalb der menschlichen Geschichte.* Im Sohn Gottes tritt uns der zur Seite Gottes erhöhte Menschensohn entgegen. Diese Bewegung wird ausgelöst durch die Bewegung Gottes „nach unten". Unter „Erhöhung" ist zu verstehen „das *Ganze* der so ausgelösten Bewegung [...] die *Geschichte*, in der sich diese Bewegung ereignet" (30). In dieser Geschichte existiert der *wahre* Mensch. Subjekt dieser Bewegung ist die zweite trinitarische Seins-

---

6 Vgl. dazu die immer noch klassische Darstellung bei Alois Grillmeier, *Jesus der Christus im Glauben der Kirche,* Bd. 1, Freiburg / Basel / Wien ³1990, bes. 753 ff.

weise. Es kommt aber doch zu zwei Willen – wie der altkirchliche Dyotheletismus betont. Der Wille des Menschensohns wird aus dem ewigen Willen Gottes heraus gestaltet. Insofern ist er uns – deren Willen im Widerspruch zu Gottes Willen steht – ganz ungleich, und doch eine menschliche Person. Dass er uns ganz gleich ist, erweist sich letztlich darin, dass er uns aufnimmt in die Einheit seines Willens mit dem göttlichen Willen. Unsere Gleichheit mit ihm liegt also erneut nicht auf der Ebene irgendwelcher Eigenschaften, sondern *in der von ihm ausgehenden Geschichte*. Interessant ist die geradezu *dialektische Vereinigung von Exklusion und Inklusion*. Der Menschensohn unterscheidet sich radikal von uns, indem er uns in seine Wirklichkeit aufnimmt und erhebt.

Insofern entspricht gerade die Anhypostasie dem menschlichen Wesen (vgl. 98) und verwirklicht sich als Geschichte, die auch auf die anderen menschlichen Personen ausgreift. Es ist ja eine interessante Frage, warum die anderen menschlichen Geschöpfe „nur" in der Vermittlung durch diesen einzigartigen Menschensohn in die angemessene Beziehung gelangen können. Dazu kann zunächst gesagt werden: Die Alternative wäre eine besondere Beziehung Gottes zu jedem einzelnen Menschen unabhängig von den anderen. Dieses Modell wäre gerade das von Michael Welker mit Recht kritisierte „dialogische" Verhältnis des menschlichen Subjekts zu Gott.[7] Es bildet sich der Leib Christi vielmehr als sich verstärkendes Kraftfeld aus, in dem auch die anderen Personen nicht mehr aus ihren „Zuständlichkeiten" (102) verstanden werden können, sondern aus ihren Beziehungen und Begegnungen, also im Zusammenhang einer Geschichte und der narrativen Gestaltung dieser Geschichte, einschließlich der eigentümlichen Spannungen und Widersprüche in der Erzählung.

In diesem Horizont wäre dann auch die „Sündlosigkeit" Jesu zu betrachten. Es geht nicht um die Abwesenheit einer Eigenschaft, sondern um die dramatische Konfrontation, die alle Geschichte verändert. Mitten in der Geschichte wird die Sündlosigkeit als eine Möglichkeit des menschlichen Wesens – genauer: die *wahre* Möglichkeit – erschlossen, die logisch nicht ausgeschlossen ist, aber faktisch von allen menschlichen Geschöpfen mit Ausnahme des Menschensohns verfehlt wird. So kommt es zu einer neuen, zur wahren menschlichen Wirklichkeit. Das ist indessen noch komplexer, weil die neue Wirklichkeit auch die Übernahme der Konsequenzen der

---

7   Vgl. Michael Welker, *Gottes Geist. Theologie des Heiligen Geistes*, Neukirchen-Vluyn ²1993, 51 ff.

verfehlten alten Möglichkeit einschließt. Darin zeichnet sich aber auch die narrativ kohärente, in gewisser Weise logische Verbindung des Hauptes mit dem Leib ab. Es ist in die Sünde verwickelt, aber diese Verwicklung erlangt nun eine gänzlich andere Qualität: Das Wesen des Menschen ist durch die Sünde gezeichnet und verkehrt. Gott hat hingegen den inneren Widerspruch des menschlichen Wesens „im Tiefsten gerade damit überwunden [...], daß er sich nicht weigerte, die Erniedrigung des Sohnes Gottes zum Geschöpf nicht nur, sondern zum *sündigen* Geschöpf in seinem Menschsein zu vollziehen." (101) Das ist sehr radikal gedacht, aber wieder plausibel, wenn das Wesen des Menschen in seiner Geschichte liegt. Die „narrative Logik" lässt es durchaus zu, wenn Personen sich in einen Widerspruch zu sich selbst verwickeln. In der Begegnung mit dem Menschensohn kommt es zur Konfrontation, in die sich der königliche Mensch *rückhaltlos* hineinbegibt. Darin ist er der wahre Mensch, der ganz von Gottes Sohn her bestimmte Menschensohn in seiner Freiheit, mitten in der Sünde eben nicht sündigen zu können.

Hier zeichnet sich ab, dass es „nicht notwendig, sondern nur faktisch zur menschlichen Natur [gehört], die Sünde zu wollen und zu tun und also sündigen zu können." Das *posse peccare* ist unser innerer Widerspruch, keine echte Freiheit, sondern exakt das *servum arbitrium*. Indem der Mensch „es faktisch tut, erweist es sich als eine von ihm nicht abzuschüttelnde, aber doch höchst unangemessene, höchst uneigentliche Bestimmung seines menschlichen Wesens." (102) Der Menschensohn hingegen bewährt in seiner Freiheit „in seinem *non peccare* und *non posse peccare* die Bruderschaft mit uns, die Gemeinschaft mit unserem wahren menschlichen Wesen, die wir unsererseits mit unserem *peccare* und *posse peccare* und *non posse non peccare* fortwährend zerbrechen." (103) Die Wendung „nicht notwendig, sondern nur faktisch", dies aber als Wesensbestimmung, verweist auf das geschichtliche menschliche Wesen, das nicht durch Eigenschaften zu bestimmen ist, sondern in Relationen von Entsprechung und Widerspruch. Das führt dazu, dass ein „wesentlicher Kern" der Person fragwürdig wird, wobei Barth den Spannungsbogen vom inneren trinitarischen Leben über die anhypostatische Existenz des Menschensohnes bis hin zu unserer in die Wahrheit erhobenen Existenz im Leib Christi durchzieht (105). So bildet sich mitten in der menschlichen Geschichte ein qualitatives Gefälle aus, als emergentes Kraftfeld.[8] So kommt es überhaupt zu einem „Wollen", das sich

---

8 Vgl. a.a.O., 33 u.ö.

immer nur in einer Geschichte, in Begegnungen gestaltet. Daher kann die
Konfrontation mit einem ganz von Gott her durchdrungenen Wollen keine
Einschränkung der Menschheit des Menschensohnes sein.

Innerhalb der Geschichte kann dann eine dramatische Zuspitzung er-
folgen, in der sich eine ultimative Wende abzeichnet. Das ist natürlich nicht
induktiv aufzuweisen. Aber die doxologische Rede von der ewigen Gnadenwahl wird an dieser Stelle verortet, weil die Geschichte Gottes mit den
menschlichen Geschöpfen in der *Wende* von der alttestamentlichen Erwartung zur Erfüllung in Jesus Christus und der Erinnerung dieser Erfüllung
ihre Tiefenstruktur findet (s.o. 1. zu Abschnitt III). Die tiefste Struktur der
Geschichte ist eine Konfrontation, in der ein Tausch stattfindet zwischen
der Selbst-Erniedrigung des Gottessohnes und dem freien Gehorsam des
Menschensohnes auf der einen, der durch die angemaßte Selbstbestimmung produzierten zwanghaften Notwendigkeit der sündigen Geschöpfe
auf der anderen Seite, die dadurch befreit werden. Ein solcher Tausch ist
nur denkbar, wenn die Person letztlich nicht durch ihre Selbstbestimmung
ihre Identität erhält, sondern aus der Begegnung. Diese Fassung der personalen Identität kann aber nur von Jesus Christus her gewonnen werden.
Hier gründet die *Inkommensurabilität*, wie sie für die narrative Logik des
Neuen Testaments charakteristisch ist: Das sündige, menschliche Geschöpf
richtet sich auf eine widerspruchsfreie Konstitution der personalen Identität, die sich sprachlich als kontinuierliche Entwicklung der Persönlichkeit
„biographisch" darstellen lässt, aber illusionär bleibt. Die Fülle der Person
leuchtet hingegen in skizzenhaften Linien auf. Solche Gelassenheit bleibt
unverrechenbar mit einer abstrakten Einheit der Person, und doch kann gerade diese Spannung in *einer* Geschichte erzählt werden.

Barth verortet die Geschichte Jesu in der ewigen Gnadenwahl. Gott will
in Ewigkeit nicht ohne den Menschen sein, daher gehört der Mensch Jesus
zu Gott, ist nicht zu reduzieren auf ein Offenbarungsvehikel. *Die menschliche
Geschichte ist integriert in das ewige Leben Gottes.* Die Nähe Barths zu gewissen Aussagen des Apollinaris ist bemerkenswert. Es gilt der Menschheit Jesu
Christi jede Spur von Zufälligkeit zu nehmen. Dabei geht Barth auf den ersten Blick weit in die alexandrinische Richtung. Er setzt aber die Notwendigkeit der Inkarnation deutlich ab von einer ontologischen Zwangsläufigkeit.
Der Unterschied zu Apollinaris liegt in der Unterscheidung zwischen Trini-
täts- und Erwählungslehre: Der *Lógos ásarkos* bildet innerhalb der Trinitäts-
lehre als Struktur eine „Leerstelle", den Hintergrund für die ewig-lebendige
Erwählung des Menschen durch den Sohn Gottes. Daher behauptet Barth

eben keine wesenhafte Zugehörigkeit der menschlichen Natur zur Trinität, sondern vielmehr die Profilierung des innergöttlichen Lebens durch eine Wahl, der die Schöpfung als Geschichte überhaupt erst entspringt. Darin ist auch die *Begegnung* des Gottessohnes mit den menschlichen Geschöpfen angelegt. Die Rede von Gott muß daher geschichtlich sein, was eine „narrative Logik" nicht ausschließt, die sich auf die Balance von Freiheit und Notwendigkeit zuspitzt und damit das Geheimnis umschreibt (vgl. 42). Zu diesem Geheimnis gehört die Existenz des Menschen Jesus, ohne dass Gott aufhören würde, Gott zu sein.[9] Dabei bleibt Gott *unverwandelt* – das Ineinander von Gott und Mensch bleibt ein Miteinander (vgl. 43). Das sichert den Entscheidungscharakter der Inkarnation. Gott bleibt *frei* auch in der Menschwerdung. Das ist ein antiochenischer Akzent, der aber sogleich ausbalanciert wird durch die Betonung der Anhypostasie:

Die Anhypostasie zielt darauf, dass nicht ein Exemplar der Gattung aufgenommen wird – interessanterweise sieht Barth hier eine Konvergenz zwischen den Extremen „verwandelt" (Eutyches) und „getrennt" (Nestorius) –, sondern eine menschliche Existenz, die auch alle anderen menschlichen Geschöpfe umgreift. Gottes Sohn nimmt *das Menschliche* auf (vgl. 51). Es kommt darauf an, dass hier nicht eine Möglichkeit zunächst realisiert und daraufhin von Gott angenommen, sondern durch die Aufnahme durch den Gottessohn erst geschaffen wird. Gerade weil nicht ein Mensch, sondern das Menschliche in die Einheit aufgenommen wird, geht es um das Menschliche *aller* Menschen (vgl. 52). Barth redet von der *konkreten* Möglichkeit – das ist *prima vista* ein hölzernes Eisen. Es richtet sich auf die narrative Verdichtung aller menschlichen Geschichten in dieser einen Geschichte, die keine Zusammenfassung auf einer abstrakten Ebene, sondern die dramatische Verknotung aller Geschichten ist. „Anhypostasie" meint vor allem, dass es sich nicht um eine selbständige Existenz handelt – und das ist nun doppelt zu sehen: Wir haben es mit einer menschlichen Existenz zu tun, die in *keinem* Moment ihres Lebens *nicht* aus der konsequenten Selbstverwirklichung des Gottessohnes heraus lebt. Eben daher kann er alle anderen menschlichen Personen aufnehmen. Die „*universale* Tragweite und Bedeutung seiner Existenz für die aller anderen Menschen" (53) besteht darin, dass es Gott ist, der sich hier verwirklicht und *Geschichte* macht und sich damit in die

---

9 Vgl. Ernstpeter Maurer, Narrative Strukturen im Denken Karl Barths, in: *ZDTh* 23 (2007), 9-21, hier: 19 f.

Geschichte *aller* menschlichen Personen „einklinkt" – sie also *von Grund auf* neu bestimmt.

Die *exklusive* Menschheit des Menschensohnes wird eben so umfassend *inklusiv*. Weil es sich um eine Geschichte handelt, kann es nicht um allgemeine menschliche Eigenschaften gehen, sondern stets nur um einzelne Personen in ihrer Verwicklung in diese Geschichte. Das exklusive Gegenüber des Menschensohnes ist natürlich die *Ausstrahlung* des göttlichen Subjekts. Man kann auch sagen: Die Erhöhung führt zu einer „Sogwirkung". Das ist die narrative Version der alexandrinischen Pointe, wonach die Natur des Menschen verwandelt wird durch die Inkarnation – nun nicht als ein gleichsam physisches Geschehen, sondern auf der Ebene der *stories*. Damit ist aber (ohne dass Barth darauf eingeht) das antiochenische Anliegen seinerseits gewahrt. Das menschliche Wesen wird in das göttliche Leben aufgenommen, *das ist mehr als eine Vergottung*. Der Sohn Gottes bleibt das Subjekt. „Es handelt sich in ihm wirklich um eine *Geschichte*, die freilich von oben nach unten *und* von unten nach oben verläuft, aber *zuerst* von oben nach unten, *dann* und daraufhin von unten nach oben" (76). Die Asymmetrie setzt gerade die Geschichte in Gang. Hier bricht die Ewigkeit Gottes in die Geschichte ein als deren Erfüllung. Das Wesen des Menschen ist aber nur als Geschichte zu erzählen. Der *Zusammenhang* Jesu Christi mit allen anderen Menschen *ist das wahre menschliche Wesen*.

Die Ausbildung des vollkommenen Gehorsams Jesu ist immer wieder ein Neues, ein *Einbruch der göttlichen Ewigkeit in die Geschichte*. Insofern sind wir auch genötigt, den Begriff „Geschichte" zu reflektieren. Die Geschichte Gottes mit den Menschen ist immer wieder neu bzw. immer die Entfaltung des ewigen Dekrets. Das ist kein Widerspruch, macht aber die Vorherrschaft der Zeitlinie fragwürdig. Daraus ergibt sich auch die Ablehnung aller Versuche zu einer „Biographie Jesu", die das Subjekt dieses Lebens notwendig verfehlen müssen (113, vgl. auch oben 1. zu I). Dabei geht es nicht um eine „Auflösung oder Abschwächung des harten Realitätscharakters, der echten Gegenständlichkeit (‚Objektivität') dieses Grundelements des göttlichen Tuns für und an uns" (117). „Wirklichkeit" in diesem qualifizierten Sinne verweist auf das ewige Leben Gottes. Diese Geschichte ist gewesen und geschehen. „Sie hat aber, indem sie als *diese* Geschichte, als *Gottes* Tat geschehen ist, nicht aufgehört, Geschichte zu sein und also zu *geschehen*." (119) Diese Geschichte vergegenwärtigt sich selbst. Das hätte die Konsequenz, dass die Geschichte, wird sie recht nachvollzogen, in unsere Gegenwart eingreift und sie für die Gegenwart Gottes aufschließt.

Wie sich diese *inkommensurable* Geschichte immer wieder als Neues vergegenwärtigt, so ist auch ihre Erkenntnis eingebunden in das allgemeine menschliche Erkennen, „aber bedingt durch die Neuheit des ihm hier vorgegebenen Gegenstandes und also *nicht* begrenzt durch die Grenzen, die ihm durch die ihm sonst vorgegebenen Gegenstände gesetzt sind." (133) Wenn die Erkenntnis zur Realität gehört, so verweist das wieder auf den Leib Christi, der zuallererst als Ausrichtung auf Jesus Christus lebendig ist, aber auch auf die Struktur aller menschlichen Geschichte, die nicht ohne Erkenntnis – ohne Geschichten – denkbar ist. Es geht um ein Faktum, das in seiner Objektivität sich selber erweitert auf die menschliche Erkenntnis: „es umgreift und umschließt auch dieses Subjekt" (136). Barth redet von einem Axiom der Theologie (137). Nicht uninteressant ist die wieder an die §§ 13 und 16 anknüpfende Unterscheidung „objektiv / subjektiv". Sie hat nichts mit einem Dialogismus im Sinne der durchaus berechtigten Kritik Michael Welkers zu tun (s.o. Anm.7), sondern exakt damit, dass hier ein Faktum ein Kraftfeld schafft, in dem auch seine Erkenntnis erschlossen wird – vielleicht sogar primär *durch* seine Erkenntnis. Die Verwicklung von Faktum und Erkenntnis ist für alle Geschichte charakteristisch.

„Im Zeugnis des Heiligen Geistes kommt es zu diesem Übergang: dem Übergang des Selbstzeugnisses Jesu Christi in die Kirchengeschichte, in menschliche Lebensgeschichten, in die Weltgeschichte." (146) Es ist signifikant, wenn Barth hier wieder den Übergang betont, denn solche Geschichtlichkeit verhindert die Fixierung in einer „Zuständlichkeit", sorgt für die *Labilität*, in der der Leib Christi angewiesen auf und durchsichtig für die Wirklichkeit Jesu Christi ist. Das ist pneumatologisch bedeutsam: Die Wirklichkeit oder die „Seinsweise" des Geistes ist der Übergang, die Relation. Es wäre trinitarisch fatal, daraus eine weniger kraftvolle Realität des Übergangs abzuleiten (tendenziell binitarisch). Vielmehr ist der Übergang die ganze Realität, aber in nicht reduzierbarer Weise die „andere" Seite des einmaligen Faktums. So wird das Faktum als Geschichte die zentrale Geschichte aller Geschichten (vgl. 146).

Zur geschichtlichen Wirklichkeit gehört notwendig die sprachliche Gestalt der Erkenntnis dieser Wirklichkeit. Die Balance von Notwendigkeit und Freiheit zeichnet sich darin ab, dass die Geschichten *eigentümlich* konsistent sein müssen. Diese Kohärenz bringt die Seite der Konsequenz zur Sprache, die zur personalen Identität gehört. Hier unterscheidet sich Freiheit vermöge eines bestimmten *Gefälles* von der Willkür. Sie ist immer bestimmt, und das ist kein Widerspruch. Die Sprache repräsentiert demnach die Bestimmtheit, sie kann aber auch durch Differenzen und Nuancen die Person hervortreten lassen. Der besondere *Stil* ist nur innerhalb einer gegebenen sprachlichen Struktur zu artikulieren. Darin zeichnet sich die Freiheit einer Person ab, in der sich die Notwendigkeit vom Zwang unterscheidet. Hier wird die Sprache durchsichtig für die besondere Identität einer Person.

Natürlich unterscheidet sich die personale Wirklichkeit auch von der Sprache. Es wäre jedoch zu vermuten, dass der Versuch, eine sprachlose Realität „hinter" der Sprache aufzuweisen, wieder in den Eigenwillen führt, während die anhypostatische Existenz ganz in der Sprache aufgeht und sich darin – etwa durch den Stil – abhebt, ohne eine relationslose Wirklichkeit „beschreiben" zu wollen, schon gar nicht als „Grundlage". Dann ist das neutestamentliche Zeugnis als solches hochgradig Wirklichkeit *sui generis*. Es ist aber in Barths Analyse seinerseits auf die Wirklichkeit der Geschichte Jesu Christi bezogen, indem es gar nicht für sich bedeutsam ist, sondern nur in seiner Transparenz für diese einzigartige Person.

Ruben Zimmermann

Nur der gemalte Christus?
Historische, erinnerte und erzählte Jesusbilder in der neutestamentlichen Wissenschaft des 20. und 21. Jahrhunderts

Hinführung

Es mutet seltsam an: Zu dem Zeitpunkt, zu dem sich die neutestamentliche Wissenschaft endgültig vom ‚historischen Jesus' verabschiedet, veranstaltet die Barth-Gesellschaft eine Tagung zum „wahren Menschen Jesus von Nazareth". Barth selbst hätte sich vermutlich über dieses Tagungsthema gewundert. Auf die Frage nach dem ‚historischen Jesus' soll er die schlichte Antwort gegeben haben: „Ich kenne diesen Herren nicht."[1] In seinem Briefwechsel mit A. von Harnack aus dem Jahr 1923 schrieb er – in Aufnahme von 2Kor 5,16: „Wer es etwa noch nicht weiss (und wir wissen es alle immer *noch* nicht), dass wir Christus nach dem Fleische *nicht* mehr kennen, der mag es sich von der kritischen Bibelwissenschaft sagen lassen: Je radikaler er erschrickt, umso besser für ihn und die Sache. Das mag etwa der Dienst sein, den ‚geschichtliches Wissen' bei der eigentlichen Aufgabe der Theologie leisten kann."[2]

Der Skeptizismus, den Barth hier der historischen Jesusforschung entgegenbringt, hat im weiteren 20. Jahrhundert kaum Gehör gefunden, wie

---

1 So Eberhard Jüngel, Zur dogmatischen Bedeutung der Frage nach dem historischen Jesus, in: Ders., *Wertlose Wahrheit. Zur Identität und Relevanz des christlichen Glaubens. Theologische Erörterungen III*, München 1990, 214–242, 218. Den Hinweis verdanke ich Martin Laube, Theologische Selbstklärung im Angesicht des Historismus. Überlegungen zur theologischen Funktion der Frage nach dem historischen Jesus, in: *KuD* 54 (2008), 114–137, bes. 114.

2 Karl Barth, Fünfzehn Antworten an Herrn Professor Harnack, in: Jürgen Moltmann (Hg.), *Anfänge der dialektischen Theologie Teil I: Karl Barth, Heinrich Barth, Emil Brunner*, München 1977, 325–329, bes. 328 f.

die verschiedenen Phasen und Hypothesen zum „historischen" oder „wirklichen Jesus" zeigen. Wohl aber die Aufgabe, die er der kritischen Bibelwissenschaft zuschreibt und die damit eine bestimmte Funktion für die „eigentliche Theologie" erfüllen soll. So weist z.b. im neuen Studienbuch „Schriftauslegung" von 2014 die Herausgeberin Friederike Nüssel der neutestamentlichen Wissenschaft im interdisziplinären Dialog vor allem die Aufgabe historischer „Rekonstruktion" mittels historisch-kritischer Methodik zu, um damit den „Abstand" zur Gegenwart zu betonen. Die historisch-kritische Methode hebe gerade „nicht auf ein Verstehen ab, das sich in der glaubenden Aneignung realisiert."[3] Deutet sich hier ein Grundproblem zwischen Neuem Testament und Dogmatik an, wie es seit Gablers folgenreicher Trennung das Verhältnis beider Disziplinen bestimmt?[4] Arbeiten historische Bibelwissenschaft und Dogmatik in unterschiedliche Richtung: Hier die Rekonstruktion der Geschichte, dort die Konstruktion theologischer Glaubenszeugnisse? Auch in der von Michael Welker im Jahr 2012 publizierten Monographie zur Christologie[5] wird denn die neutestamentliche Forschung nur hinsichtlich der historistischen Forschung wahrgenommen, was er in seinem zweiten Kapitel „der historische Jesus" vollzieht, bevor dann die theologische Entfaltung erfolgt. Möchte die Dogmatik die neutestamentliche Wissenschaft auf eine bestimmte Methodologie oder auf ein bestimmtes Geschichtsbild festlegen:

Soll sie rekonstruieren, wie es wirklich gewesen ist, bestenfalls „Rohmaterial" bereitstellen, aus dem dann die Dogmatik eine schöne Theorie basteln darf? Ist der Gegenstand neutestamentlicher Wissenschaft tatsächlich die Rekonstruktion der Jesusgeschichte, die Suche nach dem Faktum des Lebens und Sterbens Jesu, während die Dogmatik sich mit der Christologie befasst?

Es gibt freilich bis in die Gegenwart auch Neutestamentler, die immer noch bereitwillig diese Rolle ausfüllen, so dass ich im ersten Teil einen Einblick in diese letzten Blüten ‚historischer Jesusforschung' geben möchte (1). Im zweiten Teil soll ein Trendwechsel der gegenwärtigen Jesusforschung beschrieben werden, der unter dem Schlagwort „Jesus remembered" zu fassen ist (2). Aber dieser Paradigmenwechsel bleibt vielerorts ein Lippenbe-

---

3 Friederike Nüssel, Schriftauslegung als Projekt der Theologie, in: Dies. (Hg.), *Schriftauslegung* (TdT 8), Tübingen 2014, 239–253, 247.

4 Vgl. dazu jetzt Paul-Gerhard Klumbies, *Herkunft und Horizont der Theologie des Neuen Testaments*, Tübingen 2015 (insbesondere Kapitel 3).

5 Michael Welker, *Gottes Offenbarung. Christologie*, Neukirchen-Vluyn 2012.

kenntnis und verlangt nach radikaleren Konsequenzen: In meinem dritten
Teil möchte ich deshalb theoretische Grundlagen dieses Paradigmenwech-
sels benennen und den Jesus-memory-approach geschichtstheoretisch ab-
sichern sowie literaturwissenschaftlich zuspitzen (3): Hierbei wird meine
Kernthese formuliert: *Der erinnerte Jesus ist der erzählte Jesus. Text und Geschichte sind untrennbar verwoben.* Am Ende sollen dann einige Skizzen einer „narratologischen Jesusforschung" gegeben werden, bei denen ich auch
konkrete Einblicke in den Text gewähren möchte (4).

1. Die „Leben-Jesu-Forschung". Letzter Akt.

Dass nach Schweitzers forschungsgeschichtlichem Resümée und Bultmanns Frageverbot die „Leben-Jesu-Forschung" in der zweiten Hälfte des
20. Jahrhunderts noch einmal zu Höchstform auflaufen sollte, hätte niemand vor-aussehen können. Statt eines andernorts gewährten Überblicks
über die Fülle der Jesus-Literatur[6] möchte ich im Folgenden drei Werke der
letzten acht Jahre vorstellen, die auf je eigene Weise der Jesusforschung des
„third quest" zugeordnet werden können:

1.1 Richard Bauckhams „Jesus and the Eyewitnesses": Kontinuität der Überlieferung

In der Studie *Jesus and the Eyewitnesses*[7] möchte der britische Neutestamentler
Richard Bauckham den Nachweis erbringen, dass die Evangelien samt und
sonders auf Augenzeugenberichten beruhen oder gar – wie im Falle des vierten Evangeliums[8] – von einem Augenzeugen verfasst wurden. „The Gospels
were written within living memory of the events they recount."[9] Um diese
These zu untermauern, verweist er besonders auf die *Namen*, die zahlreich

---

6 Vgl. z.B. Helmut Merkel, Zwei Jahrzehnte Jesusforschung nach 1985, 1–4, in:
    ThR 78 (2013), 125–154, 265–307, 397–430; *ThR* 79 (2014), 35–82.

7 Richard Bauckham, *Jesus and the Eyewitnesses. The Gospels as Eyewitness Testimony*,
    Grand Rapids 2006.

8 Siehe *a.a.O.*, Kapitel 14–17, 358–472 sowie dann ausführlicher ders., *The Testimony
    of the Beloved Disciple: Narrative, History, and Theology in the Gospel of John*, Grand
    Rapids 2007.

9 Bauckham, *Eyewitnesses* (Anm. 8), 7.

und differenziert in den Evangelien begegnen. Statt der vor allem durch die Formgeschichte postulierten anonymen Gemeindeüberlieferung verbürgten die Namen konkrete Personen, die als verlässliche Traditionsträger betrachtet werden könnten.[10] Die Rolle einzelner Individuen als Bürgen und Zeugen der Überlieferung wurde auch im Zeugnis der frühen Kirchenväter untermauert, das für Bauckham die zweite Säule der Argumentatio darstellt, indem er auf Papias, Polykrates, Irenäus etc. verweist. Die Einbeziehung von außerkanonischen Quellen in die Jesusforschung ist zugleich ein typisches Charakteristikum des *third quest*, seien es griechisch-römische, frühjüdische oder frühchristliche Quellen, allen voran das Thomasevangelium.

Durch die Augenzeugen versucht Bauckham eine Brücke zwischen Evangelienüberlieferung und der historischen Person Jesus von Nazareth und damit zugleich – und das unterscheidet Bauckham von vielen Vertretern der historischen Jesusforschung – eine Brücke zwischen Historie und Theologie zu schlagen: In Kapitel 1: „The Historical Quest and Christian Faith" wird ausgeführt, dass in der Kontinuität der glaubenden Augenzeugen historisches Ereignis und theologische Evangelienverarbeitung verknüpft werden: „Testimony is the theologically appropriate, indeed the theologically necessary way of access to the history of Jesus."[11]

Statt auf die der Monographie nachfolgenden Debatte innerhalb der neutestamentlichen Fachwelt einzugehen[12] möchte ich eher aus einer grundsätzlicheren Perspektive nach dem erkenntnisleitenden Interesse fragen, das hinter dieser Arbeit steht. Mit der Suche nach Augenzeugen geht es um eine Grundfrage der historischen Jesusforschung. Es geht um die Frage nach Authentizität, nach Glaubwürdigkeit der Jesusgeschichte, ja letztlich nach historischer Zuverlässigkeit und Wahrheit im Horizont moderner Geschichtstheorie. Die Suche nach Objektivität, Authentizität und Wahrheit bestimmte die historische Jesusfrage von Anfang an bis zum *third quest*. Die konkrete Gestalt der Evangelienüberlieferung muss des-

---

10 *A.a.O.*, Kapitel 12: Anonymous Tradition or Eyewitness Testimony?, 290–318.

11 *A.a.O.*, 508.

12 Vgl. z.B. Themenheft der Zeitschrift *Journal for the Study of the Historical Jesus* 6 (2008), 157–224 mit Beiträgen von David Catchpole, Howard I. Marshale, Theodore J. Weeden Sr. und Samuel Byrskog; sei es in *JSNT* 31 (2008), 195–235 mit Beiträgen von Craig Evans, Jens Schröter und Richard Bauckham; ferner meine Auseinandersetzung in Ruben Zimmermann, „Augenzeugenschaft" als historisches und hermeneutisches Konzept – nicht nur im Johannesevangelium, in: Susanne Luther u.a. (Hg.), *Wie Geschichten Geschichte schreiben. Frühchristliche Literatur zwischen Faktualität und Fiktionalität* (WUNT II/395), Tübingen 2015, 209–251.

halb kritisch dahingehend befragt werden, ob die darin überlieferten Geschichten tatsächlich den historischen Ereignissen entsprechen können. Die Wahrheit des Neuen Testaments wird dabei im Sinne der Korrespondenztheorie an die Faktenwahrheit der Ereignisgeschichte gebunden. Während die Suche nach dem historischen Jesus in den meisten Fällen jedoch die Diskontinuität und Differenz zwischen den Ereignissen und den Quellen herausgearbeitet hat, hob Bauckham die Stabilität der Überlieferung hervor.[13] Durch die Kontinuität der Augenzeugen könne die Wahrheit des Evangeliums bis zu den historischen Ursprüngen zurückverfolgt werden. Hinter der Subjektivität des individuellen Zeugnisses stünden die „objektiven" Fakten der Geschichte. Die über konkrete Personen verbürgte Kontinuität der Überlieferung soll letztlich die Verlässlichkeit der Fakteninformation garantieren.

1.2 Peter F. Crafferts „The Life of a Galilean Shaman": Kulturanthropologische Methodik

Internationalisierung, konkret die Verlagerung der eurozentrierten Jesusforschung nach Nordamerika, aber ebenso auch nach Asien und Afrika, ist ein wesentliches Charakteristikum der nicht zufällig „third quest" genannten letzten Phase der historischen Jesusforschung.[14] So kann auch die Monographie des südafrikanischen Neutestamentlers Pieter Craffert *The Life of a Galilean Shaman*[15] als typisch betrachtet werden. Typisch ist sie aber auch, weil zu der geographischen Vielfalt der Forschungsstandorte die methodische Vielfalt der Forschungsmethoden hinzutritt. Sozialgeschichtliche bzw. sozialwissenschaftliche, z.B. soziologische, archäologische Forschung machen die Jesusforschung zu einem komplexen Unternehmen. Craffert repräsentiert nun mit seinem Jesusbuch explizit diese interdisziplinär und besonders sozialwissenschaftlich abgesicherte Forschung, wie er schon im Untertitel mit dem Leitbegriff der „Kulturanthropologie" unmissverständlich zum Ausdruck bringt. Er beschreibt seinen Zugang explizit als „Cul-

---

13 So auch Rainer Riesner, Die Rückkehr der Augenzeugen. Eine neue Entwicklung in der Evangelienforschung, in: *ThBeitr* 38 (2007), 337–352, 351.

14 So z.B. Carsten Claußen, Vom historischen zum erinnerten Jesus. Der erinnerte Jesus als neues Paradigma der Jesusforschung, in: *ZNT* 20 (2007), 2–17, hier 2.

15 Peter F. Craffert, *The Life of a Galilean Shaman. Jesus of Nazareth in Anthropological-Historical Perspective*, Eugene 2008.

tural Bundubashing", was man etwa mit „kultureller Querfeldeinwanderung" übersetzen könnte.[16] „Cultural Bundubashing is designed to take the historical Jesus researcher back to the strangeness of the cultural system and the pastness of the historical world in order to grasp the meaning, significance, and content of the events, phenomena, and people involved, while searching within the framework of anthropological historiography for the historical figure."[17]

Der historische Jesusforscher wird auf diese Weise „off-road" in die Niederungen der mediterranen Kultur geführt und wird dabei der Fremdheit und Distanz dieser Lebenswelt bewusst – auch des historischen Jesus, dem er hierbei begegnen könnte. So geht es zumindest auch dem Leser von Crafferts Buch, wenn er im dritten und längsten Teil dann mit der Kernthese konfrontiert wird: „Jesus of Nazareth can be seen as a Galilean shamanic figure".[18] Zuvor wird aber im zweiten Teil mit reichlich Belegen aus der empirischen Ethnologie und Religionswissenschaft erläutert, was man sich überhaupt unter einem „Schamanen" vorstellen muss. In Crafferts Worten: „the shamanic complex as an ASC[19]-based religious pattern [...] that appears in many cultural contexts."[20] Geistbesitz, Heilungs- und Exorzismustätigkeit, kosmisch-göttliche Dimension, Lehrtätigkeit seien hier nur als einige Aspekte benannt.

Das kulturanthropologische Modell des Schamanen wird dann auf Jesus übertragen. Was uns zunächst als Anachronismus erscheint, ist aber für Craffert eine besondere Chance: „Shaman was not one of the terms used to describe [Jesus ...]. It is an analytic model for helping us – historians removed in time, space, and culture – to grasp the dynamics and inherent features of the historical figure we are looking at." Für Craffert ist diese Perspektivenänderung wesentlich im Umgang mit den Quellen wie auch mit zentralen Aussagen über Jesus. Die in den überlieferten Texten beschriebene „social figure" könne an kulturelle Prozesse zurückgebunden werden, die ihn als „historical and cultural figure" ausweisen.

---

16 Siehe *A.a.O.*, 77: „Bundubashing is the rough ride of off-road traveling [...]. But this is the real way to see the countryside and experience the cultural richness of the land."
17 *A.a.O.*, 78.
18 *Ebd.*, sowie dann die Analysen in part III, 213–419.
19 Analysis of the Social Construction of life, kurz: Social-Type-Analysis. „A social-type analysis is a useful way of understanding the characteristic features of a particular type of individual", *a.a.O.*, 136.
20 *A.a.O.*, 421, ähnliche Formulierung *a.a.O.*, 135.

Entsprechend wird z.B. die Vorstellung einer postmortalen Existenz aus der Kultur heraus abgeleitet und auf Jesus übertragen. „Resurrection was ascribed to Jesus of Nazareth because of who and what he was as a shamanic figure and not the other way around. [...] He was resurrected and resumed an afterlife existence in the dynamics of his group precicely because of who and what he was as a shamanic figure."[21] Nicht die Auferstehungserfahrung evoziert den Auferstehungsglauben, sondern die kulturelle Auferstehungserwartung produziert die Auferstehung.

Craffert weiß auch, warum die evangelische Überlieferung im Verhältnis zur empirischen Schamanismusforschung vielfach spärlich und eigenwillig ist: „non of his *biographers* [also die Evangelisten] were field anthropologists either in reporting the details of his experiences or in conveying the cultural information taken for granted by those sharing his cultural setting."[22]

Die durch kulturanthropologische Methoden erzeugte Fremdheit kann im Resultat als eine Art „Differenzkriterium" betrachtet werden, zugleich werden die Abgrenzungskriterien aber zur Projektionsfläche eigener Vorstellungen, was der Südafrikaner Craffert durch sein Schamanen-Bild oder die Methode des ‚Bundubashing' kaum verbergen will.

1.3 Wolfgang Stegemanns „Jesus und seine Zeit": Der jüdische Jesus

In der Hervorhebung des jüdischen Profils von Jesus erweist sich Stegemann auch als guter Vertreter des *third quest*. Wie er selbst formuliert ist die Frage nach dem Judentum Jesu „von fundamentaler Bedeutung für die Epoche der dritten Suche nach Jesus. [...] Insgesamt kann man sagen: Jesus ist in der *third quest* als Jude neu entdeckt worden."[23] Ein großer Teil seines Jesusbuchs „Jesus und seine Zeit" widmet sich dann auch der Darstellung Jesu nicht mehr „im Gegenüber", „sondern sinnvollerweise nur (...) ‚innerhalb'" des Judentums seiner Zeit.[24] „In der *third quest* ist nicht mehr die

---

21 *A.a.O.*, 413.

22 *A.a.O.*, 82. Craffert verweist auf eine Studie von Davies, dass etwa nur ein Prozent der Informationen in unseren Quellen vorhanden sind, von der Informationsfülle, die ein empirisch arbeitender Anthropologe hätte eruieren können (a.a.O. 83, fn. 4).

23 Wolfgang Stegemann, *Jesus und seine Zeit* (Biblische Enzyklopädie 10), Stuttgart 2010, 123.

24 *Ebd.*

Frage der Zugehörigkeit Jesu zum Judentum umstritten, vielmehr steht nun zur Debatte, *wo* Jesus *innerhalb* des Judentums seiner Zeit zu verorten ist."[25] Selbstverständlich nehmen nun auch jüdische Forscher an diesem Diskurs teil, was, wie Stegemann aufzeigt, lange Zeit tabu war. Stegemann fordert eine Abkehr vom „Religionsmodell" und die Etablierung eines „Ethnizitätsmodells", bei dem Faktoren wie Abstammung, Sprache, Wohngebiet, Mythen die judäische Gesellschaft im 1. Jh. bestimmen, nicht aber eine retrospektiv projizierte Verhältnisbestimmung zwischen Judentum und Christentum.[26] Im Einzelnen untersucht Stegemann Jesu „kollektive Identität als Jude/Judäer" (Kap. II.6, 180 ff.), seine Judäischen Kontexte (Kap. II.7 und 8) sowie seine Stellung zur Tora (Kap. II.9, 262 ff.), was hier nicht *en detail* referiert werden muss. Interessant ist, dass Stegemann nun diese Verankerung im Judentum zugleich als Argument für die historische Jesusforschung benutzt. Es sei ein Beispiel für die notwendige kritische Funktion der historischen Jesusforschung. „Wie notwendig und sinnvoll es ist, den historischen Jesus wahr und ernst zu nehmen, zeigt sich insbesondere an der Jahrhunderte währenden Unfähigkeit von Theologie und Kirche, die Zugehörigkeit Jesu zum Judentum überhaupt erst einmal wahr und dann auch gelassen hinzunehmen. Die historische Jesusforschung beginnt mit dieser Erkenntnis (H.S. Reimarus)."[27] Zugleich mündet diese Erkenntnis in eine Neuverortung der eigenen christlichen Identität. Christen weisen nach Stegemann „eine beträchtliche Familienähnlichkeit (*family resemblance*) zur jüdischen Identität auf."[28]

Das Jesusbuch von Stegemann unterscheidet sich aber von vielen Vertretern des *third quest* durch eine höhere epistemologische Reflexion und Selbstkritik. Stegemann ist sich bereits der Brüchigkeit dieser historischen Konstruktionen bewusst. Er gesteht, dass sich „die historische Jesusforschung [...] als ein typischer Diskurs der Moderne [erweist]."[29] Er erkennt, dass die dogmenkritische historische Forschung wiederum selbst in der Dialektik der Aufklärung gefangen blieb. Es ging dabei darum, dass subjektive Jesusbilder als „Ergebnisse objektiver Forschung und Abbildungen einer historischen Gestalt"[30] ausgewiesen werden.

---

25 *A.a.O.*, 178.
26 *A.a.O.*, 124, 265 u.a.
27 *A.a.O.*, 431.
28 *A.a.O.*, 433.
29 *A.a.O.*, 104.
30 *Ebd.*

Stegemann markiert somit bereits einen Übergang vom *third quest* zu seiner Auflösung. Die Rückfrage nach dem historischen Jesus ist für ihn zwar „unvermeidlich relativ" aber dennoch „relativ unvermeidlich".[31] Genau das wird aber inzwischen bestritten. Sie ist durchaus vermeidlich und ersetzbar.

Eine pointierte Zusammenfassung der Kritik nicht nur am *third quest,* sondern überhaupt an der Forschung zum historischen Jesus hat aus deutscher Perspektive jüngst Klaus Wengst mit seinem 2013 erschienenen Buch „Der wirkliche Jesus?"[32] vorgelegt. Wengst geht darin ebenso nüchtern wie hart mit dem *third quest* ins Gericht: „Auch die ‚dritte Suche' nach dem ‚historischen Jesus' [hat] wiederum ein Chaos von Jesusbildern produziert."[33] Nach einem Durchgang maßgeblicher Studien des *third quest* hinsichtlich zentraler Fragen wie Eschatologie, Königsherrschaft Gottes, Tora, Wunder, Selbstverständnis Jesu etc.[34] kommt er zu dem Ergebnis: „Auch die ‚dritte Suche' dürfte in kaum einem Punkt an hochgradig wahrscheinlicher historischer Erkenntnis über ‚das einfache historische Gerüst des Lebens Jesu' von David Friedrich Strauß hinausgekommen sein."[35] Selbst für die für Wengst bedeutsame „Jüdischkeit Jesu" gebe es „keine neue Erkenntnis der dritten Suche".[36] Aber auch hinsichtlich der hermeneutischen Fallen sei die dritte Jesusfrage nicht über das hinausgekommen, was Ende des 19. Jh. schon von Martin Kähler kritisiert wurde: Kähler hatte postuliert, dass es „zumeist der Herren eigener Geist sei", der sich in den Leben-Jesu-Rekonstruktionen spiegele. Entsprechend zeigt Wengst an ausgewählten Beispielen, wie auch moderne Jesusforscher doch letztlich der Gefahr der Selbstspiegelung immer wieder erliegen.[37]

Doch wenn nun die historische Jesusfrage inhaltlich wenig ergiebig und methodisch problematisch ist, soll man diese Fragerichtung dann nicht besser ganz aufgeben? Soll man Wengst in seinem Schlussappell folgen, der fordert „nicht die Zeit damit zu vertun, auf einem Holzweg weiterzugehen,

---

31 A.a.O., 421.
32 Klaus Wengst, *Der wirkliche Jesus? Eine Streitschrift über die historisch wenig ergiebige und theologisch sinnlose Suche nach dem ‚historischen Jesus',* Stuttgart 2013.
33 A.a.O., 250.
34 A.a.O., 250–277.
35 A.a.O., 276 f.
36 A.a.O., 238–240.
37 A.a.O., 244–249.

der immer wieder in einer Sackgasse endet. [...] Die Suche nach dem historischen Jesus hat nicht gebracht, was sie wollte."[38]

2. Der „Jesus-memory approach" – ein Paradigmenwechsel?

Bereits im Jahr 2007 spricht Carsten Claußen in seinem Forschungsbericht zur Jesusforschung von einem „Paradigmenwechsel"[39] und bezeichnete damit einen Wechsel der Leitparadigmen vom „historischen Jesus" zum sogenannten „Jesus remembered". Letzteres ist der Titel der bahnbrechenden Monographie von James D. G. Dunn aus dem Jahr 2003.[40] Während seine „New Perspective *on Paul*" mittlerweile zum Basiswissen der Lehrbücher und Examina zählt, ist zwar seine Monographie unter dem Titel „New Perspective *on Jesus*"[41] kaum wahrgenommen worden. Stattdessen hat jedoch der Begriff des „erinnerten Jesus" (Jesus remembered) eine Steilkarriere durchlaufen. Dunn baut ihn bewusst als Gegenbegriff zum „historical Jesus" auf, dessen Erforschung er insgesamt als „Irrweg" und „Sackgasse" bewertet. Entsprechend lautet der Untertitel in seinem provokanten Beitrag im „Handbook for the historical Jesus": How Jesus research „lost its way".[42] Im deutschsprachigen Raum war es vor allem Jens Schröter, der mit dem Er-

---

38 A.a.O., 306.

39 So Claußen, Jesus (Anm. 15), 2. Vgl. auch Ruben Zimmermann, Gleichnisse als Medien der Jesuserinnerung. Die Historizität der Jesusparabeln im Horizont der Gleichnisforschung, in: Ders. (Hg.): *Hermeneutik der Gleichnisse Jesu. Methodische Neuansätze zum Verstehen urchristlicher Parabeltexte* (WUNT 231), Tübingen 2008, 87–121, hier: „Trendwende", 102–105.

40 James D. G. Dunn, *Christianity in the Making I: Jesus remembered*, Grand Rapids, Mich. 2003.

41 James D. G. Dunn, *A New Perspective on Jesus: What the Quest for the Historical Jesus Missed*, Grand Rapids, Mich. 2005.

42 James D. G. Dunn, Remembering Jesus. How the Quest of the Historical Jesus Lost its Way, in: Tom Holmén/Stanley E. Porter (Hg.), *Handbook for the Study of the Historical Jesus, Vol. 1: How to Study the Historical Jesus*, Leiden/Boston 2011, 184–205.

innerungsparadigma seit seiner Habilitationsschrift[43] in eine ganz ähnliche Richtung arbeitete.[44]

Dunn und Schröter sind sich darin einig, dass jeder Versuch, einen historisch rekonstruierten Jesus hinter und gegen die Quellen zu stellen, aufgegeben werden muss. Die Jesusfrage ist vielmehr „umzuformulieren in diejenige nach einem an die Quellen gebundenen Entwurf des *erinnerten* Jesus als Inhalt des sozialen Gedächtnisses des Urchristentums."[45] Entsprechend könne man z.b. das Markusevangelium als eine Erinnerungsschrift interpretieren. Der Evangelist „bewahrt Erinnerungen an Personen und Begebenheiten aus dem Wirkungsfeld Jesu – an Jünger, Gegner, Familie – auf und gibt ihnen durch seine Erzählung Sinn."[46]

Ungeachtet einzelner Differenzen z.B. hinsichtlich der Art und Weise der Traditionskontinuität oder der Bewertung der Mündlichkeit der Überlieferung stimmen Dunn und Schröter auch in einem wesentlichen hermeneutischen Punkt überein: Die künstliche Diastase zwischen dem historischen Jesus und dem geglaubten Christus muss überwunden werden. Die lebensverändernden Erfahrungen der Jünger im Glauben an Jesus bezeugen den vorösterlichen Glauben. Der erinnerte Jesus sei immer schon der Christus des Glaubens.

Inzwischen kann man schon von einer ‚zweiten Generation' von Jesusforschern sprechen,[47] die diesem Ansatz, dem so genannten „Jesus-memo-

---

43 Jens Schröter, *Erinnerung an Jesu Worte. Studien zur Rezeption der Logienüberlieferung in Markus, Q und Thomas* (WMANT 76), Neukirchen-Vluyn 1997; Ders., *Jesus und die Anfänge der Christologie. Methodologische und exegetische Studien zu den Ursprüngen des christlichen Glaubens* (BThSt 47), Neukirchen-Vluyn 2001; Ders., *Von Jesus zum Neuen Testament. Studien zur urchristlichen Theologiegeschichte und zur Entstehung des neutestamentlichen Kanons* (WUNT 204), Tübingen 2007.

44 Zur Feindifferenzierung zwischen Schröter und Dunn siehe die Debatte in ZNT 20 (2008), 46–61.

45 Schröter, *Anfänge* (Anm. 44), 34.

46 Schröter, *Von Jesus zum Neuen Testament* (Anm. 44), 46. Auch für James D. G. Dunn spielt die ursprüngliche Wirkung Jesu eine herausragende Rolle, was an Leitbegriffen wie „originating impulse", „originating inspiration" oder besonders auch „original impact" deutlich wird, vgl. Dunn, *Jesus remembered* (Anm. 41), 329, 333 f. u. ö.

47 Anthony Le Donne, *The Historiographical Jesus. Memory, Typology, and the Son of David*, Waco, Tex. 2009; Rafael Rodríguez, *Structuring Early Christian Memory. Jesus in Tradition, Performance and Text* (ESCO/LNTS 407), London 2010; Chris Keith, *Jesus' Literacy. Scribal Culture and the Teacher from Galilee* (LNTS 413), London 2011, ferner ders., Memory and Authenticity. Jesus Tradition and What Really Happened, in: ZNW 102 (2011), 155–177, der eine Zusammenfassung von Kapitel 2 darstellt.

ry- approach", folgen. Statt der Suche nach dem historischen Jesus könne
es nur den im Text erinnerten Jesus geben. „We are only able to access the
remembered Jesus, but how Jesus was remembered allows informed specu-
lations about the historical Jesus who produced those memories."[48] Es geht
Keith deshalb genauer um den Erinnerungsprozess, bzw. die im Text er-
kennbare erinnerte Geschichte. „Tradition is not representation of empirical
events of the past but individual or communal memory and hence a product
of perception, construction and interpretation." [49]

Auch Anthony Le Donne expliziert die Geschichte des frühen Christentums als Erinnerungsgeschichte und sieht in der Gattung „Typologie" eine
Form, in der sich der Erinnerungsprozess vollziehen kann, was er am Beispiel des Christustitels „Sohn Davids" exemplifiziert. „I argue that typology
is a particular manifestation of memory refraction and that it provides an
apt example of how memories are propelled forward by certain patterns of
interpretation that evolve over time and (re)consideration."[50] Der Ansatz
von Le Donne wagt hierbei nicht nur begriffliche (,,mnemonic evidence")
und methodische Innovation („Triangulation"[51]) sondern zeigt auch Kon-
vergenzen zu Arbeiten, die die Medialität der Erinnerung hervorheben[52]
und diese z.B. im Blick auf das NT auf die Typizität von Texten, d.h. Gattungen, zuspitzen. Das frühe Christentum hat demnach in der Ausbildung und
Benutzung von typischen Textformen (z.B. Typologie, Parabel) den Prozess
der Jesuserinnerung strukturiert.[53] Geschichte wird in diesen Arbeiten als

---

48 Keith, *Jesus Literacy* (Anm. 48), 64.

49 *A.a.O.*, 64–66.

50 Le Donne, *Historiographical Jesus* (Anm. 48), 14.

51 *A.a.O.*, 86: „Triangulation does not pinpoint an exact historical reality; rather it describes
    the mnemonic sphere that best accounts for the mnemonic evidence. The purpose of
    triangulation is to establish the most plausible intersection between the established
    trajectories."

52 Assmann hatte von „Wiedergebrauchs-Texten; -Bildern und -Riten" gesprochen, vgl.
    Jan Assmann, Kollektives Gedächtnis und kulturelle Identität, in: Ders./Tonio Hölscher
    (Hg.), *Kultur und Gedächtnis* (StW 724), Frankfurt a. M. 1988, 9–19, hier 15; allgemein
    Vittoria Borsò/Gerd Krumeich/Bernd Witte u.a. (Hg.), *Medialität und Gedächtnis. Inter-
    disziplinäre Beiträge zur kulturellen Verarbeitung europäischer Krisen*, Stuttgart u.a. 2001;
    Astrid Erll/Ansgar Nünning (Hg.), *Medien des kollektiven Gedächtnisses. Konstruktivität
    – Historizität – Kulturspezifität* (Media and cultural memory 1), Berlin u.a 2004.

53 Vgl. dazu Ruben Zimmermann, Formen und Gattungen als Medien der Jesus-Erinne-
    rung. Zur Rückgewinnung der Diachronie in der Formgeschichte des Neuen Testa-
    ments, in: Ottmar Fuchs/Bernd Janowski (Hg.), *Die Macht der Erinnerung* (JBTh 22),
    Neukirchen-Vluyn 2007, 131–167; sowie Ruben Zimmermann, Memory and Form

ein Prozess der Kontinuität betrachtet, der jedoch nicht von den Ursprüngen, sondern von den Zielpunkten der Entwicklung aus in den Blick genommen wird. Texte sind dabei in Schrift geronnene Erinnerungen des frühen Christentums.

Der methodische Paradigmenwechsel, der hierbei von Le Donne vollzogen wird, wird dann zugespitzt und provokant formuliert in seinem Jesusbuch einer breiteren Leserschaft zugänglich gemacht.[54] Schon ein flüchtiger Blick macht deutlich, dass hier die traditionelle Jesusforschung grundlegend reformiert wird. Dabei knüpft er an gegenwärtige Geschichtstheorien an, die er mit dem Label „postmodern" klassifiziert, um sie damit in klarem Kontrast zur ‚modernen Historik' abzugrenzen.

So hat der moderne Historiker die Vorstellung, dass Geschichte synonym mit Vergangenheit gesetzt werden kann, während Le Donne formuliert: „The unremembered und uninterpreted past is not history."[55] Entsprechend war es das Ziel des modernen Historikers in kritischer Wahrnehmung von Interpretationen, Deutungen und Legenden zum harten historischen Kern des Gewesenen vorzustoßen. Der postmoderne Historiker hingegen sieht keine methodisch kontrollierbare Möglichkeit darin, Geschichte und Interpretation zu trennen und beschreibt seine Aufgabe darin, die verschiedenen interpretierenden Erinnerungen darzustellen und zu deuten. Der Historiker ist damit selbst Teil in der Kette des kollektiven Erinnerns und macht nichts anderes, als die Geschichte weiterzuerzählen. Methodisch hat das zur Folge, dass man z.B. den historischen Jesus nicht jenseits, sondern nur inmitten der vorhandenen Interpretationen erkennen kann. „The historical Jesus is not veiled by the interpretations of him. He is most available for analysis when these interpretations are most pronounced. Therefore, the historical Jesus is clearly seen through the lenses of editorial agenda, theological reflection, and intentional counter-memory."[56] Entsprechend endet das Buch auch mit einem Appell und einer Vision: „I suggest a new be-

---

Criticism: The Typicality of Memory as a Bridge between Orality and Literality in the Early Christian Remembering Process, in: Anette Weissenrieder/Robert B. Coote, *The Interface of Orality and Writing* (WUNT 260), Tübingen 2010, 130–143.

54 Anthony *Le Donne, Historical Jesus. What can we know and how can we know it?*, Grand Rapids, Mich. 2011. Dass das Buch den Titel „Historical Jesus" trägt, ist ein Zugeständnis, das der renommierte Verlag Eerdmans dem Nachwuchswissenschaftler auferlegt hat, wie er mir im Gespräch mitteilte.

55 *A.a.O.*, 77.

56 *A.a.O.*, 134.

ginning [of historical Jesus research] that is rooted in the notion that the interpretation of memory refraction is the historian´s best way forward."[57]

Im Jahr 2012 haben dann Le Donne und Keith gemeinsam einen Sammelband unter dem Titel: „Jesus, Criteria, and the Demise of Authenticity"[58] publiziert. Es stellt nicht nur einen Gegenentwurf zu Theißen und Winters Buch zur Kriterienfrage dar,[59] sondern stellt die Möglichkeit einer auf Kriterien basierten Jesusforschung überhaupt radikal in Frage:

Differenz-, Kohärenz-, Plausibilitätskriterien oder auch Tendenzwidrigkeit, Mehrfachbezeugung etc. seien in höchstem Maße fragwürdig, da sie immer hermeneutische Vorentscheidungen in den Text eintragen und somit zu widersprüchlichen Ergebnissen gelangen. Le Donne und Keith – aber ebenso namhafte Jesusforscher wie Allison, Schröter, Stuckenbruck – fordern das Ende der positivistisch historischen Jesusforschung. Es gab niemals uninterpretierte, authentische Jesustradition. Die Suche danach ist aufzugeben.

Zwischenfazit:

Es gibt keinen Zweifel: Die Vertreter der zweiten Generation des „Jesus-memory-approachs" wollen einen radikalen Bruch, einen Paradigmenwechsel nicht nur mit der dritten Jesusfrage, sondern mit der Frage nach dem historischen Jesus überhaupt. Allerdings ist die rückwärtsgewandte kritische Perspektive weit klarer als die Ausarbeitung einer eigenen Methodologie, wie nun aufgrund der veränderten Rahmentheorien methodisch präzise an den Texten gearbeitet werden kann. Wird der Gegenstand der Erinnerung nur mittels der vagen Begriffe der „Wirkung" bzw. des „impacts" (Dunn) konkretisiert oder mit Inferenzen auf einen „socio-historical background" geschlossen (Keith), entsteht die Gefahr, hier doch wieder eine Fakten- oder zumindest Ereignisgeschichte als Zielpunkt des Erinnerungsprozesses zu postulieren.[60]

---

57 *Ebd.*

58 Chris Keith/Anthony Le Donne, *Jesus, Criteria, and the Demise of Authenticity*, London 2012.

59 Vgl. Gerd Theißen/Dagmar Winter, *Die Kriterienfrage in der Jesusforschung. Vom Differenzkriterium zum Plausibilitätskriterium* (NTOA 34), Göttingen 1997.

60 Vgl. dazu die Kritik bei Gerd Häfner, Ende der Kriterien, in: Knut Backhaus/Ders. (Hg.), *Historiographie und fiktionales Erzählen. Zur Konstruktivität in Geschichtstheorie*

Erinnerung vollzieht sich immer medial, nicht nur sprachgebunden, sondern sogar auch formgebunden, was die alte formgeschichtliche Forschung jenseits ihrer falschen Schlussfolgerungen zu Recht erkannte.[61] Die literarische Form selbst ist ein inhaltsreiches Erinnerungsmedium, ist also nicht bloß Vehikel historischer Informationen sondern als „content of the form" (White) das eigentliche Ausdrucksmedium der Vergangenheit.

So gilt auch bei diesem Trendwechsel der Jesusforschung: Die Quellen sind gerade in ihrer sprachlichen Verfasstheit Ausgangs- und zugleich Endpunkt der historischen Jesusfrage.

Wir fragen nicht nach dem „historischen Jesus" jenseits des Textes, sondern nach dem im Text erinnerten Jesus. Der erinnerte Jesus ist zugleich der erzählte Jesus.

Damit diese These jedoch ihrerseits zur Binsenweisheit oder zum oberflächlichen Lippenbekenntnis wird, möchte ich im nächsten Schritt eine theoretische Fundierung leisten.

3. Die untrennbare Verwobenheit von Text und Geschichte: Vom Historismus zur narratologischen Historiographie

3.1 Der „narrative turn" der Geschichtstheorie

Unter dem Label „linguistic turn" setzte seit den 70er Jahren ein Umdenken in der Geschichtswissenschaft ein.[62] Bahnbrechend waren hierbei die Arbeiten von Hayden White, der in seiner „Metahistory"[63] ausgerechnet

---

und Exegese (BThS 86), Neukirchen-Vluyn 2007, 97–130, bes. 103–108 (die bis hin zur Ablehnung des ‚Erinnerungs-Paradigmas' führt) bzw. die Bejahung der Ereignisgeschichte bei Thomas Söding, *Ereignis und Erinnerung: die Geschichte Jesu im Spiegel der Evangelien*, Paderborn u.a. 2007 (s. Anm. 86), 21–23, 36–40.

61 Vgl. hierzu meine Ausführungen in Zimmermann, Formen und Gattungen (Anm. 54).

62 Vgl. hier meine Zusammenfassung in Ruben Zimmermann, Geschichtstheorie und Neues Testament. Gedächtnis, Diskurs, Kultur und Narration in der historiographischen Diskussion, in: *Early Christianity* 2/4 (2011), 417–444, bes. 427–444; allgemein Ernst Hanisch, Die linguistische Wende: Geschichtswissenschaft und Literatur, in: Wolfgang Hardtwig/Hans-Ulrich Wehler (Hg.), *Kulturgeschichte heute* (Geschichte und Gesellschaft, Sonderheft 16), Göttingen 1996, 212–230.

63 Vgl. Hayden White, *Metahistory. The Historal Imagination in Nineteenth-Century Europe*, Baltimore u.a. 1973 (dt. Metahistory. Die historische Einbildungskraft im 19.

Geschichtswerke der Phase des so genannten Historismus hinsichtlich ihrer narratologischen Gestalt entlarvte. Die Einsicht, dass ein Historiker wie z.b. Leopold Ranke, der jenseits ideologischer Verzweckung in seiner Geschichtsdarstellung „nur sagen wollte, wie es gewesen ist", sich letztlich narratologischer Konzepte bediente, um kontingente historische Ereignisse verstehbar zu machen, barg viel Sprengstoff. Um Vergangenheit überhaupt gegenwärtig wahrnehmen oder gar deuten zu können, bedarf es grundsätzlich der sprachlichen Verarbeitung, besonders der Form der Erzählung.[64] Entsprechend schrieb Jörn Rüsen: „Geschichte als vergegenwärtigende Vergangenheit hat grundsätzlich die Form einer Erzählung, und historisches Denken folgt grundsätzlich der Logik des Erzählens."[65]

Historische „Ereignisse" (events) können nur verstanden werden, wenn sie von einem Interpreten in eine bestimmte Ordnung gebracht werden.[66] Ist dieser Erklärungszusammenhang z.b. zeitlich strukturiert, kann man von einem „chronikalischen Geschehen" (chronicle) sprechen. In einem weiteren Schritt wird das Ordnungsgefüge dann zu einer „Geschichte" (story) mit Anfang, Mitte und Schluss ausgebaut.[67] Die hier verwendeten Begriffe „Ereignis", „chronikalisches Geschehen" und „Geschichte" entsprechen weitgehend den Grundbegriffen, die sich zur Analyse der Erzählhandlung (erzählte Welt) innerhalb der literarischen Erzähltheorie etabliert haben.[68] Doch der Sinn einer Ereignisfolge ist noch nicht vollständig aus ihrer Handlungsstruktur ableitbar. Erst im Erkennen eines typischen Handlungsschemas

Jahrhundert in Europa, Frankfurt a. M. 1994); Ders., Die Fiktionen der Darstellung des Faktischen, in: Ders., *Auch Klio dichtet oder Die Fiktion des Faktischen. Studien zur Tropologie des historischen Diskurses*, Stuttgart 1991, 145–160; Ders., Der historische Text als literarisches Kunstwerk, in: *a.a.O.*, 101–122.

64 Vgl. Jörn Rüsen, Historische Sinnbildung durch Erzählen. Eine Argumentationsskizze zum narrativistischen Paradigma der Geschichtswissenschaft und der Geschichtsdidaktik im Blick auf nicht-narrative Faktoren, in: *Internationale Schulbuchforschung* 18 (1996), 501–544.

65 Jörn Rüsen, Historisches Erzählen, in: Ders., *Zerbrechende Zeit. Über den Sinn der Geschichte*, Köln u.a. 2001, 43–105, hier: 44.

66 Vgl. zum Folgenden Ruben Zimmermann, Deuten heißt erzählen und übertragen. Narrativität und Metaphorik als zentrale Sprachformen historischer Sinnbildung zum Tod Jesu, in: Jörg Frey/Jens Schröter (Hg.), *Deutung des Todes Jesu* (UTB 2953), Tübingen ²2012, 315–373, bes. 325–328.

67 Vgl. White, *Metahistory* (Anm. 64), 7.

68 Matias Martínez/Michael Scheffel, *Einführung in die Erzähltheorie*, München ⁹2012, 108–111: Ereignis – Geschehen – Geschichte. Zum Teil werden auch die Begriffe „plot" (für Geschichte) bzw. „subplot" (für Geschehen) verwendet.

bzw. einer Plotstruktur (emplotment) findet die Sinnkonstruktion ihren Abschluss, so White, wobei er in Anknüpfung an Frye die vier Grundformen der „Romance", „Tragödie", „Komödie" und „Satire" als fundamentale Kategorien unterscheidet.[69] Durch kulturell signifikante narrative Strukturen werde die stumpfe Kontingenz des Faktischen überformt und verstehbar gemacht. White hat somit durch die Einführung literarischer Kategorien die auf Aristoteles zurückgehende strikte Trennung zwischen „faktualen" und „fiktionalen Erzählungen"[70] aufgehoben. Historische Erzählungen sind immer auch fiktionale Erzählungen, indem sie den historischen Stoff mit den Mitteln der Narrativität zur Darstellung bringen.

So konsensfähig die prinzipiell narrative Konstitution von Geschichte seither geworden ist, so unausrottbar blieb die Idee der hinter den Geschichten stehenden Geschichte. Die Faktizität jenseits der Fiktionalität. Es waren nun paradoxerweise Theoretiker wie White oder Ankersmit selbst, die solch eine Idee nährten, indem White etwa von der Darstellung des Faktischen gesprochen hat; oder Ankersmit von der autonomen Erzählung, die ex post zum Set der rekonstruierten „statements" hinzukäme.[71] Voraussetzung war hier aber immer noch die Idee des nicht bezweifelbaren *brutum factum*", der „nackten Tatsache", letztlich die Trennung zwischen Fakten und Fik-

---

69 Vgl. White, Der historische Text (Anm. 64), 103: „Geschichtswerke (beziehen) einen Teil ihrer Erklärungswirkung (explanatory effect) daraus, dass es ihnen gelingt, aus *bloßen* Chroniken Geschichten (stories) zu machen; und Geschichten (stories) werden ihrerseits aus Chroniken mithilfe eines Verfahrens gemacht, das ich an anderer Stelle als ‚emplotment' (Verleihung einer Plotstruktur) bezeichnet habe. Unter ‚emplotment' verstehe ich einfach die Kodierung der in der Chronik enthaltenen Fakten als Bestandteile bestimmter *Arten* von Plotstrukturen, in eben der Weise, wie es Frye für die ‚Fiktionen' allgemein behauptet hat." Genau genommen differenziert White drei Formen historischer Sinnbildung: 1. Erklärung durch emplotment; 2. Erklärung durch formale Schlussfolgerung; 3. Erklärung durch ideologische Implikationen, vgl. White, *Metahistory* (Anm. 64), 7.

70 Vgl. Aristoteles, Poetik 1451b: „Denn der Geschichtsschreiber und der Dichter unterscheiden sich nicht dadurch voneinander, dass sich der eine in Versen und der andere in Prosa mitteilt [...]; sie unterscheiden sich vielmehr dadurch, dass der eine das wirklich Geschehene mitteilt, der andere, was geschehen könnte." (Aristoteles, Poetik, Ed. Fuhrmann, 29). Die Begriffe stammen freilich von Genette, der die authentische Erzählung von historischen Ereignissen und Personen als „faktuale Erzählung" bezeichnete, von der die erdichtete „fiktionale Erzählung" zu unterscheiden sei, vgl. Gérard Genette, *Fiktion und Diktion*, München 1992, 66; zu dieser Differenzierung im Überblick Martinez/Scheffel, *Erzähltheorie* (Anm. 69), 9-19.

71 Vgl. Frank Ankersmit, *Narrative Logic. A Semantic Analysis of Historian's Language*, Groningen 1981.

tionen, zwischen Geschichte und Text. Genau hier muss man noch einen Schritt weiter gehen: Es war bereits ein Einwand gegen White, den vor allem *David Carr*[72] stark gemacht hat, dass es das Ideal bloßer Faktizität nicht gebe. Die Ordnung von Geschehensabläufen oder die orientierende Deutung gibt es nicht erst durch narrative Vermittlung im Text, sie existiert bereits auf der Handlungs- und Wahrnehmungsebene selbst. Ereignisse werden bereits im Moment des Geschehens anhand narrativer Strukturen wahrgenommen. Fakten sind eben – wie es die Etymologie des Wortes verrät – „gemacht" (von lateinisch: facere > factum). Historische Ereignisse sind immer konstruiert, nie gegeben. Sie sind nicht unsprachlich zu haben. Dies stellt m.E. eine wesentliche Radikalisierung des sprachbasierten Ansatzes dar.

Aber führt eine solche Betrachtung nicht letztlich zu einem reinen Konstruktivismus, bei dem der historische Haftpunkt außerhalb der Texte im Strudel kreativ-deutender Akte unterzugehen droht?

3.2 Der „realistic turn" der Erzähltheorie

Die Literaturwissenschaft befasst sich mit literarischen, d.h. poetischen und erfundenen Texten, so dass sie ausgehend von der genannten Unterscheidung des Aristoteles sich der Poetik zurechnete, die von der Historik klar zu unterscheiden war. Erst mit der präziseren Unterscheidung von Erzählweise und Erzählinhalt[73] wurde in der Erzähltheorie eine Methodik gefunden, die nun spezifischer den Wirklichkeitsbezug der Darstellungsweisen in den Blick nahm. Entsprechend hatte Genette zwischen „faktualen" und „fiktionalen" Texten unterschieden, und nur den faktualen eine Referenz auf die außersprachliche Wirklichkeit zugesprochen.[74] Historische Erzählungen sind also faktual, weil sie sich auf Ereignisse der Vergangenheit beziehen. Allerdings zeigte die Arbeit an den Texten, dass die Unterscheidung von Genette zu plakativ war. Auch in ihrem Anspruch erfundene, d.h.

---

72 Vgl. David Carr, *Time, Narrative and History*, Bloomington 1986.

73 So z.B. Todorov: „histoire" versus „discours"; Chatman: Story and Discourse; Genette: Discours versus récit, vgl. zum Überblick Martínez/Scheffel, *Erzähltheorie* (Anm. 69), 22–26 (z.B. die Tabelle mit der Auflistung der verschiedenen Begriffe nach Autoren, a.a.O., 26), ferner folgt der Aufbau des ganzen Buches dieser Struktur.

74 Vgl. Gérard Genette, Fiktionale Erzählung, faktuale Erzählung, in: Ders., *Fiktion* (Anm. 71), 65–94. (orig. Gérard Genette, Fictional Narrative, Factual Narrative, in: *Poetics Today* 11/4 (1990), 755–774).

fiktionale Texte, können einen Wirklichkeitsbezug haben, indem sie Erfahrungen ihrer Zeit widerspiegeln. Aus der biblischen Literatur kann man hier an die Parabeln denken, die zwar fiktionale Texte sind, aber in hohem Maße realitätsbezogen bleiben.[75] Inzwischen hat sich um den Komplex von „fiction versus non-fiction" bzw. „faktualen Erzählungen" ein eigenes Forschungsfeld entwickelt,[76] in dem die Frage nach den Unterscheidungskriterien zwischen einer faktualen und einer fiktionalen Erzählung wie auch die Grade von Wirklichkeitsreferenz zur Disposition stehen. Ein viel beachteter Vorschlag stammt von Matías Martínez und Christian Klein, die „Wirklichkeitserzählungen"[77] je nach Verhältnis von Erzählweise, -inhalt und Authentizitätsanspruch differenziert in vier Kategorien beschreiben.[78] Ohne dass diese Diskussion schon klare Ergebnisse erkennen lässt, kann doch hier zumindest als eindeutige Tendenz festgehalten werden, dass die Erzähltheorie mit neuer Intensität den Wirklichkeitsbezug der Literatur reflektiert, weshalb ich vom „realistic turn" sprechen möchte.

So zeigt sich ein beachtlicher Prozess der Konvergenz in Geschichts- und Literaturwissenschaft trotz unterschiedlicher Ausgangsposition: Die Geschichtswissenschaft hat seit einiger Zeit eine Sensibilität für die Narrativität der Vergangenheitspräsentation entwickelt, wie umgekehrt auch die Erzähl-

---

75 Vgl. zu den Merkmalen der Parabelgattung ausführlich Ruben Zimmermann, Parabeln – sonst nichts! Gattungsbestimmung jenseits der Klassifikation in ‚Bildwort', ‚Gleichnis', ‚Parabel' und ‚Beispielerzählung', in: Ders. (Hg.), *Hermeneutik der Gleichnisse Jesu. Methodische Neuansätze zum Verstehen urchristlicher Parabeltexte* (WUNT 231), Tübingen ²2011 (2008), 383–419.

76 Vgl. Monika Fludernik, Fiction vs. Non-Fiction. Narratological Differentiations, in: Jörg Helbig (Hg.), *Erzählen und Erzähltheorie im 20. Jahrhundert*, Heidelberg 2001, 85–103, bes. 94 f; Ansgar Nünning, How to Distinguish between Fictional and Factual Narratives: Narratological and Systemtheoretical Suggestions, in: Lars-Ake Skalin (Hg.), *Fact and Fiction in Narrative: An Interdisciplinary Approach* (Örebro Studies in Literary History and Criticism 4), Örebro 2005, 21–56; Albrecht Koschorke, *Wahrheit und Erfindung. Grundzüge einer Allgemeinen Erzähltheorie*, Frankfurt a. M. 2012. Vgl. in Anwendung auf frühchristliche Texte jetzt Susanne Luther u.a. (Hg.), *Wie Geschichten Geschichte schreiben* (WUNT II/395), Tübingen 2015.

77 Christian Klein/Matias Martinez (Hg.), *Wirklichkeitserzählungen. Felder, Formen und Funktionen nicht-literarischen Erzählens*, Stuttgart u.a. 2009. Klein/Martínez unterscheiden drei Typen von Wirklichkeitserzählungen: deskriptive Erzählungen, normative Erzählungen und voraussagende Erzählungen. Die historische Erzählung besteht zumeist aus einer Mischung dieser drei Typen, vgl. *a.a.O.*, 6 f.

78 Vgl. *a.a.O.*, 4 f.: 1) Faktuale Erzählungen mit fiktionalisierenden Erzählverfahren; 2) Faktuale Erzählungen mit fiktiven Inhalten; 3) Fiktionale Erzählungen mit faktualen Inhalten; 4) Fiktionale Erzählungen mit faktualem Redemodus.

theorie eine neue Aufmerksamkeit für den Wirklichkeitsbezug gewonnen hat. Entsprechend nähern sich „narratologische Historiographie" und „historische Narratologie" immer deutlicher einander an.[79] Geschichten und Geschichte, story und history sind untrennbar miteinander verwoben.

3.3 Der „anachronistic turn" bei der Wahrnehmung antiker Quellen

Nun könnten wir postmodernen Geschichtstheoretikern und Literaturwissenschaftlern ihr Recht zugestehen, aber im Blick auf die Verarbeitung von Geschichte in den Evangelien müssten doch eher die antiken Historiographen befragt werden. Welche Vorstellung von Geschichte, von Vergangenheitsverarbeitung haben diese? Wann ist die Darstellung von Geschichte historisch zuverlässig, oder gar „wahr"?

Ein oberflächlicher Blick führt zu einem offenbar eindeutigen Befund: So schreibt Lukian von Samosata in seiner Schrift Πῶς δεῖ Ἱστορίαν συγγράφειν – in kaum übertreffbarer Analogie zu Ranke: „Die Aufgabe des Historiographen ist eine einzige: zu sagen, wie es gewesen."[80] Ein vertiefter Blick auf die Prämissen und Arbeitsweisen antiker Historiker macht jedoch deutlich, dass hier keineswegs eine faktenorientierte Geschichtsschreibung im neuzeitlichen Sinn vorliegt. Detlev Dormeyer hat mit Recht darauf hingewiesen, dass in der Antike ein regelrechter Dauerstreit dar über entfachte, in welchem Maße hedonistische, tragische oder mimetische Aspekte in die Geschichtsschreibung aufgenommen werden dürfen:[81] Nach

---

79 Vgl. etwa den Überblick bei Stephan Jaeger, Erzähltheorie und Geschichtswissenschaft, in: Vera Nünning/Ansgar Nünning (Hg.), *Erzähltheorie transgenerisch, intermedial, interdisziplinär*, Trier 2002, 237–263; Ders., Erzählen im historiographischen Diskurs, in: Klein/Martinez (Hg.), *Wirklichkeitserzählungen* (Anm. 79), 110–135.

80 Siehe Lukian, Wie man die Geschichte schreiben müsse, in: Ders., *Werke in drei Bänden*, Bd. 2 (Übers. v. C. M. Wieland), Berlin/Weimar 1974, 266–300; bes. 270, 272. Siehe *Hist. Conscr.* 39: τοῦ δὴ Συγγραφέως ἔργον ἕν – ὡς ἐπάρχθη εἰπεῖν.

81 Detlev Dormeyer, Pragmatische und pathetische Geschichtsschreibung in der griechischen Historiographie, im Frühjudentum und im Neuen Testament, in: Thomas Schmeller (Hg.), *Historiographie und Biographie im Neuen Testament und seiner Umwelt* (NTOA/STUNT 69), Göttingen 2009, 1–33. So argumentierte Duris von Samis (340–270 a. D.) gegen Thukydides, Phylarchos versus Polybios, Plutarch gegen Duris (Plut. Percl. 28) und Herodot (Plut. Herod Mal.), Cicero gegen die „innumerabiles fabulae" von Theopomp (Cic. Leg 1,5) oder Lukian gegen unwahrhafte Historiker (Luc. Hist. Conscr. 14–34), vgl. dazu Klaus Meister, *Die Griechische Geschichtsschreibung. Von den Anfängen bis zum Ende des Hellenismus*, Stuttgart 1990, 80–102.

Dormeyer könne man die Lager mit den Labeln „kritisch-pragmatische"
und „tragisch-pathetische" Geschichtsschreibung versehen. Gleichwohl
erheben beide den Anspruch, Geschichtsschreibung und nicht Dichtung
zu sein. Für uns interessant ist ferner die Beobachtung, dass die zur
Alexanderzeit aufgekommene biographische Geschichtsschreibung gerade
Elemente der Mimesis und Hedone einbezieht.[82]

Knut Backhaus ging hier noch einen Schritt weiter und hat in akribi-
schem Quellenstudium nachgewiesen, dass die hellenistisch-römische Geschichtsschreibung stets Konstruktionselemente aus Rhetorik, mimetischer
Kunst (Epos, Drama, Roman) und paideutischem Traktat verwendete, um
die wahre Geschichte zu rekonstruieren, und das sogar in vollem Bewusst-
sein.[83] So hoch der historische Wahrheitsanspruch von Cicero gewesen war,
scheute er sich nicht, z.B. im Brutus den Tod des Coriolan gegen den nüchternen Chronisten Atticus als Selbstmord zu deuten. „Denn den Rhetoren
wird es ja zugestanden (concessum est), in historischen Dingen zu erfinden
(ementiri in historiis), damit sie etwas ausdrucksvoller vortragen können."
(Cic. Brut. 42 f.). In ähnlicher Weise argumentiert Quintilian: „Wir werden
aber erreichen, dass die Geschehnisse bar vor Augen liegen, wenn sie dem
Wahren ähnlich wirken, und es wird erlaubt sein, auch fälschlich alles Mög-
liche hinzuzudichten (licebit etiam falso adfingere), was zu geschehen pflegt
(Quint., inst. 8,3,70). Neben diese rhetorische Konstruktivität (ἐνάργεια)
stellt Backhaus die „mimetische Konstruktion" (ἀξιαφηγητότερα) und die
paideutische Konstruktion (τὰ καθόλου) und kommt jeweils zu dem Ergebnis, dass sich die antiken Historiographen erlaubten, Geschichte zu rearran-
gieren, fortzulassen und hinzuzufügen, mit anderen Worten: zu konstruieren.[84]

Freilich geschah dies nicht, um die geschichtliche Wahrheit zu manipu-
lieren, sondern um die Adressaten gerade davon zu überzeugen. Die einfache Unterscheidung von „wahr" und „falsch" wird dann aber unangemessen
für die antike Historiographie und müsste – wie etwa Pelling für Plutarchs
Viten vorschlägt – durch „true enough"[85] ergänzt werden. Entsprechend

82 Dormeyer, Geschichtsschreibung (Anm. 82), 32.
83 Vgl. Knut Backhaus, Spielräume der Wahrheit: Zur Konstruktivität in der hellenistisch-
   reichsrömischen Geschichtsschreibung, in: Ders./Häfner, *Historiographie* (Anm. 61),
   1–29.
84 Vgl. *a.a.O.*, 29.
85 Christopher B. R. Pelling, Truth and Fiction in Plutarch´s Lives, in: Donald A. Russell
   (Hg), *Antonine Literature*, Oxford 1990, 19–52.

wird auch der Satiriker Lukian vielfach nur verkürzt zitiert, denn in der oben genannten Schrift fordert er vom Historiker, nicht nur zu sagen, wie es gewesen ist, sondern gesteht auch zu, die Geschichtsdarstellung „mit Figuren [zu] heben und lebhafter [zu] machen. (…) Es gibt sogar Fälle, wo er [der Historiker] sich bis zum poetischen Schwung erheben darf und einer gewissen Pracht im Ausdruck bedienen darf."[86]

Wir können festhalten: Die Wahrnehmung der sprachlichen und stilistischen Konstruktivität von Geschichtsschreibung ist nicht erst eine Einsicht des ausgehenden 20. Jh., sondern trifft ebenso auf antike Historiographen zu. Überraschenderweise wird diese „Fiktionalität des Faktischen" nicht beklagt, sondern bewusst reflektiert und in Anspruch genommen. Der Wahrheitsanspruch der antiken Historiographie misst sich nicht nur an dem Rückbezug auf Ereignisse, sondern auch an der Darstellungskunst für die jeweiligen Adressaten.

4. Der erinnerte Jesus ist der erzählte Jesus

4.1 Der "narrative turn" des Jesus-memory-approach

Versuchen wir die Einsichten von Geschichtstheorie, Literaturwissenschaft und Forschung zur antiken Historiographie auf die Jesusforschung zu beziehen, ergeben sich weitreichende Schlussfolgerungen. Wenn sich die Geschichte immer in Geschichten präsentiert und Vergangenheit nur erzählend in die Gegenwart bringen lässt, dann kann man sagen, dass die Narration ein konstitutives Element der Jesuserinnerung darstellt, das nicht ohne Substanzverlust übergangen werden kann.

Die Radikalisierung des narrativen Ansatzes von White bestreitet darüber hinaus die Existenz von *bruta facta*, so dass auch im Prozess des Erlebens und sich Ereignens schon narrative Strukturen die Wahrnehmung und Deutung prägen. Es gibt also nicht erst das „Dass", die Faktizität der Jesusgeschichte, die von den Evangelisten interpretiert wurde – und die wir wieder freilegen oder rekonstruieren könnten. Wer die Evangelien „historisch" le-

---

86 Lukian, Geschichte (Anm. 81), 293. Siehe Lukian, *Hist. Conscr.* 51. Zu Lukians ambivalenten Äußerungen zum Augenzeugen siehe auch Zimmermann, Augenzeugenschaft (Anm. 13), 223–229.

sen will, darf dann aber gar nicht erst die Suche nach diesen vermeintlichen Fakten, den Worten und Taten Jesu in Gang setzen.[87] Er konstruiert damit eine hinter dem Narrativen liegende Faktengeschichte, die sich aus einer bewussten Ablösung aller narrativen Elemente generiert, damit aber zu einem skelettierten Phantom einer deutungsfreien Faktizität mutiert, das keineswegs mit der historischen Wahrheit identifiziert werden kann.

Die geschichtliche Rückfrage kann nur von einer Sprachwelt auf die nächste führen: Die Jesus-Geschichte ist immer schon sprachliche Interpretation in ihrem Werden, angefangen von Jesu Selbstinterpretation bis hin zu der sprachlichen Fremdinterpretation seiner Worte und Taten durch Augenzeugen, Tradenten und Evangelisten.[88] Die postulierte Wirklichkeit des Redens und Handelns Jesus musste also nicht erst *ex post* gedeutet werden, sondern sie ereignete sich bereits in einem sprachlichen Koordinatensystem und wurde nur so, d.h. in sprachlicher Verfasstheit, Wirklichkeit.

Die sprachlich-narrative Gestalt der Jesuserinnerung verstellt also nicht die Jesusgeschichte. Vielmehr kommt ihre Bedeutung nur narrativ zur Geltung. Die erzählende Erinnerung stellt sich nicht zwischen die Fakten und ihre Gegenwartsrelevanz, sondern stellt den einzigen gegenwärtigen Zugang zu dieser Geschichte dar. Die Evangelien als die wichtigsten Quellen der Jesusgeschichte dürfen deshalb nicht als Durchlauferhitzer auf dem Weg zur Faktengeschichte abgewertet werden. Vielmehr sind sie selbst „heiße Erinnerung"[89], mit denen die Vergangenheit wahrheitsgemäß in die Gegen-

---

87 So der Versuch des Jesus Seminars im Westar Institute, vgl. Robert W. Funk/Richard W. Hoover (Hg.), *The Five Gospels. The Search for the Authentic Words of Jesus*, New York 1993; Robert W. Funk (Hg.), *The Acts of Jesus. The Search for the Authentic Deeds of Jesus*, New York 1998.

88 Dies bringt die Spiralen-Grafik von Le Donne treffend zum Ausdruck, vgl. Le Donne, *Historical Jesus* (s. Anm. 55), 79: „Each new cycle of the memory process reinterprets historical memory. In most cases, several cycles of memory have occurred before ,history' gets written down. What this diagram illustrates is that history is an interpretive trajectory that is interpreted and reinterpreted with each new remembering."

89 Vgl. Jan Assmann, „Heiße" und „kalte" Erinnerung, in: Ders., *Das kulturelle Gedächtnis*, München ²2005, 66–86. „Verinnerlichte – und genau das heißt: erinnerte – Vergangenheit findet ihre Form in der Erzählung. Diese Erzählung hat eine Funktion. Entweder wird sie zum ,Motor der Entwicklung', oder sie wird zum ,Fundament der Kontinuität'. In keinem Fall aber wird die Vergangenheit ,um ihrer selbst willen' erinnert." (75). Assmann greift hier auf die Unterscheidung von Claude Lévi-Strauss zwischen „heißen und kalten Gesellschaften" zurück und appliziert sie auf Gedächtnisprozesse, bei Lévi-Strauss ist in der Übersetzung allerdings von „warmen" Gesellschaften die Rede, vgl. Claude Lévi-Strauss, *Das wilde Denken*, Frankfurt a.M. ¹⁰1997, 270.

wart hinein vermittelt werden sollte.[90] Die Trennung von narrativen und so
genannten historischen Elementen ist deshalb auch methodisch ein Holzweg, der immer anfällig bleibt für die ideologische Konstruktivität des Je-
susforschers. Der erinnerte Jesus ist nur als erzählter Jesus zugänglich, oder
noch pointierter formuliert: Der erzählte Jesus ist kein anderer als der erinnerte, geschichtliche Jesus.

Diese Einsicht hat aber zugleich wesentliche theologische Konsequenzen. Die historische Jesusforschung war zwar schon bei Strauß oder später in der religionsgeschichtlichen Schule auch an der sprachlichen Gestalt
der Evangelienüberlieferung interessiert. Die wesentliche Kritik richtete
sich aber nicht gegen die Narration (oder mythische bzw. formgeschichtliche Verarbeitung) der Jesusgeschichte. Die historische Kritik richtete sich
hauptsächlich gegen eine theologische Übermalung der Jesusgestalt. Die
sprachliche Darstellung wurde mit einer nachträglichen Christologisierung
des Menschen Jesus gleichgesetzt. Echte historische Forschung müsse also
nicht nur die sprachliche Form der Überlieferung, sondern auch die dadurch vollzogene theologische Aufladung der Evangelien abschütteln. Ein
Grundbekenntnis der historischen Jesusforschung von ihrer Geburtsstunde
an bestand darin, dass der historische Jesus kein anderer als der Mensch
Jesus ist, der von allen explizit christologischen Elementen befreit werden
müsse.

Wenn nun Ereignis und Erinnerung immer schon deutende Interpretation darstellen, dann wird diese künstliche Diastase zwischen Sprachform
und Theologie überwunden. Es gibt keinen uninterpretierten Jesus, keine
deutungsfreien Worte und Taten im Vakuum einer künstlich erzeugten La-
bor-Faktizität. Der geschichtlich agierende Jesus von Nazareth steht immer
schon in theologischen Bezugsfeldern (insbesondere der jüdischen Tradition) und gewinnt seine Bedeutung in diesem Deutungsrahmen. Eine narrativ vermittelte Erinnerung trägt diesem Sachverhalt Rechnung. Der erzählte
erinnerte Jesus darf auch theologische und christologische Züge tragen. Die
Evangelienüberlieferung wird nicht unhistorisch, weil sie Jesus als Christus
und Kyrios erinnert. Ganz im Gegenteil bewahrt diese Erinnerung in be-
sonderem Maße den theologischen Anspruch der geschichtlichen Gestalt

---

90 Vgl. in diesem Sinn auch Jens Schröter, Nicht nur eine Erinnerung, sondern eine narrative Vergegenwärtigung. Erwägungen zur Hermeneutik der Evangelienschreibung, in:
ZThK 108 (2011), 119–137.

Jesu. Die Evangelien bürgen für eine historische und sachliche Kontinuität und stehen dieser nicht im Wege.[91]

Ob und was der Jesus-memory-approach mit narratologischer Zuspitzung nun tatsächlich in der konkreten Arbeit mit den neutestamentlichen Texten verändert, lässt sich am ehesten an einem konkreten Beispiel zeigen.[92]

4.2 Zum Beispiel: Der Todeszeitpunkt – historisch rekonstruiert oder erzählend erinnert?

Die historische Jesusforschung hat viel Fleiß darauf verwandt, den Todeszeitpunkt von Jesus exakt zu bestimmen. Die Mk folgende synoptische Tradition legt eine Datierung des Todeszeitpunktes Jesu auf den ersten Tag des Passafestes, den 15. Nisan, nahe, während Johannes die Kreuzigung Jesu auf den Rüsttag zum Passafest, d.h. auf den 14. Nisan, datiert (Joh 19,14.31). In dem Lehrbuch von Theißen/Merz[93] lesen wir die Argumente pro und contra dieser beiden Datierungshypothesen. Theißen/Merz sehen mit vielen anderen historisch-kritisch arbeitenden Exegeten[94] die Argumente für die

---

91 Vgl. dazu Markus Öhler, Die Evangelien als Kontinuitätskonstrukte, in: Christian Danz/ Michael Murrmann-Kahl (Hg.), *Zwischen historischem und dogmatischem Christus. Zum Stand der Christologie im 21. Jahrhundert*, Tübingen 2010, 87–109. Öhler betont besonders das konstruktive Element bei der Darstellung von Kontinuität zwischen dem irdischen Jesus und dem geglaubten Christus mit Hinweis auf die Leiblichkeit des Auferstandenen, die Stetigkeit von Leben und Wirken Jesu und die Erfüllung von Israels Verheißung.

92 Im Vortrag wurde als zweites Beispiel auf das lukanische Doppelwerk (konkret Prolog des Lukasevangeliums) verwiesen, in dem sich historiographische Elemente mit einer ausgefeilten Erzählkunst verbinden. Vgl. dazu etwa Knut Backhaus, Lukas der Maler. Die Apostelgeschichte als intentionale Geschichte der christlichen Erstepoche, in: Ders./ Häfner, *Historiographie* (Anm. 61), 30–66; zu den Wundererzählungen jüngst Ruben Zimmermann, Der Wahrheit auf der Spur. Erzählte Erinnerungen an die Heilungswunder Jesu, in: *Welt und Umwelt der Bibel* 2 (2015), 12–21.

93 Vgl. dazu die Diskussion und wesentlichen Argumente bei Gerd Theißen/Annette Merz, *Der historische Jesus. Ein Lehrbuch*, Göttingen ⁴2011, 152–155; vgl. auch John P. Meier, *A Marginal Jew 1*, New York/London 1991, 372–433.

94 Es gibt sogar einen gewissen Trend, noch präziser den 14. Nisan des Jahres 30 n. Chr. als das eigentliche Todesdatum festzulegen, so z.B. Rainer Riesner, *Paul's Early Period: Chronology, Mission Strategy, Theology*, Grand Rapids, Mich. 1998, 58; Ben Witherington, *New Testament History: A Narrative Account*, Grand Rapids, Mich. 2001, 134; Meier, *A Marginal Jew* (Anm. 94), 402. Vgl. den Überblick und die kritische Diskussion der

johanneische Chronologie, d.h. für den 14. Nisan als Todestag, gewichtiger:
Die von allen Evangelien bezeugte Passaamnestie ergebe nur Sinn, wenn
der Freigelassene das Passamahl mitfeiern konnte. Hinzu käme politisches
Kalkül des Pilatus: Eine Hinrichtung am Passafest selbst hätte die öffentliche Ruhe gefährden können. Ferner verfolgten die Synoptiker – wie schon
Joachim Jeremias herausgearbeitet hatte[95] – eine theologische Intention. Sie
wollten das letzte Abendmahl als Passa-Mahl stilisieren, das im Judentum
seit Alters her in der Nacht vom 14. auf 15. Nisan eingenommen wird. Die
daraus resultierende Datierung des Todeszeitpunkts am 15. Nisan sei deshalb sekundär motiviert und historisch unglaubwürdig.

Aber ist die johanneische Darstellung nicht theologisch motiviert?
Schon beim ersten öffentlichen Auftreten Jesu heißt es: „Seht, das ist das
Lamm …" (Joh 1,29.36).[96] Dies erinnert an die Proklamation des Passalammes, das bereits bei seiner Geburt, also beim ersten Erscheinen, als das für
das nächste Jahr vorgesehene Passalamm ausgerufen wird. Während der
Passionsereignisse wird dann explizit die Exodus-Passage zum Passalamm
zitiert, dass kein Knochen gebrochen werden soll (Joh 19,36 mit Bezug auf
Ex 12,10.40). Die Joh Darstellung der Passion ist – wie Christine Schlund
gezeigt hat[97] – offenbar insgesamt mit Bezug auf die Passa-Tradition gestaltet. In diesem Kontext kann man das Interesse des Evangelisten erkennen,
Jesus zum Zeitpunkt der Schlachtung der Passalämmer sterben zu lassen.
Dies ist zweifellos ein theologisch motiviertes Interesse. Aber ist es deswegen weniger historisch?

Wieder scheint hier die alte Kluft zwischen historischer und theologi-
scher Betrachtung der Texte durchzuscheinen. Wenn eine theologische
Konzeption erkennbar ist, dann kann es nicht historisch zuverlässig sein.
Und immer wieder scheint uns die neutestamentliche oder dogmatische
Forschung in die eine oder andere Richtung drängen zu wollen.

Argumente bei Helen K. Bond, Dating the Death of Jesus: Memory and the Religious
Imagination, in: *New Testament Studies* 59 (2013), 461–475, bes. 461–471.

95 Vgl. Joachim Jeremias, *Die Abendmahlsworte Jesu*, Göttingen ⁴1967.

96 Vgl. zu den Deutungsvarianten des Lammes Ruben Zimmermann, *Christologie der Bilder im Johannesevangelium. Die Christopoetik des vierten Evangeliums unter besonderer
Berücksichtigung von Joh 10* (WUNT 171), Tübingen 2004, 107–117.

97 Vgl. Christine Schlund, *Kein Knochen soll gebrochen werden. Studien zu Bedeutung und
Funktion des Pessachfests in Texten des frühen Judentums und im Johannesevangelium*
(WMANT 107), Göttingen 2005. Nach Schlund sind die Kapitel Joh 12–9 ganz auf dem
Hintergrund der anbrechenden Pessachzeit gestaltet.

Der „Jesus-memory-approach" verspricht hier einen Ausweg:[98] Sowohl die synoptischen als auch die johanneischen Angaben stehen im Horizont deutender historischer Erzählungen, die somit theologisch bedeutungsvoll, aber zugleich auch geschichtlich ausgerichtet sind. Die erzählte Erinnerung an den Todeszeitpunkt Jesu ist sowohl Geschichte als auch Theologie in einem! In beiden Chronologien erfolgt eine Deutung des Todes Jesu im Horizont der Passaerzählung, allerdings mit je unterschiedlicher Akzentsetzung. Während Jesus nach der synoptischen Chronologie mit seinen Jüngern am Abend vor seinem Tod den Sederabend des Passamahls feiert[99] und dabei die Passafeier im Blick auf seinen Tod als Eucharistie refiguriert, wird nach der Joh Chronologie Jesus zu der Zeit gekreuzigt, zu der sonst die Passalämmer geschlachtet werden (s.u.). Hier erfolgt entsprechend eine Refiguration der Passatradition mit Akzent auf der Schlachtung des Passalamms im Blick auf die rettende Funktion des Kreuzestodes Jesu. Die Kultätiologie der Eucharistie fehlt deshalb im JohEv. Beide Erzählungen sind in sich stimmig, weil sie die chronologische Ordnung und die theologische Aussageabsicht untrennbar miteinander verweben. In beiden Erzählungen wird die Erinnerung bewahrt, dass Jesus im historischen Zeitrahmen eines Passafestes hingerichtet wurde. Die historische Reminiszenz des Todeszeitraums Jesu wird dann aber in zwei spezifischen Deutungszusammenhängen erzählt, sei es des Sedermahls, sei es des Passalammes. Für beide Deutungen lassen sich Verknüpfungen mit dem Leben Jesu, seinem sonst bekannten Reden und Tun herstellen. Beide Deutungen sind deshalb auch geschichtlich plausibel.

Für die Evangelisten besteht eine enge Einheit zwischen Erinnerung und Erzählung. Ein Auseinanderdividieren von historischen Fakten und einer nachträglichen theologischen Fiktion wird diesen Quellen nicht gerecht. Dieser Befund erlaubt aber umgekehrt nicht, dass nun eine spezielle Datierung rekonstruiert und festgelegt wird.[100] Er hält uns vielmehr zu einer

---

98 Vgl. hierzu bereits meine Ausführungen in Zimmermann, Deuten heißt erzählen (Anm. 67), 336–337; davon unabhängig jetzt ähnlich Bond, Dating the Death (Anm. 95), 471–475.

99 So vor allem die Deutung von Jeremias, Abendmahlsworte (Anm. 96), 9–78. Kritisch dazu (freilich in historischer Perspektive) Theissen/Merz, Jesus (Anm. 94), 373–376.

100 Diese Vagheit ist für viele historisch-kritische Exegeten eine Zumutung, siehe Bond, Dating the Death (Anm. 95), 475: „I suspect that one of the main reasons why normally hard-headed Jesus critics sign up so quickly to 7 April 30 CE is because they desperately want it to be true. In the end, all that the evidence allows us to claim is that Jesus died some time around the Passover, perhaps a few days before the feast, any time between 29 and 34 CE."

relativen Unschärfe an, die gleichwohl nicht mit dem Verzicht auf jegliche geschichtliche Rückbindung verbunden sein muss. Jesus wurde im Kontext eines Passafestes hingerichtet. Ob dies der 14. oder 15. Nisan war, kann aus den Quellen nicht rekonstruiert werden. Die erzählende Erinnerung hat auch kein Interesse daran.

Hier zeigt sich vielmehr, dass ein Prozess der deutenden Erinnerung in Gang gesetzt wurde, der sich in den Evangelien auf zwei Aspekte fokussiert, aber – wie z.B. 1 Kor 5,7 zeigt – noch reichhaltiger war. Die uns durch die Evangelien bewahrte erzählte Erinnerung ist das Ergebnis eines kollektiven Erinnerungsprozesses, einer vergegenwärtigenden Rückbesinnung auf Geschichte, wie Helen Bond resümiert:

> „As the earliest Christians came together to remember Jesus and to ponder the significance of his death, it would hardly be surprising if the immense weight of the Passover festival began to shape their stories: to inspire them to talk of covenants,of sacrifice, of the plan of God from long ago, and to encourage hopes that the visions of the prophets and the promises of Jesus himself were about to be realised."[101]

Die an diesem Beispiel angedeutete Veränderung der exegetischen Fragerichtung kann auch hinsichtlich weiterer Differenzen in den einzelnen Passionserzählungen fruchtbar gemacht werden.[102] Betrachtet man die Passionsgeschichten als narrative Konstrukte, müssen die sichtbaren Unterschiede nicht hinsichtlich einer zu Grunde liegenden literarischen Ursprungsform oder gar hinsichtlich der jeweils bewahrten historischen Fakten analysiert werden. Die narrative Verarbeitung des Todes Jesu erfolgt in je unterschiedlichen Kommunikationssituationen und erfordert entsprechend je unterschiedliche Zuspitzungen, wenn die vergegenwärtigende Erinnerung an das Sterben Jesu der Orientierung konkreter Menschen dienen will. Die literarisch nachweisbare Deutung der Passion vollzieht sich deshalb in einem Prozess der relecture bzw. genau genommen der „réécriture", der „Fortschreibung"[103]. Dies lässt sich etwa an der variierenden Aufnahme

---

101 A.a.O., 472.

102 Siehe umfassender Zimmermann, Deuten heißt erzählen (Anm. 67), 333–351.

103 Vgl. zu diesem im Anschluss an Jean Zumsteins Konzept der *relecture* entwickelten Begriff (mit Bezug auf das JohEv) Klaus Scholtissek, *In ihm sein und bleiben. Die Sprache der Immanenz in den joh Schriften* (HBS 21), Freiburg i. Br. 2000, 131–139. Anders als Scholtissek möchte ich aber das literarisch-hermeneutische Prinzip der réécriture nicht auf eine Fortschreibung durch denselben Autor beschränken.

der Markuspassion durch Mt und Lk nachweisen und für Joh auch innerhalb eines einzelnen Evangeliums zeigen. Mit großer Wahrscheinlichkeit ist
schließlich anzunehmen, dass auch Joh als eine interpretierende Fortschreibung der Mk-Passion zu verstehen ist, wie es die Ausgestaltung einzelner
Motive wie „die Stunde Jesu" (Mk 14,41), „König der Juden" (Mk 15,2) oder
die Verarbeitung ganzer Perikopen wie der Gethsemaneerzählung (Mk
14,32–42) nahelegen.[104]

Die vergegenwärtigende Erzählung vom Sterben Jesu zielt – wie besonders bei Johannes im Blick auf die bedrängte Gemeindesituation plausibel
ist – somit auf eine Sinnstiftung durch Rezipienten in einer aktuellen Situation. Der Textsinn ist zugleich Lebenssinn. In Auseinandersetzung mit
der Erzählung konstruiert eine Leserschaft dabei nicht nur historischen
Sinn, sondern konstituiert eine eigene Identität. Der von Ricœur in diesem
Zusammenhang explizierte Begriff der „narrativen Identität"[105] kann auch
für unsere Fragestellung fruchtbar gemacht werden: Die Refiguration eines
Lesers der Passionsgeschichte kann als rezeptionsästhetische Interpretation
der „soteriologischen Dimension" der Deutung des Todes Jesu betrachtet
werden. Indem sich ein Leser von der narrativen Deutung des Todes Jesu
ansprechen und in seiner Identität herausfordern lässt, kann er sich selbst
neu und anders im Gegenüber zu dieser Erzählung sehen. Die dem Erzähl-
text über den Tod Jesu innewohnende refigurierende Kraft kann im Akt des
„inspirierten Lesens"[106] somit zur Neukonstitution oder – theologisch gesprochen – zum Heil des Lesers bzw. der Leserin führen. Auch die Heilsdi-
mension des Todes Jesu darf nicht historisch verengt werden, sondern wird
gerade im Akt des verstehenden Lesens aktualisiert. Dies gilt umso mehr, als
sich der Begriff der „narrativen Identität" nicht auf das lesende Individuum

---

104 Vgl. dazu die Analyse bei Jörg Frey, Das Vierte Evangelium auf dem Hintergrund der
     älteren Evangelientradition. Zum Problem: Johannes und die Synoptiker, in: Thomas
     Söding (Hg.), Johannesevangelium – Mitte oder Rand des Kanons. Neue Standortbe-
     stimmungen (QD 203), Freiburg i. Br. u.a. 2003, 60–118, hier: 86–91.

105 Vgl. Paul Ricoeur, Narrative Identität, in: Peter Welsen, Paul Ricoeur: Vom Text zur
     Person. Hermeneutische Aufsätze, Hamburg 2005, 209–225.

106 Vgl. zu dieser pneumatologischen Rezeptionsästhetik Ulrich H. J. Körtner, Der in-
     spirierte Leser. Zentrale Aspekte biblischer Hermeneutik, Göttingen 1994, 16: „Der von
     den biblischen Texten implizierte Leser [ist] ein vom Geist Gottes inspirierter Leser
     […]. Der Sinn der biblischen Texte konstituiert sich neu in solchen Akten des Lesens,
     in welchen ihr Leser sich selbst in einer Weise neu verstehen lernt, welche die Sprache
     der christlichen Tradition als Glauben bezeichnet."

beschränkt, sondern – wie auch Ricœur hervorhebt[107] – die soziale Gruppe einschließt. Die frühchristlichen Gemeinden entwickelten also gerade im Erzählen und Rezipieren der Jesusgeschichte bzw. konkret der Passionsgeschichte ihre Gruppenidentität. Die christliche Gruppe ist insofern eine Erzählgemeinschaft, die im deutenden (Nach-)Erzählen des Todes Jesu nicht nur ein geschichtliches Ereignis wiedergibt, sondern sich selbst als religiöse und soziale Identität konstituiert.

Epilog:

„Nur" der gemalte Jesus? – Oder: der neue Dialog zwischen Exegese und Dogmatik

Zu Anfang hatte ich mit Barths Zitat zum Kennen des „Christus dem Fleische nach" auf die Paulusformulierung aus 2 Kor 5,16 angespielt. So möchte ich abschließend nun auch auf Paulus verweisen und endlich auf das Pauluszitat in meinem Titel eingehen, hinter dem unschwer erkennbar die Lutherübersetzung von Gal 3,1 hervorleuchtet:

Ὦ ἀνόητοι Γαλάται, τίς ὑμᾶς ἐβάσκανεν, οἷς κατ' ὀφθαλμοὺς Ἰησοῦς Χριστὸς προεγράφη ἐσταυρωμένος;

O unverständige Galater, wer behexte euch, denen vor Augen gemalt wurde Jesus Christus als Gekreuzigter?

Nur der gemalte Christus? – genauer: Der vor Augen gemalte Jesus Christus?

Jesusforschung hat etwas mit den Augen zu tun, mehr noch die Christologie, die als Sehvorgang beschrieben werden kann. Es geht hierbei, um Wittgensteins Dictum aufzunehmen, um ein „Sehen als", um das Sehen von Jesus als Christus.[108]

---

107 Paul Ricœur, Zeit und Erzählung, Bd. 3, München 1991, 397. Ricœur verweist in diesem Zusammenhang sogar explizit auf das „biblische Israel" als narrativ konstituierte Gemeinschaft.

108 Vgl. dazu (mit Verweisstellen auf Wittgenstein) Zimmermann, *Christologie der Bilder* (Anm. 97), 55–59.

Ist dieser als Christus gesehene Jesus aber nur der mythisierte, theologisierte, der verklärte Jesus von Nazareth? Müssen wir der bisherigen historisch-kritischen Jesusforschung folgend die sprachliche Übermalung der Quellen abschälen, um zu dem „eigentlichen" Menschen Jesus zurückzukehren?

Im vorgenannten Artikel ist auf die methodischen und hermeneutischen Grenzen der historischen Jesusforschung hingewiesen worden. Die Forschung hat weniger den Blick freigegeben auf den geschichtlichen Jesus von Nazareth, als dass sie vielmehr mit ideologischen Brillen ihrerseits einen vielfach einseitig gefärbten „historischen Jesus" konstruiert hat. Der neue, erinnerungsorientierte Ansatz der Jesusforschung (Jesus-memory-approach) weist einen Weg aus der künstlichen Trennung zwischen historischem Jesus und dem Christus des Glaubens und der damit verbundenen Enttheologisierung der kanonischen Jesusüberlieferung. Aus erinnerungstheoretischer wie auch literaturwissenschaftlicher Perspektive kann vielmehr die Einheit zwischen dem erzählten und dem erinnerten Jesus mit neuer Klarheit wahrgenommen und methodisch sachgerechter analysiert werden. Der erzählte erinnerte Jesus ist der geschichtliche Jesus. Eine den Quellen (und der modernen Geschichtstheorie) angemessene Betrachtung muss diesem Befund Rechnung tragen. Entsprechend ist die Rede vom „historischen Jesus" versus „theologischen Christus" aufzugeben, stattdessen können wir in den Titel des Jesusbuches von Dale Allison einstimmen: „The historical Christ and the theological Jesus".[109] Streichen wir also das „nur" und das „Fragezeichen" aus dem Titel meines Beitrags und obendrein auch den missverständlichen Ausdruck „historischer Jesus". Übrig bleibt dann mein Kernsatz: „Der vor Augen gemalte Christus ist der geschichtliche, erinnerte Jesus."

An dieser Stelle kann nun auch der Dialog mit der systematischen Theologie und besonders mit Karl Barth auf einer neuen Ebene einsetzen. Während Barth das Konstrukt der historischen Jesusforschung mit Recht kritisiert hatte, hat er nicht aufgehört, den Menschen Jesus von Nazareth eben als „königlichen Menschen" in den Blick zu nehmen.[110] Zwar spiegelt sich in seinen Äußerungen auch die seiner Zeit geschuldete Skepsis gegenüber

---

109 Siehe Dale C. Allison Jr., *The Historical Christ and the Theological Jesus*, Grand Rapids, Mich. 2009; ausführlicher und unter Einbeziehung erinnerungstheoretischer Überlegungen Ders., *Constructing Jesus. Memory, Imagination, and History*, Grand Rapids, Mich. 2010.
110 Vgl. besonders Karl Barth, *KD IV/2*, Zürich 1955, bes. 173–293.

der Evangelischen Überlieferung: „Und so waren die in ihrer [sc. der Ge-
meinde] Mitte entstandenen Evangelien erst recht inadäquate Versuche, die
Überlieferung von Jesu Lebenstat festzuhalten."[111] In der „inneren Einheitlichkeit" des „Jesusbildes"[112] haben sich die Evangelien aber doch „als zuverlässig und so als Kanon, Richtschnur für den rechten Rückblick, Aufblick
und Ausblick auf den Menschen Jesus brauchbar erwiesen."[113]
Geschichte ist für Barth allerdings niemals abgeschlossene Vergangenheit, sondern immer die gegenwärtig wirksame und sogar in die Zukunft
weisende Vergangenheit.

> „Indem sein Leben seine Tat war, hatte es den Charakter von Geschichte. Auf
> sie hat die Gemeinde, in der das Neue Testament entstand, zurückgeblickt und
> eben sie war ihr auch Gegenwart und Zukunft. […] In seiner Geschichte und
> also in seinem Leben als seiner Tat war Jesu für seine Gemeinde da gewesen,
> sah sie ihn gegenwärtig, sah sie ihm auch entgegen."

Ohne dass Barth explizit den Erinnerungsbegriff verwendet, treffen seine Formulierungen doch sachlich genau das Anliegen, das der Jesus-memory-approach verfolgt. Die erinnerte Jesusgeschichte ist in der rezipierten
Erzählung gegenwärtig und zukunftweisend. Das Leben Jesu wird in der
erzählten Erinnerung immer wieder neu bedeutsam. Barth kann deshalb
in seiner Darstellung des Wortes und der Tat des königlichen Menschen
der „Unbekümmertheit" der frühchristlichen Gemeinde folgen, die „so gar
nicht darauf bedacht war, nach seinen *ipsissima verba* zu fragen, daß es ihr
nichts ausmachte, dieselben ihm zugesprochenen Aussprüche in zwei oder
mehr verschiedenen Versionen […] zur Kenntnis zu nehmen."[114]
Vielmehr ist die Frage nach der Wahrheit und Wirklichkeit des königlichen Menschen eine Frage des Sehens, nach Barth des „Sehens ins Verbor-
gene: was heißt Sehen des Gekreuzigten, des Knechtes, der der Herr, des
Erniedrigten, der der Erhöhte war und ist, des Königs von Gethsemane und

---

111 A.a.O., 214. Barth kann auch von „jüdische[r] und hellenistische[r] Verdeckung" des
     Wortes Jesu in den Evangelien sprechen, *a.a.O.*, 217.
112 A.a.O., 214 f. Diese Formulierungen erinnern an das „Jesusbild der Evangelien" bei
     M. Kähler, vgl. dazu Ruben Zimmermann, Jenseits von Historie und Kerygma. Zum
     Ansatz einer wirkungsästhetischen Christologie des Neuen Testaments, in: Ulrich H. J.
     Körtner (Hg.), *Jesus im 21. Jahrhundert. Bultmanns Jesusbuch und die heutige Jesusfor-
     schung*, Neukirchen-Vluyn ²2006, 153–188, bes. 171–173.
113 Barth, *KD IV/2*, 214.
114 A.a.O., 216.

Golgatha? was ist Wahrheit, wenn der wirkliche Jesus der Verworfene, Verurteilte, Getötete ... ist?"[115]

Die Antwort findet sich gerade nicht in einer Überwindung des neutestamentlichen Zeugnisses, sei es zur Faktengeschichte hin, sei es zur abstrakten Dogmatik hin. Sie findet sich in der Art und Weise des neutestamentlichen Zeugnisses selbst. So sei der Appell von Barth, mit dem ich schließe, eine selbstkritische Mahnung für die neutestamentliche ebenso wie für die systematisch-theologische Forschung und vor allem aber auch eine Richtungsanzeige, wie beide Disziplinen wieder stärker zueinander kommen können:

> „Aber nun müssen wir eben auf das Zeugnis des Neuen Testaments noch genauer hinhören, als wir es bisher getan haben."[116]

---

115 *A.a.O.*, 331.
116 *A.a.O.*, 332.

Annette Weissenrieder / Gregor Etzelmüller

Christus Medicus
Die Krankenheilungen Jesu im Dialog zwischen
Exegese und Dogmatik

Jesus hat sich den Menschen auf unterschiedliche Weise imponiert. Dem Verfasser des Lukasevangeliums, den schon die altkirchliche Überlieferung mit Lukas, dem Arzt, aus Kol 4, 14 identifiziert hat und dessen Evangelium eine medizinische Bildung seines Verfassers erkennen lässt,[1] hat sich Jesus als Arzt imponiert. In Lk 5,31 findet sich das wohlbekannte Wort: „Die Gesunden bedürfen des Arztes nicht; aber die Kranken".[2] Indem der Verfasser denjenigen, „die frei von Krankheit sind" (*hūgiaino*),[3] die gegenüberstellt, „denen es schlecht geht (*kakōs*)", verortet er die Arztmetapher in einer Schnittmenge, die medizinische Vorstellungen evoziert.

Um die lukanische Arztmetapher zu verstehen, ist ein Blick in ihren zeitgeschichtlichen Kontext notwendig: Zum einen finden sich in der medizinischen Literatur häufiger Hinweise auf die Tugenden eines Arztes, die in der medizinischen Literatur und dann auch in der altkirchlichen Literatur breit rezipiert werden. Einige Schriften, die sich als Lehrbücher besonders an den medizinischen Anfänger wenden, beginnen ihre Abhandlungen mit einer Tugendliste (wie etwa Corpus Hippocraticum [im Folgenden mit CH abgekürzt] *De decente habitu* 3; *De medico* 1). Zu nennen sind etwa das Ver-

---

1 Adolf von Harnack, *Medicinisches aus der Ältesten Kirchengeschichte*, Leipzig 1892; siehe auch kritisch dazu Annette Weissenrieder, *Images of Illness in the Gospel of Luke. Insights of Ancient Medical Texts* (WUNT 164), Tübingen 2003, die das medizinische Vokabular als kulturdependent aufweist.

2 Siehe auch Mk 2,17a; Ign. Eph. 7.2; Acta Joh 22, 56, 108.

3 Das Verbum *hygiainō* wird im Neuen Testament indes nur im LkEv verwendet (5,31; 7,10; 15,27); das Adjektiv findet sich gleichwohl auch in Mk 3,5; 5,34; Mt 12,13; 15,31 und Joh 5,6.9.11 (siehe dazu weiter unten). In der griechisch-römischen Welt verweist das Verb auf die Heilgöttin Hygieia, die Tochter des Asklepios und hat von daher auch eine religiöse, den Heilkulten entsprechende Konnotation. Siehe weiterführend Fritz Graf, Art. Hygieia, in: *DNP* 5 (1998), 777 f.

halten des Arztes auf der Basis von Vertrauen und Empathie,[4] aber auch die
Tugenden des Maßhaltens, der Selbstbeherrschung oder auch des gerechten
Handelns.[5] Der Arzt Erasistratus kann gar einen Arzt, der den Tugenden
gemäß handelt (*vir bonus*), aber dessen ärztliche Kunst wenig überzeugend
ist, einem fachkundigen Arzt ohne Tugenden (*mores habens malos*) vorzie-
hen. Ein grundlegender Aspekt ist, alle Patienten gleichermaßen ohne An-
sehen der Person zu behandeln, und einige Zeugnisse, besonders aber die
Krankenberichte der Epidemien des Hippokrates, weisen auf die praktische
Umsetzung dieser Tugend hin.

Dies wird jedoch keinesfalls mit einer wie auch immer gearteten ärztlichen Nächstenliebe begründet, sondern dürfte vielmehr einem „Zweck-
denken" entsprochen haben, Sklavinnen und Sklaven als Arbeitskräfte zu
erhalten.[6] Zu den Tugenden eines Arztes gehörte auch der Krankenbesuch.
Die Bettung des Kranken, die Überwachung der Kranken (oftmals durch
Schüler; siehe CH *Decent*.17; 9.242 Littré) wie auch die Verabreichung von
Medizin gehörten in der Antike zu der Zuständigkeit eines Arztes.[7] Zum
anderen hielt die frühe Kaiserzeit trotz des zunehmenden medizinischen
Fortschritts daran fest, laienhafte Deutungen von Krankheiten zum Ausgangspunkt medizinischer Unterweisung zu machen. Entsprechend bleibt
auch die definitorische Praxis der medizinischen Schriften jeweils an die
praktische Arbeit der Ärzte gebunden. Weil die Medizin ihren Ursprung in
der ärztlichen Praxis hat, schreibt selbst Galen in seiner *Ars* der Medizin
einen weiten Zuständigkeitsbereich zu: „Die ärztliche Kunst ist das Wissen
um Gesundes, Krankes, und keines von beiden. [...] Jeder einzelne der Begriffe ‚Gesundes', ‚Krankes' und ‚Keines von beiden' wird in dreifacher Hinsicht verwendet: erstens in Hinblick auf den Körper, zweitens in Hinblick

---

4   Siehe besonders CH *Flat.* 1, wo besonders darauf hingewiesen wird, dass der Arzt
    Schreckliches sehen wird. Siehe dazu ausführlich Owsei Temkin, *Hippocrates in a World
    of Pagans and Christians*, Balimore/London, 1991, 141–144, der auch auf die altkirchli-
    chen Verweise eingeht, beispielsweise bei Eus. *HE* 10.4.11.
5   Zu den Tugenden siehe Ralph M. Rosen und Manfred Horstmanshoff, The Andreia of
    the Hippocratic Physician and the Problem of the Incurables, in: Ralph M. Rosen/Ineke
    Suite (Hg.), *Andreia. Studies in Manliness and Courage in Classical Antiquity*, Leiden 2003,
    95–114.
6   Siehe Marianne Stamatu, Art. Nächstenliebe, in: Karl-Heinz Leven (Hg.), *Antike Medizin.
    Ein Lexikon*, München 2005, 638 ff.
7   Siehe auch Mt 25,36, wo Besuche der Kranken erwähnt werden, *episkeptesthai*. Diese
    Krankenbesuche wirkten besonders in der christlichen Spätantike fort (siehe Eus. *HE*
    7.22.7)

auf die Ursache und drittens in Hinblick auf das Zeichen." (*Ars* I, I 307,5–10 Kühn). Bemerkenswert an dieser Beschreibung ist zunächst, dass der Körper zum eigentlichen Ort der Gesundheit erklärt wird. Jegliche Art nichtkörperlicher Krankheit kommt hier gar nicht in den Blick und wird somit implizit aus dem Wirkungsbereich der Medizin ausgegrenzt.

Das Zitat reflektiert sodann einen Grundkonflikt der Antike. Die wirkungsmächtigen Philosophenschulen des Hellenismus hatten die „Sorge um die Seele" zu ihrem Hauptziel gemacht. Damit einher ging eine erneute Hinwendung zu einer theoretisch fundierten Medizin, wie sie uns schon aus den Anfängen der antiken Medizin bekannt ist (*De vetere medicina*). Die hippokratischen Abhandlungen *De arte* und *De flatibus* bewerten Philosophie als Grundlage für eine medizinische Theorie, während der Verfasser der Schrift *De vetere medicina* jegliche philosophisch-medizinische Spekulation ablehnt und Medizin vielmehr als Grundlage der Philosophie deutet.[8] Das ärztliche Gespräch als Ausgangspunkt ärztlichen Handelns war demnach schon in der Antike nicht zu jeder Zeit und in jeder Ärzteschule gleich wichtig.

Vergleichbar argumentiert auch der in der Tradition des Aristoteles stehende Anonymus Londienses (21,14–18). Wenn Galen in seiner Schrift *Quod optimus medicus sit quoque philosophus* – Dass der beste Arzt zugleich auch Philosoph sein solle, eine Synthesenbildung, also eine Zusammenführung philosophischen und ärztlichen Wissens vorschlägt, dann meint er damit nur, dass ein Philosoph auch eine logisch-analytische Ausbildung haben solle. Diese Parallelisierung von philosophischem und ärztlichem Tun fließt schon seit Platon in die Arztmetapher mit ein; zentral ist auch hier die persönliche Begegnung zwischen Arzt und Patient. Im 1. Jh. war die Arztmetapher so sehr Allgemeingut geworden, dass sich anhand des Gebrauchs des medizinischen Bildes kaum mehr Aussagen über die philosophische Schulzugehörigkeit treffen lassen.

Indem der Verfasser des Lukasevangeliums den Körper zum Ort der Gesundheit erklärt, macht er deutlich, dass er um diese Tradition des von ihm gewählten Arzt-Bildes weiß. Er spitzt das Bild freilich theologisch zu: Wie schon in seiner auf Jes 61,1 gestützten Antrittspredigt in Lukas 4,19 bezieht sich Lukas hier auf Gottes Annahme (*dekton*, die dann in Apg 10,35 aufgegriffen wird) derjenigen, die anders sind: *allophyloi*. Dass dies im

---

8   Die genannten Schriften dienten möglicherweise als Grundlage für öffentliche Vorträge. Siehe auch Plat. *Georg,* 456 b–c.

Kontext einer der für die lukanischen Theologie so zentralen Mahlszenen aufgenommen wird, zeigt: Die Metapher des *Christus medicus* ist nicht nur theologisch zentral, sondern auch mit kulturdependenten Definitionen der körperlichen Störung vernetzt. Diese Feststellung gewinnt dann an theologischer Brisanz, wenn man sich vor Augen hält, dass gerade dieser Aspekt in der Debatte um den historischen Jesus nicht unumstritten war.

1. Das königliche Amt Christi in der Heilungspraxis Jesu

Die Krankenheilungen Jesu bilden ein Zentrum der neutestamentlichen Jesusüberlieferung. Doch in den dogmatischen Lehrbüchern wird diese Überlieferung gegenwärtig weitgehend marginalisiert bzw. verschwiegen.[9] Karl Barths Lehre vom königlichen Menschen stellt in diesem Zusammenhang eine beachtenswerte Ausnahme dar: 43 Seiten seiner Darstellung des königlichen Menschen in KD IV/2 sind den „konkreten Handlungen" Jesu (232), seinen Krankenheilungen und Totenauferweckungen gewidmet (232–274).[10] Was man in Barths Ausführungen freilich vermisst, ist die

---

9 Otto Weber konzentriert sich in seiner Dogmatik bei der Darstellung des biblischen Christuszeugnisses auf Geburt, Selbstverständnis, Kreuz und Auferstehung (in: ders., *Grundlagen der Dogmatik*. Zweiter Band, Neukirchen ⁵1977, 97); Wilfried Härle auf Verkündigung, Tod und Auferstehung Christi (in: ders., *Dogmatik*, Berlin/New York 1995, 307–314). Der Abschnitt 9.2.2 *Verkündigung und Wirken Jesu* spricht in einem Satz von den Krankenheilungen Jesu und dann über fünf Seiten von dessen Verkündigung (vgl. a.a.O., 308–312). Auch Dietz Lange beschränkt in seiner Glaubenslehre die Darstellung der Wundertaten Jesu auf eineinhalb Seiten (in: ders., *Glaubenslehre*. Band II, Tübingen 2001, 68 f.) und begründet dies mit dem zur Verfügung stehenden historischen Material: „Freilich stellt die Aufgabe, das Handeln Jesu im Einzelnen zu rekonstruieren, vor erheblich größere Schwierigkeiten, als dies hinsichtlich seiner Reden der Fall war. Dort besitzen wir verhältnismäßig viel vertrauenswürdiges Quellenmaterial. Auf diesem Gebiet lag ja der Schwerpunkt von Jesu Tätigkeit. ... Mit dem Handeln Jesu verhält es sich insofern anders, als hier der Spielraum für die ausgestaltende Phantasie viel größer war als hinsichtlich seiner Predigt" (a.a.O., 62 f.); vgl. als Forschungsbericht auch die Spurensuche von Werner Thiede, Heilungswunder in der Sicht neuerer Dogmatik. Ein Beitrag zur Vorsehungslehre und Pneumatologie, in: *ZThK* 100 (2003), 90–117.

10 Vgl. dazu jetzt Werner Kahl, The numinous dimension in New Testament narratives: Reorienting miracle research, in: Annette Weissenrieder/Gregor Etzelmüller (Hg.), *Religion and Medicine* (erscheint 2015 Eugene, OR): „It was, however, Karl Barth, who presented in great detail and precision an exegetically founded theological interpretation of the miracles of Jesus that might serve as stimulus for future investigation into the miracles of the New Testament–helpful for an exegesis that is interested in understanding the *theological*

Auseinandersetzung mit der exegetischen Literatur. Wir wollen diesen Tat-
bestand nicht im Sinne einer Gesprächsverweigerung lesen, sondern Barths
Ausführungen mit der neutestamentlichen Wissenschaft ins Gespräch bringen.[11]

Der Dialog von neutestamentlicher Exegese und Systematischer Theologie ist dabei für uns kein Selbstzweck.[12] Denn der kranke Mensch ist nicht
einfach Gegenstand der Theologie, sondern eine lebendige Herausforde-
rung der Theologie. Nicht nur, aber auch in der Krankheit entscheidet sich,
ob die Theologie Deutungsangebote machen kann, die in Krisensituationen
als lebensförderlich erlebt werden. Die Theologie kommt in ihrer Themati-
sierung von Krankheit wie die Medizin von der konkreten Begegnung mit
dem kranken Menschen her: Wie die Medizin ihren Ursprung im Arzt-Pa-
tienten-Gespräch hat, so fußt die theologische Rede von Krankheit in der
biblisch bezeugten Begegnung Jesu mit konkreten Kranken.

---

significance of these miracles". Kahl erkennt das Potential von Barths Auslegung vor allem im Blick auf das globale Christentum: „This approach seems particularly promising
in present times where the South meets the North, due to global processes of migration:
Christians from Nigerian and Ghana, from India and the Philippines, representing to
a large degree Pentecostal versions of Christianity, meet Christians in Germany and in
the Netherlands, in Sweden and in Great Britain, who to a large degree represent ratio-
nalistic Protestant versions of Christianity. The deeply Biblically grounded theological
hermeneutics as developed and presented by Karl Barth might provide a common basis
for Christians of various confessional backgrounds to communicate in general and to
exchange views on the miracles in particular. Barth clearly saw the limitation of the common Western theological approach to the understanding of the world in general and to
the New Testament miracles in particular."

11   „Interestingly, Barth's contribution of 1955 has never been discussed in the exegetical dis-
     course on miracles." (so Kahl, a.a.O.).

12   Mit dem vorliegenden Text greifen wir einen Gesprächsfaden auf, der uns seit Jahren ver-
     bindet; vgl. Gregor Etzelmüller/Annette Weissenrieder, Christlicher Glaube und Medizin
     – Stationen einer Beziehung. Christian beliefs and medicine: stations of a relationship, in:
     Deutsche Medizinische Wochenschrift 132 (2007), 2747–2753; dies., Der achtsame Um-
     gang mit dem Leib. Abendmahl mit Menschen mit Behinderung, in: Evangelische Lan-
     deskirche in Württemberg u.a. (Hg.), *Christliche Spiritualität gemeinsam leben und feiern.
     Praxisbuch zur inklusiven Arbeit in Diakonie und Gemeinde*, Stuttgart 2007, 244–249;
     dies., Krankheit als Sünde? – eine historische Reflexion, in: *Ruperto Carola. Forschungs-
     magazin der Universität Heidelberg* 1/2009; dies., Christentum und Medizin. Welche
     Kopplungen sind lebensförderlich?, in: dies. (Hg.), *Religion und Krankheit*, Darmstadt
     2010, 11–34; dies., Embodied Inner Human Being. The Relationship between Inner and
     Outer Self in Ancient Medical and Philosophical Texts and in Paul, in: *Religion & Theolo-
     gy* 21 (2014), 20–57.

Karl Barths Darstellung des königlichen Menschen in KD IV/2 von 1955 steht im Kontext der in den 50er Jahren wieder aufbrechenden Frage nach dem historischen Jesus. Ausdrücklich geht es Barth um den Menschen Jesus von Nazareth (173) als eine geschichtliche Gestalt, an die man sich erinnern könne (181). Dass dieser Mensch Jesus von Nazareth in seiner Lebenszeit nicht eingeschlossen bleibt, dass er vielmehr als der, als der er „da gewesen" ist (181), auch gegenwärtig ist – dieser Sachverhalt schließt nicht aus, sondern ein, dass sich die Theologie auch für den irdischen, geschichtlichen Menschen Jesus von Nazareth in seiner begrenzten Lebenszeit zu interessieren hat.

Barth selbst setzt sich in KD IV/2 zu der damals neu aufbrechenden Diskussion der Frage nach dem historischen Jesus in kein Verhältnis. Ernst Käsemanns Vortrag von 1953 über „Das Problem des historischen Jesus" wird von Barth nicht einmal erwähnt. Liest man Barths Ausführungen aber vor diesem Hintergrund, wird schnell ein bedeutender Einwand gegen die damalige Rückfrage nach dem historischen Jesus deutlich: Im Gefolge Rudolf Bultmanns und seines Jesusbuches interessierte sich auch Ernst Käsemann vor allem für „die Eigenart des irdischen Jesus in seiner Predigt".[13] Demgegenüber stellt Barths Lehre vom königlichen Menschen eine Provokation dar: Wer nach dem historischen Jesus fragt, darf die Erzählungen von den Exorzismen und Krankenheilungen Jesu nicht als legendarische Übermalungen abtun, sondern muss auch in diesen Erzählungen erkennen, wer Jesus von Nazareth war.

Dabei nähert sich Barth den Erzählungen von den Krankenheilungen Jesu, indem er sie zunächst historisiert, nämlich in einen historischen Kontext stellt. Er verweist auf Analogien, die zumindest den Gebildeten unter den Lesern der Evangelien vertraut gewesen seien: insbesondere die Krankenheilungen im Kontextes des Kultes „des Gottes Asklepios, bei dem es sich um eine eigentümliche Mischung zwischen einer [...] schon recht hoch entwickelten wissenschaftlich-medizinischen und einer damals neu aufgekommenen religiösen Heiltechnik und -praxis handelte [...]." (235) Von daher stellt sich die Frage an die neutestamentliche Wissenschaft: Wie verhalten sich die Krankenheilungen Jesu einerseits zur antiken rationalen Medizin und andererseits zu den religiösen Heilkulten ihrer Zeit?

---

13 Ernst Käsemann, Das Problem des historischen Jesus, in: ders., *Exegetische Versuche und Besinnungen.* Erster Band, Göttingen 1969, 187–214, 211.

2. Die rationale Medizin der Antike und ihre Beziehung zu den antiken Heilkulten

Die *rationale Medizin* ist vor allem durch das *Corpus Hippocraticum*[14] und später durch Mediziner wie Herophilus oder Galen weit verbreitet, die die Naturgesetzlichkeit ins Zentrum rückten. Traktate des Corpus Hippocraticum wie *De morbo sacro* – Von der Heiligen Krankheit – oder *De morbis popularibus* richten sich auf den ersten Blick gegen eine religiöse Deutung medizinischen Handelns. Man hat das *Corpus Hippocraticum* deshalb oftmals zu einer Art Aufklärungsbewegung der Antike, dem oft so benannten „griechischen Wunder", erhoben. Die Bezeichnung antiker griechisch-römischer Medizin als „rationaler Medizin" geht mit einem gewissen Vorbehalt bezüglich einer supranaturalen, magischen Deutung einher. Wenn wir im Folgenden von rationaler Medizin sprechen, dann im Sinne von *logikos*, im Sinne von theoretisch fundierter Medizin, und dies wiederum legt eine Nähe zur Philosophie ihrer Zeit nahe.

Der Beginn der rationalen Medizin liegt in der Einsicht in die Krankheit als eines natürlichen, naturgemäßen Prozesses. Die verschiedenen methodischen Ansätze wie die Lehre des Mikrokosmos–Makrokosmos oder die Säftelehre[15] bestätigen diese rein rationale Fundierung der Medizin etwa einer hippokratischen Provenienz. Man geht deshalb oftmals davon aus, dass eine solche rationale Medizin sich vollständig von der Religion emanzipiert habe. Doch sprechen einige Gründe gegen diese einseitige Deutung:[16]

Zunächst ist es auffallend, dass im *Corpus Hippocraticum* ein Traktat dem Phänomen des Träumens als eines Mittels zur Erstellung von Diagnosen gewidmet ist (*De Victu* IV). Die träumende Seele gebe über den Zustand

---

14 Siehe zu dem Zusammenhang zwischen rationaler Medizin und dem Neuen Testament ausführlich Weissenrieder, *Images of Illness* (Anm. 1). Vgl. auch Weissenrieder/Etzelmüller, Christlicher Glaube und Medizin (Anm. 11), 2747–2753; siehe auch ausführlich: Annette Weissenrieder/Katrin Dolle, Körper und Verkörperung. Ein Quellenbuch antiker medizinischer und philosophischer Texte (erscheint 2015).

15 In der Säftelehre hippokratischer und galenischer Provenienz werden Krankheiten auf die flüssigen Bestandteile des Körpers zurückgeführt. Die Anzahl der pathogenen Säfte war zunächst nicht festgelegt, auch wenn in *Morb* IV.32 (6.235 Littré) und *Genit* 3 (7.474 Littré) eine Viersäftelehre vorausgesetzt wird, die in anderen Schriften mit der Lehre der vier Elementarqualitäten erweitert wird.

16 Siehe grundlegend: Vivian Nutton, God, Galen and the Depaganization of Ancient Medicine, in: Peter Biller/Joseph Ziegler (Hg.), *Religion and Medicine in the Middle Ages*, York 2001, 15–32.

des Körpers Auskunft. Der Traktat beginnt folgendermaßen: „Jeder, der ein korrektes Verständnis der Zeichen, die im Schlaf erscheinen, hat, wird einsehen, dass diese größte Relevanz für die Gesundheit haben." (CH *De victu* IV 86; 6.640 Littré) Träume seien nicht nur als Zeichen des Körpers zu deuten, sondern vielmehr als göttliche Prophezeiungen. Der Glaube an eine göttliche Herkunft der Träume war in der Antike verbreitet, auch in intellektuellen Kreisen.[17] Die Trennlinie zwischen rational und irrational verläuft hier offensichtlich anders als es unser „moderner" Blick erwarten würde.[18]

Die Nähe der antiken Medizin zu den religiösen Heilkulten bezeugt zudem der sog. *Hippokratische Eid* (*Ius.*). Dort heißt es: „Ich schwöre und rufe Apollo, den Arzt, und Asklepios [...] und alle Götter und Göttinnen zu Zeugen an, dass ich diesen Eid und diesen Vertrag nach meiner Fähigkeit und meiner Einsicht erfüllen werde."[19] Die hippokratische Tradition wird hier in eine Reihe mit dem Heilgott Apollo gestellt, der gleichzeitig in zahlreichen anderen Quellen als „Vater" des Asklepiades angeführt wird.

Zudem stellte sich die antike Medizin die Frage, inwiefern die göttliche Kraft, die dynamis – ein Begriff, der auch für zahlreiche neutestamentliche Heilungen von Bedeutung ist – von Gott kommt. Insbesondere spontane Heilungen wurden auch in medizinischen Texten den Göttern zugesprochen.

Schließlich sollte noch erwähnt werden, dass die Hippokratiker auch das Gebet zu den Göttern als heilungsbegleitend wahrnahmen.[20] Gleichwohl bleibt unklar, wie manche dieser Aussagen einzuschätzen sind, wie sich dies besonders gut bei Galen zeigen lässt. Bemerkenswert ist ein erst 2005 aufgefundenes Manuskript Galens, MS Vladaton, das wir kurz vorstellen möchten, dort heißt es:[21]

---

17 Siehe Philip van der Eijk, *Aristoteles. De insomniis. De divination per somnum übersetzt und erläutert*, Aristoteles. Werke in deutscher Übersetzung 14,3, Berlin 1994, 102–132.

18 Michael Frede, The case for pagan monotheism in Greek and Graeco-Roman antiquity, in: Stephen Mitchell/Peter Van Nuffelen (Hg.), *One God: Pagan Monotheism in the Roman Empire*, Cambridge 2003, 53–80.

19 CH *Ius.* 1 (LCL 1: Jones).

20 Siehe beispielsweise CH *Decorum* 6; CH *De morbo sacro* 4 (VI. 362 Littré); CH *Progn* 1; Galen *In Hippocratis Prognosticum* 1.4; Stephanus *Commentary on the Prognosticon of Hippocrates* 1.18; von Gottes wirkenden Händen sprechen Plut. *Quaestiones symposiacae* 4.1.3 (*Moralia* 663 b–c). und Gal. *De Compositione Medicamentorum Secundum Locos* 6.8 (XII 965 f. Kühn).

21 Veronique Boudon-Millot/Antoine Pietrobelli, Galien ressuscité: édition princeps du texte grec du *De propriis placitis*, in: *REG* 118 (2005), 168–213; Antoine Pietrobelli, Ga-

„Ich halte fest, dass ich nicht weiß, ob das Universum nicht erschaffen oder erschaffen wurde, oder ob noch eine Macht außerhalb dieser Welt existiert. Indem ich das Wissen um solche Dinge verneine, ist es deutlich, dass ich diese Position auch hinsichtlich eines Schöpfers (*dēmiourgos*) des Universums festhalte, sei er nun körperlich oder unkörperlich zu denken, und noch viel mehr, hinsichtlich des Raumes, von dem aus er residiert. Dementsprechend lege ich auch meinen Zweifel gegenüber den Göttern offen (*aporein*), wie dies zuvor schon Protagoras tat, oder ich sage gleichsam, dass ich über ihre Substanz keine Aussage machen kann, dass ich aber weiß, dass sie existieren durch ihre Handlungen. Sie sind die Schöpfer der körperlichen Konstitution der Tiere. Und sie warnen uns bezüglich der Zukunft in Zeichen, Omen und Träumen. Der Gott, der an dem Ort meiner Geburt wirkte, Pergamon [ergänze: Asklepius] zeigte eben diese Kraft und Providenz bei zahlreichen Gelegenheiten und er heilte selbst mich einmal. [...]" (Übersetzung A.W.).

Wie Teun Tieleman gezeigt hat, verweist Galen in diesem Abschnitt auf drei unterschiedliche göttliche Handlungen: 1) die Schöpfung lebender Dinge, 2) die Enthüllungen desjenigen, das uns durch Zeichen und Träume zugänglich ist, und 3) lebensförderliche Maßnahmen der Götter. Es ist dabei unbestritten, dass Galen sich hier an Platos Timaios orientiert, der den Schöpfer als Handwerker (*dēmiourgos*) deutet.[22]

In anderen Traktaten belegt Galen einen durchaus persönlichen Bezug zu dem Heilgott Asklepius, der ihn zu seinen medizinischen Studien angehalten habe. „Als ich 16 war, wurde mein Vater durch Träume angeleitet, mich neben Philosophie auch Medizin studieren zu lassen." Und Galen vertieft diesen Eindruck noch, indem er weiter ausführt: „[Eudemus – ein Freund der Familie],[23] der davon gehört hatte, dass mein Vater mich in Philosophie unterwies, wurde durch eindeutige Träume dazu angewiesen,

---

lien Agnostique: Un Texte Caviardé Par La Tradition, in: *REG* 126 (2013), 103–135, der freilich zu beweisen versucht, dass es sich hierbei um eine agnostische Position Galens handelt. Dagegen Teun Tieleman, Religion und Therapie in Galen, in: Etzelmüller/Weissenrieder (Hg.), *Religion und Krankheit* (Anm. 11), 83–95; Gotthard Strohmaier, Galen als Vertreter der Gebildetenreligion seiner Zeit, in: Elisabeth Ch. Welskopf (Hg.), *Neue Beiträge zur Geschichte der alten Welt, Band II: Römisches Reich*, Berlin, 1965, 375–379.

22 Tieleman, Religion und Therapie in Galen (Anm. 20), 87 ff.

23 Eudemus, Freund der Familie und Peripatetiker; *Praen.* 2.1, p. 74.12–17; *Aff. Dign.* V, p.41 K. (= *CMG* V 4.1.1.28).

mich in Medizin zu unterweisen, und dies nicht nur als Hobby (*On Prognosis* 2, 12 Nutton)."

Im Galenischen Werk finden sich auch Hinweise darauf, wie rationale Medizin, Träume und religiöse Heilkulte zusammenwirken konnten:

> „Ein anderer wohlhabender Mann, [...] kam von Pergamon, da ein Traum ihn dazu angewiesen hat. In dem Traum erschien der Gott (Asklepius), der ihn dazu anwies, jeden Tag einen Trank, der von Giftschlangen gewonnen wird, zu trinken und sich jeden Tag mit Öl einzusalben. Die Krankheit (elephantiasis) veränderte sich zu Lepra, und diese Krankheit wiederum konnte mit Medikamenten geheilt werden, die der Gott zu sich zu nehmen anwies (Deichgräber, 78; Übersetzung: A.W.)."

Der Kontext macht dabei deutlich: der Heilgott gilt als studierter Mediziner, der sich an der Heilungsmethode Galens orientiert und mehr noch: Der Heilgott Asklepios bestätigt somit die Heilkunst des Mediziners Galen.[24]

Dieses Bild der Kopplung der rationalen Medizin mit den Heilkulten ihrer Zeit bedarf jedoch einer Korrektur: Im *Corpus Hippocraticum* finden sich zwei Traktate, die die Frage berühren, ob man bestimmte Krankheiten auf einen göttlichen Ursprung zurückführen muss: die Abhandlungen *Über die Umwelt*[25] (*De aere aquis locis*) und *Über die heilige Krankheit*[26] (*De*

---

24 Siehe zudem die neuen Beobachtungen von Georgia Petridou, Becoming a Doctor, Becoming a God: Religion and Medicine in Aelius Aristides' Hieroi Logoi, in: Weissenrieder/Etzelmüller (Hg.), *Religion and Medicine*, (Anm. 9) und Georgia Petridou, *Divine Epiphany in Ancient Greek Literature and Culture*, Oxford 2015.

25 CH Littré II, 76. Das Werk gliedert sich in zwei Abschnitte: In den Kap. 1–11 werden die Grundzüge der Bioklimatologie dargestellt, in den Kap. 12–24 wird der Einfluss der Umwelt auf Physis und Moral thematisiert, wobei auch sozio-kulturelle und politische Aspekte einbezogen werden. Bedeutungsvoll ist die Darstellung der Makrokephalen aus ethnologischer und genetischer Sicht: Geschildert werden Manipulationen, die zu einer Verformung der Kinderschädel führen, aber auch die Erblichkeit der konstitutionellen Variante.

26 CH Littré VI, 356–364. Die Schrift ist durch die Bemühungen gekennzeichnet, die „epileptischen Phänomene" naturwissenschaftlich zu erfassen. Das Ziel ist, die Krankheit von ihrer religiösen Konnotation zu befreien. Deshalb verwendet der Verfasser die Bezeichnung „heilige Krankheit" nur polemisch am Anfang und Ende der Schrift. An die Stelle setzt der Verfasser lediglich „diese Krankheit/Leiden", jedoch nicht Epilepsie. Ἐπίληψις meint lediglich den einzelnen Anfall und ist keine Krankheitsbezeichnung. Innerhalb des CH gibt es zwischen *MSacr* und *Aer* große sachliche Übereinstimmungen. Das deutet auf einen gemeinsamen Verfasser hin. Die Schrift geht dann möglicherweise auf Hippokrates zurück, welchen Galen als Verfasser für die Schrift *Aer* ausweist. Verbindungen finden

morbo sacro). Beide sind sicherlich nicht einem einzigen Autor zuzuschreiben. Inhaltlich berühren sie sich jedoch an einem entscheidenden Punkt: Eine Krankheit heiligen oder gar göttlichen Ursprungs gibt es nicht, denn alles wird entsprechend den Naturgesetzen hervorgebracht. So eröffnet der Verfasser die Schrift *Über die heilige Krankheit* folgendermaßen: „Um nichts halte ich die Krankheit für göttlicher als die anderen Krankheiten oder für heiliger, sondern sie hat eine natürliche Ursache wie die übrigen Krankheiten".[27] Dass man die Krankheit auf einen Gott zurückführe, erfolge allein aufgrund eines Deutungsvakuums: „Diese Menschen wählten die Gottheit als Deckmantel für ihre Hilflosigkeit; denn sie hatten nichts, mit dessen Anwendung sie helfen konnten." (CH *De morbo sacro* 1; Littré VI 354.15 ff.)

Verzichtet man auf die Gotteshypothese, muss man nach einer menschlichen Ursache der Krankheit suchen: Dann „ist nicht mehr das Göttliche Schuld, sondern etwas Menschliches."[28] Diese menschliche Schuld wird nun aber nicht moralisch interpretiert, sondern in der weiteren Argumentation der Schrift als eine natürliche Ursache verstanden, nämlich konkret als vererbte Krankheit gedeutet.[29] Legt man die genannten beiden Schriften des *Corpus Hippocraticum* zugrunde, dann ist es ausschließlich die Naturgesetzlichkeit, die als Deutung für Krankheiten herangezogen wird.

Damit ist deutlich: Die sog. rationale Medizin der Antike ist hinsichtlich ihrer religiösen Fundierung durchaus ambivalent. Durch den Hippokratischen Eid ist sie in ihrem Selbstverständnis religiös fundiert. Diese religiöse Fundierung hat ihre Grundlage in den Heilkulten des Apollo und des Asklepios. Sie distanziert sich jedoch entschieden von religiösen Deutungen von Krankheit, indem sie eine Gottheit als Krankheitsverursacher ablehnt. Schon die antike Medizingeschichte lässt sich also nicht einfach als Ausdifferenzierung einer rationalen Medizin aus der Religion lesen. Wo die religiöse Deutung von Krankheit als einer göttlichen Strafe überwunden wird, öffnet sich ein historischer Raum für unterschiedliche, lebensförderliche

---

sich auch zu Überlieferungen außerhalb des *Corpus Hippocraticum,* so zu Alkmaion aus Kroton (540 v.Chr.) hinsichtlich der Nosologie, für die Ausgleich und Maß die bestimmenden Prinzipien sind. Hinsichtlich der Pneumalehre orientiert sich der Autor an Diogenes von Apollonia (430 v.Chr.).

27 CH *MSacr* 1,1; vgl. dazu Hermann Grensemann (Hg.), *Die hippokratische Schrift „Über die heilige Krankheit",* AM II 1, Berlin 1968.

28 CH *MSacr* 1,25.

29 CH *MSacr* 3,1.

Ausgestaltungen der Beziehung von Religion und Medizin. Dadurch eröffnet die antike Medizin einen Raum, in den sich auch das frühe Christentum
einzeichnen konnte.

3. Die Rezeption von rationaler Medizin und antiken Heilkulten im frühen Christentum

Das frühe Christentum hat sich auf vielfältige Weise zu den medizinischen
Diskursen der Antike in Beziehung gesetzt: Auf eine *Auseinandersetzung
mit dem Heilkult* des Asklepios treffen wir möglicherweise in Joh 5, der
Heilung des Kranken am Teich Bethesda. Schon seit 1865, besonders aber
seit 1956, lässt sich eine große Poolanlage in Jerusalem ausweisen, dessen
nördlicher Pool freilich schon sehr viel länger zurückreicht und bis Herodes
Agrippa (41–44 n.Chr.) außerhalb der Stadt gelegen war.[30] Der Hohepries-
ter Simon II (220–195 v.Chr.) hatte diesem noch eine größere Poolanlage
im Süden hinzugefügt. Während der Regierungszeit Hadrians wurde diese
Anlage dann als Asklepieion ausgestaltet. Asklepiusstatuen im *abaton* der
Anlage verweisen auf diese Verbindung. Zudem fand sich ein Votivopfer,
ein Fußabdruck einer Frau namens „Pompeia Lucilia". Demnach kann man
wahrscheinlich machen, dass es ein Asklepieion in Jerusalem gegeben hat.
Dass Joh 5,1–9 sich auf dieses bezieht, ist damit freilich noch nicht mit Sicherheit nachgewiesen. Indes ist sicherlich die Verwendung des Adjektiv
hügiaitos auffallend, das auf die Tochter des Heilgottes Asklepius, Hygieia,
verweisen kann und in Joh 5 auffallend häufig auftritt (Vers 4, 6, 9, 11, 14
f., sonst in nur noch in Joh 7,23). Seit dem Bekanntwerden der Ausgrabun-
gen wird versucht, einen Bezug zwischen Christusglaube und Asklepiuskult
herzustellen. Eine der grundlegenden Fragen lautet etwa: Wendet sich die
Erwähnung des Wassers in Joh 4 gegen die Teilnehmer des Asklepiuskults,
oder kann dies nicht auch Jer 2,13 aufnehmen, wo Gott die Quelle des Glaubens genannt wird? An dieser Stelle ist man sicherlich noch auf weiterfüh-
rendes Material angewiesen.

Eine weitere Quelle, die man hinsichtlich der Frage nach dem Verhältnis
von Asklepiuskult und Urchristentum anführen kann, ist Apg 28,1–9, wo

---

30 Karl Heinrich Rengstorf, *Die Anfänge der Auseinandersetzung zwischen Christusglaube
und Asklepiosfrömmigkeit*, Münster, 1953; siehe zudem Max Küchler, Die ‚Probati-
sche' und Betesda mit den fünf Stoas, in: *Peregrina Curiositas*, NTOA, Fribourg 1992,
127–154; Reiner Riesner, Bethesda, in: GDL 1 (1990): 194–195.

der Apostel Paulus nach seiner Errettung vom Schiffbruch und seiner Verschonung von einem Schlangenbiss als Gott und Retter bezeichnet wird.[31] Die Erfahrungen, die Paulus rund um den Schiffbruch macht, lassen eine Nähe zur Asklepiustradition vermuten. Die schriftliche Darstellung des heilenden Handelns Pauli entspricht den ikonographischen Darstellungen des Asklepios. Ähnlich wie Asklepios muss Paulus seiner Mission nach Rom folgen, fungiert als Seher, und auch er hat Macht über die Schlange. Aber er zerstört sie! Und ebenso wie Asklepius ist Paulus mit den politischen Kräften in Malta assoziiert. Paulus trifft auf den obersten Beamten, den primus von Malta. Der Gebrauch des Titels ist inschriftlich für die Zeit des Tiberius belegt und wurde gebraucht, um Publius als Repräsentanten der Provinzelite zu kennzeichnen. Indem Paulus nun Publius heilt, dient er damit dem Ideal eines durch das Römische Imperium repräsentierten Wohlergehens. Somit wirkt Paulus nicht als unabhängiger Heiler, sondern ist mit der Führungselite der Römischen Provinz assoziiert. Und vergleichbar wie Asklepius wird Paulus als Repräsentant für das Wohlergehen des Römischen Staates „verehrt mit vielen Ehren" (πολλαῖς τιμαῖς ἐτίμησαν.) Paulus, der als schiffbrüchiger Jude kam, verlässt die Insel als Wohltäter und geehrt als einer der Götter. Und wie Asklepius kann Paulus heilen, indem er die Hand auf die Kranken legt. Doch die Heilkraft bezieht er nicht aus sich selbst. Er erfährt sie im Gebet. All diese Bezüge legen eine Nähe von Apg 28 zur Asklepiustradition nahe.

Ein Zitat des christlichen Apologeten Justin (155 n.Chr.) belegt, dass die Auseinandersetzung mit dem Heilkult des Asklepios in der Alten Kirche noch vertieft wurde.[32] Es steht im Kontext der Erläuterung der Funktion Christi für „heidnische" Zeitgenossen: „Wenn wir sagen, (Christus) habe Lahme und Gichtbrüchige und von Geburt Kranke gesund gemacht und Tote auferweckt, so möge das ähnlich und gleich gehalten werden dem, was

---

31 Siehe ausführlich Annette Weissenrieder, „He is a God!": Acts 28:1–9 in the Light of Iconographical and Textual Sources Related to Medicine, in: Annette Weissenrieder u.a.. (Hg.), *Picturing the New Testament. Studies in Ancient Visual Images*, WUNT II, 193 Tübingen 2005, 134–156.

32 Vgl. ausführlich Michael Dörnemann, *Krankheit und Heilung in der Theologie der frühen Kirchenväter*, (StAC 20), Tübingen 2003; Christoph Markschies, Gesund werden im Schlaf. Einige Rezepte aus der Antike, Akademische Causerie am 18. Oktober 2005, in: Berlin-Brandenburgische Akademie der Wissenschaften (Hg.), *Berichte und Abhandlungen* 12, Berlin 2006, 187–216.

als Taten des Asklepios erzählt wird".[33] Beide, Asklepios und Christus, wurden als *sotēr* (Retter) bezeichnet, wie Kirchenväter mehrfach bezeugen.

Wenn *Paulus* in Apg 28 in Analogie des *Heilkults des Asklepius* gezeichnet wird, dann freilich mit einer grundlegenden Einschränkung: Die Ursache der Krankheit des an Dysenterie erkrankten alten Publius und anderer Inselbewohner wird gerade nicht auf eine göttliche Macht, sondern vielmehr auf krankheitsindizierende Hinweise wie Regen, Wind und Kälte und das hohe Lebensalter des Publius zurückgeführt. Der Verfasser konzentriert sich demnach auf Hinweise, die auch vor dem Hintergrund der antiken rationalen Medizin plausibel waren.

Auf diese Aufnahme der *rationalen Medizin* treffen wir im Neuen Testament häufiger. Insbesondere im LkEv finden sich zahlreiche Hinweise auf die rationale Medizin der Antike.

In besonderer Weise lässt sich dies für die Heilung der sog. blutflüssigen Frau plausibel machen, deren Krankheitsphänomen als ῥύσις αἵματος bezeichnet wird, was mehrheitlich in der Exegese auf Levitikus 13–15 bezogen und demnach im Kontext der Unreinheit gedeutet wird. Doch genau dieser Bezug wird im lukanischen Text vermieden. Der Text in der lukanischen Variante lässt die Begriffe *rein* und *unrein* gänzlich vermissen. Zudem fehlen auch jegliche Hinweise auf den semitischen Sprachgebrauch, die sich noch bei Mk finden, wie „Quelle des Blutes" und der Begriff „*mastix*",[34] eine Krankheitsbezeichnung, die man auch im Sinne von „Plage" deuten kann. Beide Begriffe sind für Levitikus zentral. Demgegenüber konzentriert sich Lukas auf die Krankheitsbenennung, nämlich den 12 Jahre andauernden Blutfluss, ein Krankheitsbild, welches zu den zentralen Themen antiker gynäkologischer Schriften zählt. Den medizinischen Kontext belegt auch der Hinweis auf die Ärzte, für deren Honorar die Frau alles, was sie zum Leben hatte, gegeben hat.

Die Wahrnehmung Jesu als Arzt prägt auch sonst die lukanischen Heilungserzählungen: Wie in Lk 8 die Krankheitssymptome so präsentiert werden, dass sie vor dem Hintergrund antiker Medizin ein plausibles Krankheitsbild ergeben und also als Indikatoren einer Krankheit gedeutet werden können, so ist bei Lukas das entsprechende Handeln Jesu als heilendes dargestellt. Anders als in seiner markinischen Vorlage, in deren Zentrum die

---

33 Justin *Apol.* I,22,6. Vgl. auch Helmut Kasper, *Griechische Soter-Vorstellungen und ihre Übernahme in das politische Leben Roms*, München 1961, 127–129.

34 Siehe Mk, 3,10; 5,29; 5,34; Mt 4,23 f; Lk 7,21, indes nicht in der Heilung der blutflüssigen Frau.

Frage nach Reinheit und Unreinheit steht, spricht Lukas bewusst von *iao-mai*, was jedoch nicht – wie vielfach fälschlicherweise angenommen – vollständige Heilung impliziert, sondern eher mit „sich kümmern um", „sorgen für", „Kranke pflegen" und „ärztlich behandeln" übersetzt werden sollte.[35] *Iaomai* ist im *Corpus Hippocraticum* Kennzeichen für einen guten Arzt und ist grundlegend für die *Iamata* des Asklepius.[36] Der Begriff umfasst die Pflicht des Arztes, der im Neuen Testament Jesus ist.[37]

4. Barths Deutung der Krankenheilungen als Reichswunder und die Reich Gottes Botschaft der Wundergeschichten

Barth versteht die Krankenheilungen Jesu als Offenbarungsereignisse. „Was in ihnen allen geschieht, ist dies, daß in und mit ihnen allen ein völlig neues, überraschendes Licht [...] in die menschliche Situation hineinfiel." (244). Licht fällt auf die menschliche Situation – und in diesem Licht lässt Gott sich erkennen.

Nach Barth wird in diesem Licht die Not des Menschen deutlich. „Wie sehen die aus, denen Jesus sich in diesem seinem besonderen Handeln zugewendet hat? Die Antwort drängt sich auf: Es geht ihnen nicht gut; sie befinden sich alle in Bedrängnis und Not, in Angst und Bekümmernis." (245) Sie alle – da klingt bei Barth immer mit: nicht nur die konkreten Kranken,

---

35 Damit revidiere ich (A.W.) auch meine eigenen Aussagen, die ich in meinem Buch *Images of Illness* gemacht habe. Hierzu sehr hilfreich von Nadia van Brock, *Recherches sur le vocabulaire médical du grec ancien: Soins et guérison* (Études er Commentaires 41), Paris 1961, 42–64; CH *Mochl* 21 (IV. 364.5 f. Littré); *Mul I* 62 (VIII,126.14–19 Littré). Siehe zudem Reinhard von Bendemann, Christus der Arzt – Krankheitskonzepte in den Therapiererzählungen des Markusevangeliums, in: Josef Pichler/Christoph Heil (Hg.), *Heilungen und Wunder. Theologische, historische und medizinische Zugänge*, Darmstadt 2007, 105–129. Zu *iaomai* in den Evangelien siehe Mk 5,29; Mt 8,8.13; 13,15; 15,28; Lk 4,18; 5,17; 6,18–19; 7,7; 8,47; 9,2.11.42; 14,4; 17,15; 22,51; Joh 4,47; 5,13; 12,40.

36 Christian Habicht, *Die Inschriften des Asklepieions. Mit einem Beitrag von Michael Wörrle.* «Altertümer von Pergamon», 8,3. Berlin 1969. = AvP VIII,3 1989. Rudolf Herzog, *Die Wunderheilungen von Epidauros: Ein Beitrag zur Geschichte der Medizin und der Religion* (Philologus, Supplementa 22.3), Leipzig 1931.

37 Vergleichbares kann man auch für *therapeuein* annehmen: „Dienen", „begleiten" oder „medizinisch behandeln" sind hier die grundlegenden Bedeutungen. Dazu ausführlich: Heinrich von Staden, Incurability and hopelessness. The Hippocratic Corpus, in: Paul Potter (Hg.), *La maladie et les maladies dans la collection hippocratique. Acts du VIe Colloque International Hippocratique*, Quebec 1990, 75–112, bes. 81 ff.

sondern auch die, die sich für gesund halten und bezeichnen. Die Situation der Menschheit erscheint hier als die eines einzigen „großen Spitals" (245). Im Licht, das im Wirken Jesu auf die Menschheit fällt, kann eingestanden werden, dass es uns nicht gut.

Dabei verweigert sich Barth explizit einer Deutung dieser Situation der Menschheit, aber auch der individuellen Krankheit eines Menschen im Sinne eines Tun-Ergehens-Zusammenhanges. „Die so naheliegende und in anderem Zusammenhang gewiß zu respektierende Wahrheit, [...] daß ‚der Tod der Sünde Sold ist' (Röm. 6, 23), ist in dieser Sache unsichtbar." (247). In der Tat zeigen ja gerade die Krankenheilungen Jesu, dass Jesus die Menschen nicht auf ihre Schuld anspricht, sondern sie in ihrer Not sieht und sie aus dieser Not herausführt.

Damit aber erscheint auch Gott in einem anderen Licht: Entgegen einer weit verbreiteten religiösen Deutung, dass Gott die Krankheit als Strafe wolle, dass Gott selbst in der Krankheit als des Menschen Feind, als deus absconditus präsent sei, hält Barth fest: „Indem Jesus in [Gottes] Auftrag und in seiner Macht handelt, wird klar: Gott will das nicht, was den Menschen plagt, quält, stört und zerstört. Er will nicht die Verstrickung, die Erniedrigung, die Not und Schande, die ihm durch sein Sein im Kosmos und als kosmisches Wesen faktisch bereitet ist. [...] Er sagt nicht Nein, sondern Ja zu des Menschen natürlichem Dasein. Und er sagt nicht Ja, sondern Nein [...] zu dem Todesschatten und Gefängnis, in welchem der Mensch sich selber ein Fremder sein muß" (249).

Dass Gott das nicht will, was den Menschen plagt, quält, stört und zerstört, das wird in den Krankenheilungen Jesu nicht nur deutlich, sondern auch Ereignis. Lk 11, 20 heißt es: „Wenn ich jedoch durch den Finger Gottes die Dämonen austreibe, dann ist das Reich Gottes zu euch gelangt." Insofern sind die Krankenheilungen Jesu Gleichnisse des Himmelreiches, in denen das Reich selbst schon präsent ist. Barth bezeichnet sie deshalb als „Reichswunder" (242).

Damit stellt sich als Frage an die neutestamentliche Exegese: Wie ist das Verhältnis von Reich-Gottes-Verkündigung und Krankenheilungen Jesu zu bestimmen? Macht es neutestamentlich Sinn, die Krankenheilungen als Reichswunder, als Gleichnisse des Himmelreiches zu verstehen? Der Begriff „Reichswunder" ist für eine Exegetin problematisch, da er als solcher nicht im Neuen Testament begegnet. Der Sache nach aber lässt sich in der Tat in den Heilungen Jesu etwas von der Dynamik des Reiches Gottes erkennen. Schon in der Hebräischen Bibel ist deutlich, dass JHWHs könig-

liche Macht in der Gegenwart Israels erfahrbar wird. In diesem Sinne sind
die Heilungen Jesu mit den Verheißungen der Hebräischen Bibel verbunden
(siehe bes. Jes 29,18 f.; 35,5; 42,18). Die Heilungen Jesu erhalten dadurch
eine deutlich andere Fundierung als die Hinwendung griechisch-römischer
Ärzte zu den Kranken. Die Dynamik des Reiches Gottes realisiert sich in
den synoptischen Evangelien in den Exorzismen (Mt 12,28 und Lk 11,20)
und Heilungen. Exorzismen und Heilungen sind indes nicht nur eine praktische Ausformung der Predigt, sondern eine grundlegende Fundierung.
Eschatologische Predigt und Heilungen gehören sowohl bereits in der Antwort an den Täufer als Ausdruck für die Zuwendung zu den Kranken (Lk
7,18–23) als auch in den Aussendungsreden zusammen (Mt 10,7–8; Lk
10,9). Besonders deutlich wird dies in jenen Geschichten des Lukas-Evan-
geliums, die Lepra zum Thema haben. Bei einem Vergleich zwischen jüdischen Texten, die Lepra zum Thema haben, wie etwa Levitikus, aber auch
das jüdische Textbuch Kitab-Al-Tabakh, und den säkularen medizinischen
Texten wird deutlich, dass beide Traditionen Lepra auf ein Säfteungleich-
gewicht im Körper zurückführen, das durch schädigende Umwelteinflüsse
bedingt ist. Demnach unterscheiden sich jüdische und rational-medizini-
sche Texte nicht in ihrer Wahrnehmung der Krankheit, auch nicht in ihren
Konsequenzen.[38]

Bemerkenswert ist Lk 17,11–19, die Heilung von zehn Aussätzigen. Die
Geschichte ist schon deshalb interessant, weil sie geographisch zwischen
Samaria und Galiläa lokalisiert wird, einem Gebiet, in dem Juden und Sa-
maritaner zusammen lebten. Diese Nähe führte gelegentlich, wie Josephus
ausführlich beschreibt, zu blutigen Auseinandersetzungen.[39] Interessant ist
dabei: Josephus bezeichnet diesen Konflikt als Plage, als *mastix*. Er verwendet also jenen Begriff, der in Levitikus zur Bezeichnung von Lepra gebraucht
wird.

Bezüglich der Krankheit *lepra* ist die Rolle der Priester entscheidend. In
der Hebräischen Bibel entscheiden die Priester über Reinheit und Unreinheit. Ein zentraler Begriffe in Lev 13–14 ist deshalb das Sehen der Priester,
horaō. Dieses Sehen wird nun in Lk 17 nicht nur von Jesus aufgenommen, der die Leprösen quasi sehend heilt, sondern auch durch den einen
Geheilten, der sehend konstatiert, dass er geheilt ist, und nochmals um-

---

38 Ausführlich Weissenrieder, *Images of Illness* (Anm. 1), 139–167.
39 Ausführlich hierzu: Annette Weissenrieder, Stories Just under the Skin. Lepra in the Gospel of Luke, in: Stefan Alkier/Annette Weissenrieder, Miracles Revisited, Miracle Stories
   and Their Concepts of Reality, SBR2, Berlin 2013, 73-100.

kehrt. Der Geheilte macht eines deutlich: Es ist nicht mehr der Berg Gerizim, sondern Jesus, der als Ort der Gottesverehrung zentral ist. Dieses Sehen Jesu und das Sehen des Geheilten bilden die kataphorische Verbindung
zu der nächsten Erzählung, dem Sehen des Reiches Gottes. Das Sehen des
Reiches Gottes kristallisiert sich in der Verehrung Jesu und manifestiert
sich als radikaler Monotheismus. Es ist der Glaube daran, dass die Welt sich
wandeln kann. Diese Erwartung greift auf Deuterojesaja zurück und verba-
lisiert eine Umgestaltung der Welt. Diese Umgestaltung greift neben dem
Körper des Geheilten auch den Ort auf, der weder in Jerusalem noch auf
dem Berg Gerizim gedeutet, sondern durch die Nähe zu Jesus neu definiert
wird. Dieses neue Sehen ist auch einigen Dämonenaustreibungen eigen, die
die Bedingung des Exorzismus vor dem Verkündigungsinhalt formulieren
(vorausgehende Bedingung als Konditionalsatz mit *ei*). So wird im Aussen-
dungsbefehl an die Jünger der Auftrag zur Krankenheilung dem Verkündi-
gungsauftrag vorangestellt (siehe Lk 10,9.13).

5. Krankenheilungen als Dämonenaustreibungen

5.1 Die Deutung Karl Barths

Für Barths Interpretation der Krankenheilungen Jesu spielt die Überlieferung von den Dämonenaustreibungen eine besondere Rolle. Barth verweist
darauf, dass schon in Apg 10 „das ganze Handeln Jesu in den Worten zu-
sammengefasst [werde]: ‚Er ist umhergezogen, hat wohlgetan und geheilt
alle, die vom Teufel überwältigt waren. Denn Gott war mit ihm'".[40] Dass zudem „die Heilung eines Blinden und Stummen [Mt 12,22 f.] und [...] die einer Frau mit verkrümmten Rücken [Lk 13,10 f.] als Dämonenaustreibungen
beschrieben werden", mache deutlich, dass es sich bei den Phänomenen, die
als Besessenheit gedeutet werden, nicht allein um das handelt, „was wir heute als ‚Geisteskrankheit' [...] verstehen bzw. zu verstehen meinen".[41] Es geht
den Dämonen darum, den Menschen „nach Leib und Seele zu stören und
zu zerstören".[42] Dieser lebenszerstörerischen Dynamik wirkt Jesus entgegen.

---

40 KD IV/2, 252.
41 A.a.O., 253.
42 Ebd.

„Jesu Handeln, in ihm erkennbar Gott selbst und sein Reich, ist Schutz und
Trutz gegen die den Menschen knechtende Gewalt des Verderbens".[43]

Barth verabschiedet sich hier von jeder monistischen Weltanschauung,
die Gott als alles bestimmende Wirklichkeit versteht, und nähert sich einem
zeitlich befristeten Dualismus: Es gibt in dieser Welt chaotische Mächte und
Gewalten, die nicht Gottes Willen repräsentieren, sondern gegen die sich
Gott mit seinem Willen, im Kommen seines Reiches durchsetzen muss.

Entsprechend hatte Barth bereits in seiner Schöpfungsethik Krankheit
als „ein Moment des Aufstandes des Chaos gegen Gottes Schöpfung, ein
Werk und eine Kundgebung des Teufels und der Dämonen" – als „ein Element und Zeichen der die Schöpfung bedrohenden Chaosmacht" verstanden.[44] Sachangemessen erscheint ihm diese Deutung deshalb, weil sie zum
einen festhält, dass wir es bei der Krankheit „mit einem wirklichen Wider-
part zu tun" haben.[45] Wir haben es in der Krankheit mit einer uns bedrohenden Macht zu tun. Indem die dämonologische Deutung von Krankheit
diese Macht als „Chaosmacht" beschreibt,[46] verdeutlicht sie zum anderen
die Sinnlosigkeit der Krankheit. Der Widerstand, den die Krankheit eines
Menschen seiner Gesundheit entgegensetzt, ist eben keineswegs ein Widerstand, an dem wir wachsen sollen – also ein Widerstand, den Gott aus päda-
gogischer Absicht letztlich doch wollen würde –, sondern ein sinnloser, den
es zu überwinden gilt. „Gott will das nicht, was den Menschen plagt, quält,
stört und zerstört".[47]

Die dämonologische Deutung von Krankheit hält also zugleich an der
Realität und an der Sinnlosigkeit der Krankheit fest. Krankheit erscheint
dem Menschen nicht nur sinnlos. Die dämonologische Deutung von
Krankheit verdeutlicht, dass es in der Schöpfung natürliche Prozesse gibt,
die sinnlos sind. Barth greift die dämonologische Deutung von Krankheit
auf, um darzulegen, dass der Kranke sich seine Krankheit nicht als Folge
eigener Schuld zuzurechnen habe. Dem Kranken widerfahre die Krankheit
als sinnloses Ereignis von außen.

Ob diese Entschuldung durch Dämonisierung funktioniert, ist dabei
eine andere Frage. Die amerikanische Essayistin Susan Sontag hat diese Frage verneint: „der Schritt von der Dämonisierung der Krankheit zur

---

43 A.a.O., 257.
44 KD III/4, 416.
45 Ebd.
46 A.a.O., 417.
47 KD IV/2, 249.

Schuldzuweisung an den Patienten [sei] zwangsläufig, gleichgültig, ob der
Patient als Opfer gedacht wird oder nicht. Ein Opfer suggeriert Unschuld,
Unschuld aber suggeriert, nach der unerbittlichen Logik derartiger relatio-
naler Begriffe, Schuld."[48] Eben deshalb plädiert Sontag für eine konsequente
„Entmythisierung"[49]: So solle man etwa „Krebs einfach als Krankheit be-
trachten lernen – eine ernste Krankheit, aber eben eine Krankheit, weder
Fluch noch Strafe noch Peinlichkeit. Eine Krankheit ohne ‚Bedeutung'."[50]

In einem gewissen Sinne soll bei Barth die dämonologische Deutung der
Krankheit dieser Entmythisierung dienen.

5.2 Dämonenaustreibungen im Neuen Testament

Die beiden von Barth angeführten Stellen – die als Dämonenaustreibungen gedeuteten Heilungen eines Blinden und Stummen (Mt 12,22 f.) und
die einer Frau mit verkrümmten Rücken (Lk 13,10 f.) – sind in der Tat bemerkenswert. Anders als Markus kann bei Matthäus Blindheit zusammen
mit Taubheit dämonologisch interpretiert werden; und Lukas kann zudem
Lähmungserscheinungen auf eine dämonische Bindung des menschlichen
Körpers zurückführen. Man sollte aber bedenken, dass Lukas auch hier einen medizinischen Begriff verwendet, der in der antiken Medizin dann verwendet wird, wenn der normale Blutfluss nicht mehr fließen kann.

Diese Deutung einer scheinbar dämonischen Krankheit als naturgesetz-
lich verständlichem Geschehen lässt sich im Lukasevangelium auch an anderen Stellen beobachten. So korrigiert Lukas etwa in der Erzählung von der
Heilung des Jungen mit den epileptischen Phänomenen (Lk 9,37–43) die
medizinisch nicht kohärente Schilderung des MkEv (Mk 9,14–29). In der
antiken Medizin sind zwei verschiedene Modelle „epileptischer Phänomene" bekannt. Beide Modelle gehen von einer Schädigung des Gehirns durch
Körperflüssigkeiten aus, die ihre Ursache in der Stockung der Atemluft in
den Adern habe.[51] Die eine Form gehe mit einem auffälligen Anfall mit Zäh-
neknirschen etc. einher, für die andere Form ist Erstarrung symptomatisch.
Während nun im MkEv beide Modelle nebeneinander erwähnt werden, was
vor dem Hintergrund antiker Medizin kaum plausibel war, verzichtet der

---

48 Susan Sontag, Krankheit als Metapher & Aids und seine Metaphern, München 2003, 84.
49 A.a.O., 11.
50 A.a.O., 86.
51 Siehe Weissenrieder, *Images of Illness* (Anm. 1), 267–276.

Verfasser des LkEv auf Symptome, die von einer Erstarrung des Jungen berichten und beschränkt sich auf einen durch Phlegma verursachten Anfall. Jesus wird dementsprechend nicht als Exorzist, sondern als Arzt präsentiert.

Es ist freilich interessant, dass Lukas, der die epileptischen Phänomene im Rahmen der antiken rationalen Medizin versteht und die Heilung derselben der Medizin zuschreibt, dennoch einen Dämon erwähnt: „Jesus aber bedrohte den unreinen Geist (τῷ πνεύματι τῷ ἀκαθάρτῳ) und sorgte für den Knaben" (Lk 9,42). Eine Interpretation dieses Verses muss sich freilich immer der Doppeldeutigkeit des Begriffes πνεῦμα bewusst bleiben: So kann der unreine Geist sowohl auf eine dämonische Krankheitsinterpretation verweisen als auch im Sinne der rationalen Medizin als unreine Luft verstanden werden (*MSacr* 4,6).[52] Folgt man freilich der Deutung des unreinen Geistes als eines Dämons, stellt sich die Frage, warum Lukas überhaupt einen Dämon erwähnt.

Der Autor der Schrift *De morbo sacro* negiert, dass Epilepsie göttlichen Ursprungs sei. Er kritisiert seine Gegner für deren Unglaube (asebeia und apistis) und für deren Atheismus (atheos), der seiner Meinung nach gerade darin liegt, dass sie Reinigungsriten und Beschwörungen vornehmen, als sei der Kranke von einem Dämonen besessen. In diesem Sinne würden sie geradezu die Krankheit als gottgesandt und von göttlichem Ursprung begreifen. In diesem Kontext bezeichnet der Autor der Schrift seine Gegner als ungläubig und atheistisch, denn es seien sie selbst, die die Götter für die Krankheiten verantwortlich machen, und es seien sie, die meinen, man könne Götter durch Opfer gütig stimmen. Genau das aber sei Unglaube und Atheismus.

In diesem Kontext hat der Altphilologe und Medizinhistoriker Philip van der Eijk eine hilfreiche Unterscheidung bezüglich der Rolle der Dämonen eingeführt. Dämonen seien, so van der Eijk, „beyond human control, for the nature of this illness is sometimes beyond human control, though not divine."[53] Krankheit wird in der antiken Medizin als Störung eines Gleichgewichts gedeutet bzw. als Vorherrschen eines einzelnen Faktors im Körperinneren. Ein kranker Körper, den ein unreiner Geist quält, wäre demnach – stark vereinfacht gesprochen – als *isonomia*, als Alleinherrschaft eines Faktors zu deuten: Der Körper ist aus dem Gleichgewicht geraten.

---

52 Vgl. dazu Weissenrieder/Dolle, *Körper und Verkörperung* (Anm. 13).

53 Philip J. van der Eijk, Medicine and philosophy in classical Antiquity. Doctors and philosophers on nature, soul, health and disease, Cambridge 2005, 191

Diese Deutung mag auch erklären, warum Jesus Macht über die Krankheit hatte, nicht aber seine Jünger. Denn insofern Jesus Macht über eine Krankheit hatte, die jenseits menschlicher Kontrolle lag, ist er als göttlich zu deuten. Deshalb heißt es von der Menschenmenge, nachdem Jesus den Dämonen überwunden hat, dass sie von der Größe Gottes überwältigt waren. Diese Reaktion ist nur dann plausibel, wenn Jesus eine Kraft überwand, die als jenseits menschlicher Kontrolle gedeutet worden ist. Insbesondere ist hier auf den Kontext der Erzählung hinzuweisen, in der die Heilung eines hinfälligen Kindes als planvolles Pendant zur vorausgegangenen Verklärungserzählung zu deuten ist, in der Jesus vorgreifend in die himmlische Sphäre entrückt worden ist.

Einen weiteren Hinweis gibt die Erzählung von der Heilung der Schwiegermutter des Petrus, die an hohem Fieber erkrankt war (Lk 4,39). In den antiken medizinischen Texten wird Fieber als „abnorme Erhitzung des ganzen Körpers"[54] bezeichnet.[55] Damit Jesus das Fieber ansprechen kann, stellt Lukas das Fieber als Dämon und damit als ansprechbare Person dar. So unterscheidet er zwischen der Person der Kranken und der Krankheit, die als eigenständige Macht die Kranke gleichsam von außen überfällt.[56] Gerade dadurch wird die Kranke von der religiösen Verantwortung für ihre Krankheit befreit. Damit ergibt sich der paradoxe Sachverhalt, dass die Einführung eines Dämons der Entdämonisierung der Krankheit dient. Und obgleich die Erzählung kaum Details zu erkennen gibt, ist das Fieber nach antiker medizinischer Deutung als summarisches Leiden gleichsam eine therapeutische Evakuation, also ein Integral für unterschiedliche Leidenszustände im Körperinneren. Fieber ist dementsprechend ein potentieller Vorbote des Todes und verweist auf die Alternative Leben und Tod. Entsprechend hat die Erwähnung des Dämons in der lukanischen Erzählung von der Heilung des epileptischen Knaben das Ziel, die Ursache der Krankheit nicht im Kranken und dessen vermeintlichen Sünden zu suchen, sondern als fremd verursacht verstehen zu können.

---

54 Siehe Beate Gundert, Art. Fieber, in: *Antike Medizin. Ein Lexikon*, 299; Vivian Nutton, Art. Fieber, in: *DNP* 4 (1998), 510–511.

55 Siehe beispielsweise in CH *Vict.* 2.66; 6.568 Littré; *Acut.* 5, 2.232 Littré; *Nat.Hom.* 15, 6.66 Littré; *Morb.* 1.23, 6.188 Littré; *Aff.* 18; 6.226–227 Littré; Cael. Aur. *Acut.* 2.100; Alex. Trall. *De febribus* 1; Ps.-Alex. Aphr. *Febr.* 15; Gal. *MM* 10.2, 10.666–667 Kühn.

56 Reinhard von Benedemann, Die Heilungen Jesu und die antike Medizin, in: *EC* 5 (2014): 273–312, hier 286–287, verweist darauf, dass bei Fieber „geschulte Ärzte" vorauszusetzen seien.

Dass Jesus an dieser Stelle als Arzt erfahrbar wird, wird in den lukanischen Heilungsgeschichten deutlich, die man vor dem Hintergrund antiker Medizin lesen kann. Während die markinische Geschichte von der Heilung des „epileptischen" Knabens als Exorzismus gestaltet ist, erzählt Lukas eine medizinische Heilungsgeschichte. Er verwendet an dieser Stelle explizit eine Form von *iaomai* (9,42), einem Begriff, der sowohl in antiken medizinischen Texten als auch auf zahlreichen Asklepiustempeln gefunden werden kann. Im Corpus Hippocraticum und dem Galenischen Corpus ist *iaomai* geradezu das Charakteristikum eines guten Arztes (siehe ausführlich weiter oben).

Zusammenfassend kann man sagen: Im Wirken Jesu kommt die Gottesherrschaft in der Weise nahe, dass widergöttliche Kräfte und Mächte das Feld räumen müssen. Freilich ist eine gewisse Vorsicht geboten, Krankheiten wie etwa Epilepsie auf Dämonen zurückzuführen. So weist beispielsweise Origenes mit Verweis auf die neutestamentlichen Texte die medizinische Deutung epileptischer Phänomene als natürlich bedingt zurück. Die Abweisung einer natürlichen Erklärung zugunsten einer dämonologischen Interpretation hat in der alten Kirche zur religiösen Diskriminierung von Epileptikern geführt. Die Synode von Elvira hat Epileptiker als Besessene von der eucharistischen Kommunion ausgeschlossen.[57]

Barth hat diese Wirkungsgeschichte der dämonologischen Krankheitsdeutung ausgeblendet. Seine Theologie steht deshalb tendenziell in der Gefahr, die Ambivalenz der dämonologischen Deutung von Krankheit zu verstellen. Angesichts der Wirkungsgeschichte sollte man, gerade wenn man mit Barth der Auffassung ist, dass die Einführung von Dämonen in die Krankheitsgeschichte der Entschuldung des Kranken dient, auf die dämonologische Krankheitsdeutung verzichten. Denn entgegen ihrer (möglichen) Intention dämonisiert sie auch den Kranken.

---

57 Franz Josef Dölger, Der Ausschluß der Besessenen (Epileptiker) von Oblation und Kommunion nach der Synode von Elvira", in: AuC 4 (1933), 110–134; Reinhard von Bendemann, „Christus der Arzt – Krankheitskonzepte in den Therapieerzählungen des Markusevangeliums", in: Pichler/Heil (Hg.), *Heilungen und Wunder* (Anm. 34), 105–129.

6. Arzt, hilf dir selber

Die neutestamentlichen Erzählungen von den Krankenheilungen Jesu machen nach Barth deutlich: „Gott will das nicht, was den Menschen plagt, quält, stört und zerstört".[58] Dennoch gehören Krankheiten zum menschlichen als einem endlichen Leben. Nicht alle Krankengeschichten verlaufen dabei so wie die im Neuen Testament erzählten Heilungen. Die Erfahrung körperlicher Gesundung stellt sich in vielen Krankheitsverläufen nicht ein. In Barths Lehre vom königlichen Menschen ist diese allzumenschliche Erfahrung derart aufgehoben, dass auf die Lehre von Christus als Arzt und Heiler die Besinnung auf Christi Passion folgt. Der, der Menschen geheilt und gerettet hat, in dessen Leben – wie Barth sagt – es zur „Selbstdarstellung der neuen, errettenden Wirklichkeit des Gottesreiches" gekommen ist,[59] endet „als ein von den Menschen Verdammter, Misshandelter und Verspotteter und als ein von Gott Verlassener mit jener Frage eines Verzweifelnden auf den Lippen".[60] Im Blick auf seine Heilungen wird er am Kreuz verspottet: „Andern hat er geholfen, und kann sich selber nicht helfen."

Das Kreuz Jesu sensibilisiert dafür, dass Gott in einer Krankheit, in einem kranken Menschen auch dann rettend gegenwärtig sein kann, wenn physische Gesundung ausbleibt. Dass dies nicht nur für den königlichen Menschen Jesus Christus gilt, verdeutlicht im Neuen Testament die Gestalt des Paulus, der um Errettung aus Krankheit gebeten hatte, aber nicht physisch geheilt worden ist.

In 2. Kor 12, 7–9 schreibt Paulus: „Damit ich mich wegen der einzigartigen Offenbarungen nicht überhebe, wurde mir ein Stachel ins Fleisch gestoßen: ein Bote Satans, der mich mit Fäusten schlagen soll, damit ich mich nicht überhebe. Dreimal habe ich den Herrn angefleht, dass dieser Bote Satans von mir ablasse. Er aber antwortete mir: ‚Meine Gnade genügt dir; denn sie erweist ihre Kraft in der Schwachheit [Krankheit]'. Viel lieber also will ich mich meiner Schwachheit [Krankheit] rühmen, damit die Kraft Christi auf mich herabkommt."[61]

---

58 KD IV/2, 249.
59 A.a.O., 275.
60 A.a.O., 279.
61 2 Kor 12,5–9 5 ὑπὲρ τοῦ τοιούτου καυχήσομαι, ὑπὲρ δὲ ἐμαυτοῦ οὐ καυχήσομαι εἰ μὴ ἐν ταῖς ἀσθενείαις. 6 Ἐὰν γὰρ θελήσω καυχήσασθαι, οὐκ ἔσομαι ἄφρων, ἀλήθειαν γὰρ ἐρῶ· φείδομαι δέ, μή τις εἰς ἐμὲ λογίσηται ὑπὲρ ὃ βλέπει με ἢ ἀκούει [τι] ἐξ ἐμοῦ 7 καὶ τῇ ὑπερβολῇ τῶν ἀποκαλύψεων. διὸ ἵνα μὴ ὑπεραίρωμαι, ἐδόθη

In den Versen 5b und 6b beschreibt Paulus seine Situation mit einem verneinten Finalsatz: Besonders mit den Personalpronomina setzt Paulus sich selbst ins Zentrum und setzt sich gleichzeitig von der Person ab, die die Offenbarung empfangen hat (damit ich mich nicht überhebe). Durch die doppelte Verneinung rückt er indes seine positive Botschaft ins Zentrum, nämlich den Ruhm der körperlichen Schwachheit. Mit dieser komplexen syntaktischen Struktur von Parallelismus und Antithese erreicht Paulus eine Gleichsetzung von Offenbarungserlebnis (VV. 2–4) und (körperlicher) Schwachheit. Paulus kann sich seiner Schwachheit ebenso rühmen wie seiner Offenbarungen (im Plural). Auch wenn er in V. 5 vorgibt, sich seiner Offenbarung nicht rühmen zu wollen, so arrangiert er im Folgenden seine Schwäche als Zeichen Gottes.[62] Gewiss ist der Grund der Schwachheit, der „Dorn im Fleisch" zentral, der als *Passivum divinum* (*edotē*) gefasst werden kann, und somit den Schmerz mit Gott verbindet, die Dauer der Schwachheit hingegen mit dem durativen Aorist (*hūrairōmai*) an den Satansengel bindet, der Paulus wieder und wieder schlägt. Im Gegensatz zu 10,10f. spricht Paulus hier nicht von der Schwäche des Körpers (*sōma*), sondern von einer Schwäche im Fleisch (*sarx*). Aristoteles, der sich besonders in seinem zweiten Buch seiner *De partibus animalium* dem Fleisch widmet, setzt Fleisch mit dem Körpergewebe gleich, das sich zwischen Haut und Knochen befindet.[63] Demnach rechnet er das Fleisch mehr zu den „äußeren" Körperteilen wie Haaren, Nägeln und anderen Körpermerkmalen, die für das Aussehen des Körpers zentral sind: Im Fleisch wird also die Schwäche nach außen sichtbar. Dieses Ergebnis stimmt mit paulinischen Aussagen insofern überein, als Paulus im 2. Korintherbrief zeigt, dass sich Leben und Sterben Christi in unserem sterblichen Fleisch manifestieren.[64] Der Kreu-

---

μοι σκόλοψ τῇ σαρκί, ἄγγελος σατανᾶ, ἵνα με κολαφίζῃ, ἵνα μὴ ὑπεραίρωμαι. 8 ὑπὲρ τούτου τρὶς τὸν κύριον παρεκάλεσα ἵνα ἀποστῇ ἀπ' ἐμοῦ. 9 καὶ εἴρηκέν μοι· ἀρκεῖ σοι ἡ χάρις μου, ἡ γὰρ δύναμις ἐν ἀσθενείᾳ τελεῖται. Ἥδιστα οὖν μᾶλλον καυχήσομαι ἐν ταῖς ἀσθενείαις μου, ἵνα ἐπισκηνώσῃ ἐπ' ἐμὲ ἡ δύναμις τοῦ Χριστοῦ.

62 Ulrich Heckel, *Kraft in Schwachheit. Untersuchungen zu 2 Korinther 10–13 und Gal* (WUNT II, 56), Tübingen 1993, 74; ausführlich dazu auch Annette Weissenrieder, Interior Views of a Patient. Illness and Rhetoric in 'Autobiographical' Texts (L. Annaeus Seneca, Marcus Cornelius Fronto and the Apostle Paul), in: Weissenrieder/Etzelmüller (Hg.), *Medicine and Religion* (Anm. 9).

63 Siehe Arist. *De historia animalium* III 16 519 b 26–28.

64 Siehe explizit 2 Kor 4,11; 5,16.

zestod Christi zeigt sich nach außen sichtbar im Fleisch, ja, er manifestiert sich gar in einer körperlichen Schwäche.

Diese Aussage wird wiederum in der rätselhaften Antwort Gottes auf das Gebet des Paulus deutlich, das dieser wörtlich zitiert: „Meine Gnade genügt dir; denn Kraft kommt in Krankheit zur Vollendung." Auch hier formuliert Paulus chiastisch: (meine) Gnade und Kraft und „genügen" (3. Sg. *Akt.*) und „werden vollendet" bedingen einander. Die Antwort Gottes ist freilich keine Zurückweisung des paulinischen Gebets, sondern Gott sagt eine Gnade zu, die ausreicht.[65] Die Nichterfüllung des Gebets wird demnach nicht als Zurückweisung Gottes gedeutet, sondern gerade als Zusage der Gnade in der Kraft der Schwachheit und Krankheit und demnach als Erfüllung der paulinischen Gebete. Diese Deutung legt sich nochmals in besonderer Weise durch das Verb *teleisthai* nahe, „zur Vollendung kommen",[66] das an dieser Stelle auf Joh 19,30 verweist, Jesu letztes Wort am Kreuz, wo es heißt: „Es ist vollbracht!" Durch diesen Verweis wird die Schwachheit des Apostels erneut christologisch gedeutet: Wie die Stärke Gottes im Moment des Todes Christi offenbar wird, so wird Gottes Gnade in seiner Kraft in der Schwachheit und Krankheit des Paulus offenbar. Schwachheit und Krankheit werden demnach als Zeichen des Ruhms gedeutet.[67]

Indem Gott selbst in Jesus Christus in die Situation von Krankheit und Tod eintritt, wird offenbar, dass weder Krankheit noch Tod von Gott trennen können. Gott wendet sich gerade dahin, wo die Menschen sich abwenden. Das ist das Thema der neutestamentlichen Überlieferung von den Krankenheilungen Jesu.

---

65 Heckel, *Kraft in Schwachheit* (Anm. 60), 88.

66 A.a.O., 93 mit Verweis auf Bauer.

67 Wie sich diese Interpretation zu den paulinischen Aussagen zum Abendmahl in 1 Kor 11,29 ff. verhalten, kann leider hier aus Raumgründen nicht verfolgt werden. Siehe hierzu Annette Weissenrieder, „Darum sind viele körperlich und seelisch Kranke unter euch" (1 Kor 11,29ff.). Die korinthischen Überlegungen zum Abendmahl im Spiegel antiker Diätetik und der Patristik, in: Judith Hartenstein/Silke Petersen/Angela Standhartinger (Hg.), *„Eine gewöhnliche und harmlose Speise?" Von den Entwicklungen frühchristlicher Abendmahlstraditionen*, Gütersloh 2008, 239–268.

Christiane Tietz

Jesus von Nazareth in neueren Christologien[1]

Die Frage nach dem historischen Jesus[2] stellte die dogmatische Theologie seit deren Aufkommenan vor Herausforderungen. Schließlich begann die Leben-Jesu-Forschung mit dem Ansinnen, dogmatische Voraussetzungen abzulegen. So notierte David Friedrich Strauß in seinem „Leben Jesu, kritisch bearbeitet" (1935/36) als Grunderfordernis, „ohne welches mit aller Gelehrsamkeit auf kritischem Gebiete nichts auszurichten ist": Nötig sei für die historische Kritik „die innere Befreiung des Gemüths und Denkens von gewissen religiösen und dogmatischen Voraussetzungen[.] [...] Mögen die Theologen diese Voraussetzungslosigkeit seines Werkes unchristlich finden: er [sc. Strauß] findet die gläubigen Voraussetzungen der ihrigen unwissenschaftlich."[3]

Der von Strauß aufgemachte Gegensatz zwischen voraussetzungsloser Wissenschaft und voraussetzungsvoller Theologie, insbesondere Dogmatik, hat sich freilich nicht dauerhaft halten lassen. Ein verändertes Wissenschaftsverständnis, das die Voraussetzungshaftigkeit *aller* Wissenschaft betont, sowie die Einsicht, dass die Evangelien von Grund auf voraussetzungsvoll sind, insofern sie „keine Mitteilung aufmerksam gewordener unbefangener Beobachter [sind], sondern durchweg Zeugnisse und Bekenntnisse von Christusgläubigen",[4] haben diese Entgegensetzung aufgeweicht.

Aber auch ein rein dogmatischer Zugang zu Jesus Christus über das verkündigte Kerygma, unter Absehung von konkreten historischen Befunden

---

1 Vortrag auf der 45. Internationalen Karl Barth-Tagung auf dem Leuenberg, 21.–24. Juli 2014.

2 Vgl. für einen ersten Überblick dazu Gerd Theißen / Annette Merz, *Der historische Jesus. Ein Lehrbuch*, 3. durchges. u. um Literaturnachtr. erg. Aufl., Göttingen 2001, 22–29.

3 David Friedrich Strauß, *Das Leben Jesu, kritisch bearbeitet* (1835), Bd. 1, 2. verb. Aufl., Tübingen 1837, XI f.

4 Martin Kähler, *Der sogenannte historische Jesus und der geschichtliche, biblische Christus* (1892), neu hg. von Ernst Wolf, 2. erw. Aufl., München 1956, 75.

zu seiner Person und seinem Lebensweg, wie Rudolf Bultmann ihn vertrat,[5] hat sich nicht halten lassen. Seit der neuen Frage nach dem historischen Jesus durch Bultmanns Schüler wird die Zusammengehörigkeit von historischem Jesus und geglaubtem Christus betont.[6] Diese Zusammengehörigkeit ist nicht nur historisch interessant als die durch die neutestamentliche Wissenschaft zu bearbeitende Thematik, wie aus dem Verkündiger damals der Verkündigte wurde und aus den Jüngern Jesu die ersten Christen. Diese Zusammengehörigkeit ist auch dogmatisch interessant, insofern es Aufgabe systematischer Theologie ist, „die Möglichkeit *gegenwärtigen Glaubens* an Jesus Christus zu verantworten".[7] Systematische Christologie fragt nach dem Verhältnis von historischer Gestalt und gegenwärtigem Glauben. Dies geschieht zur Zeit in durchaus unterschiedlicher Weise, wie an vier ausgewählten, keineswegs Vollständigkeit beanspruchenden Beispielen aus den letzten Jahren vorgeführt werden soll. Immer aber sind die aktuellen systematisch-theologischen Christologien sehr genau über die Veränderungen in der historischen Jesus-Forschung bis zum „third quest" informiert. Sie referieren differenziert über die Entwicklungen und den Stand der Jesusbilder in der neutestamentlichen Forschung.

---

5 Vgl. z.B. Rudolf Bultmann, *Theologie des Neuen Testaments*, Tübingen ⁹1984, 293 f. (mit Bezug auf die Theologie des Paulus): „Dagegen [gegenüber dem *Dass* von Menschwerdung und Erdenleben Jesu] spielen die Lebensführung und das Wirken Jesu, seine Persönlichkeit, sein Charakterbild keine Rolle, sowenig wie seine Verkündigung [...] Jede ‚Würdigung' der historischen Person Jesu nach menschlichen Kategorien würde heißen, Christus κατά σάρκα betrachten und ihn deshalb als einen Χριστός κατά σάρκα sehen". Vgl. auch ders., Die Bedeutung des geschichtlichen Jesus für die Theologie des Paulus (1929), in: ders., *Glauben und Verstehen. Gesammelte Aufsätze*, Bd. 1, Tübingen ⁶1966, 208: „Man darf also nicht hinter das Kerygma zurückgehen, es als ‚Quelle' benutzend, um einen ‚historischen Jesus' [...] zu rekonstruieren."

6 Zu Bultmanns Auseinandersetzung mit seinen Schülern vgl. ders., Das Verhältnis der urchristlichen Christusbotschaft zum historischen Jesus, in: ders., *Exegetica. Aufsätze zur Erforschung des Neuen Testaments*, hg. von Erich Dinkler, Tübingen 1967, 445–469.

7 Eberhard Jüngel, Zur dogmatischen Bedeutung der Frage nach dem historischen Jesus, in: ders., *Wertlose Wahrheit. Zur Identität und Relevanz des christlichen Glaubens. Theologische Erörterungen III*, München 1990, 214 (Hervorhebung von mir).

1. Jesus von Nazareth als Selbstdarstellung des Glaubens in seiner Geschichtlichkeit

Christian Danz beginnt seine „Grundprobleme der Christologie" von 2013 mit der kritischen Beobachtung, gegenwärtige systematische Theologie sei kaum orientiert an den Ergebnissen der aktuellen historischen Jesus-Forschung.[8] Danz will selbst anders verfahren. Er will eine Christologie entfalten „vor dem Hintergrund der Erkenntnisbedingungen und Anforderungen der Moderne".[9] Dazu hebt er zunächst die Frage nach dem Verhältnis von historischem Jesus und geglaubtem Christus auf eine höhere Ebene: Hinter der Verhältnisbestimmung von historischem Jesus und geglaubtem Christus stecke letztlich die Frage nach dem Verhältnis von Glaube und Geschichte.[10]

In Modernitätsdiskursen kann man nun allerdings oft, wenn von „der Moderne" die Rede ist, die Beobachtung machen, dass sie als recht homogenes, allein durch die Aufklärungsphilosophie und den Historismus[11] bestimmtes Gebilde präsentiert wird. Zumeist scheint klar zu sein, was „der moderne Mensch" „unter modernen Erkenntnisbedingungen" nicht mehr akzeptieren kann. Von Danz werden daher der Inkarnationsgedanke und die Erbsündenlehre einschließlich des stellvertretenden Opfertodes Jesu sowie die Zweinaturenlehre verabschiedet.[12] Danz urteilt: „Die Voraussetzungen einer solchen Lösung des Problems von Glaube und Geschichte [z.B. durch die Vorstellung einer Inkarnation] sind unter den Bedingungen des historischen Bewusstseins unerschwinglich geworden – wenn man sich den gegenwärtigen Erkenntnisbedingungen stellt." Und er fährt fort: Stattdes-

---

8 Vgl. das Urteil von Christian Danz, *Grundprobleme der Christologie*, Tübingen 2013, 3 f., mit Bezug auf Ulrich Kühn, *Christologie*, Göttingen 2003; Helmut Hoping, *Einführung in die Christologie*, Darmstadt 2004; Ralf K. Wüstenberg, *Christologie. Wie man heute theologisch von Jesus sprechen kann*, Gütersloh 2009, u.a. Danz verweist auf die Diagnose von Ruben Zimmermann, Paradigmen einer metaphorischen Christologie. Eine Leseanleitung, in: Jörg Frey / Jan Rohls / Ruben Zimmermann (Hg.), *Metaphorik und Christologie*, Berlin / New York 2003, 18 f.

9 Danz, *Christologie* (Anm. 8), V.

10 Vgl. *a.a.O.*, 2.

11 Einen Versuch, den Historismus konsequent in Bezug auf die Frage nach dem historischen Jesus zur Geltung zu bringen, unternimmt Martin Laube, Theologische Selbstklärung im Angesicht des Historismus. Überlegungen zur theologischen Funktion der Frage nach dem historischen Jesus, in: *KuD* 54 (2008), 114–137.

12 Vgl. z.B. Danz, *Christologie* (Anm. 8), 2; 4; 106 ff. Die Zweinaturenlehre sei historisch ersetzt worden durch die „Frage nach dem Verhältnis von Offenbarung und Geschichte beziehungsweise historischem Jesus und dogmatischem Christusbild" (*a.a.O.*, 10).

sen „wird [...] aus dem inkarnierten Gottmenschen, wie er in den neutestamentlichen Evangelien und der theologischen Lehrtradition beschrieben
wird, ein Mensch aus einer fremden, längst vergangenen Zeit, der gestorben
und damit unwiederbringlich vergangen ist." Damit allerdings ergibt sich
die Frage: „Wie lässt sich aber die Bedeutung eines Individuums, das vor
2000 Jahren in einem fernen Winkel dieser Erde lebte, für uns heute gedanklich begründen? Hierin liegt das Kernproblem der Christologie".[13]

Ansatzpunkt der Christologie von Christian Danz ist mithin der tote Jesus von Nazareth, „ein Mensch aus einer fremden, längst vergangenen Zeit,
der [...] unwiederbringlich vergangen ist". Der Übergang vom Judentum,
zu dem Jesus noch gehört habe und das er nur habe erneuern wollen,[14] zum
Christentum wird dann damit erläutert, dass die ersten Christen, auch noch
vollständig im Judentum verwurzelt, „Erfahrungen [machten], welche das
religiöse System erschütterten" (nämlich die Spannung zwischen Jesu Verkündigung des Gottesreiches und seinem Scheitern am Kreuz), dann aber
„Deutungsschemata des religiösen Systems [benutzen konnten], die es erlaubten, diese Erschütterungen zu verarbeiten".[15] Deshalb hätten die ersten
Christen Jesu Niederlage am Kreuz in einen Sieg uminterpretieren können.[16]
Die Erscheinungserfahrungen, wie sie noch bei Wolfhart Pannenberg[17] oder
Ingolf U. Dalferth[18] als historische Befunde gelten gelassen werden, kom-
men hier nur noch als Konstrukte des Glaubens vor.

Wie aber entsteht dann der Zugang zu diesem schon lange Toten? Er
kann nur argumentativ geleistet werden: „Wie lässt sich die Bedeutung eines
Individuums [...] für uns heute *gedanklich* begründen?" Es ist die Christologie, die die Relevanzbegründung Jesu von Nazareth für uns heute leistet.

Danz unternimmt dazu keine „Christologie von unten" im traditionellen
Sinne, die vom historischen Menschen zur Erkenntnis seiner Gottheit führen will.[19] Auch Schleiermachers christologischer Versuch des Aufweises eines besonderen Gottesbewusstseins Jesu wird als nicht haltbar abgelehnt;[20]

---

13 *A.a.O.*, 2.
14 Vgl. *a.a.O.*, 49.
15 *A.a.O.*, 51.
16 Vgl. *a.a.O.*, 52.
17 Vgl. Wolfhart Pannenberg, *Systematische Theologie*, Bd. 2, Göttingen 1991, 395 ff.
18 Vgl. Ingolf U. Dalferth, Volles Grab, leerer Glaube? Zum Streit um die Auferweckung des
   Gekreuzigten, in: *ZThK* 95 (1998), 391 f.
19 Vgl. Danz, *Christologie* (Anm. 8), 181 ff.
20 Nicht nur sei bei Schleiermacher Jesus so kein Mensch mehr wie alle anderen; sein Gottesverhältnis sei historischer Wissenschaft auch gar nicht zugänglich (vgl. *a.a.O.*, 191).

der Fehler Schleiermachers liege „in der beibehaltenen Orientierung an der Person Jesu Christi".[21] Statt auf diese Person solle sich die Christologie *auf den Glaubensbegriff* richten,[22] so dass „die christologische Reflexion von allen Rückbindungen an die empirische Geschichte des Mannes aus Nazareth entlastet wird".[23]

Anders als seine einleitenden Überlegungen es haben erwarten lassen, nimmt Danz also *nicht* die aktuelle Forschung zum historischen Jesus auf. Er will die christologische Reflexion vielmehr von ihr „entlasten". Denn „das empirische und das religiöse Bild der Geschichte"[24] sind zwei, in einem Wechselverhältnis stehende, gleichermaßen legitime Perspektiven auf die Geschichte. Nicht auf Jesus von Nazareth – das ist der empirische Blick auf die Geschichte –, sondern auf den Glauben und das in ihm sich vollziehende religiöse Bild von Geschichte soll sich die christologische Reflexion richten.[25] Das Ergebnis ist „[d]ogmatische Christologie als Selbstdarstellung des Glaubens".[26]

Wie bestimmt Danz den Glauben und wie kommt er von dort aus zur Christologie? Danz schreibt: „Der Glaube ist das Geschehen des Sich-Verständlich-Werdens des Menschen in seinem bewussten Selbstbezug. Er stellt sich in seinen Inhalten als eben dieses geschichtlich eingebundene Geschehen selbst dar und beschreibt sich selbst."[27] Dass der Mensch sich selbst verständlich wird, dies ist Glauben; und dies geschieht eben immer nur geschichtlich.

Dieser so bestimmte Glaube richtet sich nicht auf objektive Gegenstände, sondern: „Die Inhalte des Glaubens haben den Status von Selbstbeschreibungen des Glaubensaktes und seiner Gewissheit. Sie beziehen sich auf den reflexiven Glaubensakt, der sich selbst in seinen Glaubensinhalten ausspricht."[28] Nach Danz' Urteil ist diese Position reformatorisch. Es sei eben gerade nicht so, dass die Glaubensinhalte unabhängig vom Glaubensakt schon vorlägen und dass der Glaube entspringe, wenn er sich diese

---

21 *A.a.O.*, 191.

22 Vgl. *a.a.O.*, 191.

23 *A.a.O.*, 192.

24 *A.a.O.*, 9, im Anschluss an Troeltsch und Tillich (vgl. *a.a.O.*, 144 f.).

25 Vgl. *a.a.O.*, 185.

26 *A.a.O.*, 193-240.

27 *A.a.O.*, 203.

28 *A.a.O.*, 203.

Inhalte aneigne; dann werde Glaube eine Leistung und ein Werk.[29] Glaubensakt und Glaubensinhalte entstünden vielmehr gleichzeitig. „Die inhaltlichen Bestimmungen der Offenbarung sind die Darstellung des Glaubens, und sie entstehen mit ihm zusammen. [...] Die Unableitbarkeit und Kontingenz dieses Geschehens repräsentiert der religiöse *Gottes*gedanke. Mit ihm artikuliert der Glaube sich selbst als das Ereignis Gottes in der Geschichte, so dass der Gottesgedanke mit dem Glauben zugleich entsteht."[30]

Christologie nun bringt symbolisch zum Ausdruck, wie dieser religiöse Glaube beschaffen ist: „Die theologische Christologie hat allein die Funktion einer Selbstbeschreibung des Glaubens und seines geschichtlichen Eingebundenseins."[31] Das „Christusbild" steht dafür gut, dass der Glaube sich über „die Bindung menschlichen Sich-Verstehens an die Geschichte, die Notwendigkeit des individuellen Selbstvollzugs des Glaubens sowie die Unableitbarkeit dieses Geschehens aus der Geschichte oder dem eigenen Lebensvollzug [auf]klärt".[32] „Der Bezug auf die Person Jesus von Nazareth, also auf ein *extra nos*, bringt das Eingebundensein jeder Deutung der Geschichte in eine konkrete, inhaltlich bestimmte Geschichte zum Ausdruck. Der geglaubte Christus symbolisiert das Geschehen des Sich-Verständlich-Werdens des Menschen in seiner Geschichtlichkeit."[33] Jesus von Nazareth interessiert nicht in seiner empirischen Gestalt. Vielmehr symbolisiert der Glaube durch seinen Bezug auf Jesus von Nazareth als auf „ein extra nos" (man wird hinzufügen müssen: *irgendein* extra nos), dass das Sich-Verstehen des Glaubens stets in einer konkreten geschichtlichen Situation geschieht.[34] Denn – die Nähe zu Ludwig Feuerbach[35] lässt sich nicht übersehen

---

29 Vgl. *a.a.O.*, 204.

30 *A.a.O.*, 212 (Hervorhebung von mir).

31 *A.a.O.*, 9.

32 *A.a.O.*, 204.

33 *A.a.O.*, 204 f.

34 Vgl. *a.a.O.*, 207.

35 Vgl. Ludwig Feuerbach, *Das Wesen des Christentums, Gesammelte Werke*, Bd. 5, 2., durchges. Aufl. Berlin 1984, 48 f.: „Die Religion, wenigstens die christliche, ist das *Verhalten des Menschen zu sich selbst* oder richtiger: *zu seinem [...] Wesen*, aber [!] das Verhalten zu seinem Wesen *als zu einem andern Wesen. Das göttliche Wesen ist nichts andres als das menschliche Wesen* oder besser: *das Wesen des Menschen*, gereinigt, befreit von den Schranken des individuellen Menschen, verobjektiviert, d.h. *angeschaut* und *verehrt*, als *ein andres, von ihm unterschiedenes, eignes Wesen*".

–: „Das Subjekt kann nur vermittels eines *von ihm selbst geschaffenen* Bildes von sich zu sich selbst kommen, von dem es zugleich unterschieden ist."[36]

Ähnlich hat *Folkart Wittekind* die These formuliert, Christologie sei insgesamt diejenige Symbolbildung, mit welcher der Glauben seine eigene Verfasstheit zum Ausdruck bringt. Christologie mache keine Aussage über ein außerhalb des Glaubens befindliches Objekt, sondern veranschauliche die Struktur des Glaubens. Christologie beschreibt nicht, welche Inhalte *dem Glauben gegeben* sind, sondern ist „ein bildliches Darstellungsmittel, [...] ein symbolisches Medium für die Selbstbeschreibung des Glaubens hinsichtlich seiner Elemente und ihrer Struktur".[37] Sie zeigt, „wie Glauben funktioniert".[38] Dabei ist der „Rückbezug auf den historischen Jesus [...] ein Reflex auf die [...] Ablehnung des Glaubens, sich selbst in der Selbstbeschreibung erfunden zu haben".[39]

Es mag eine Notiz wert sein, darauf hinzuweisen, dass Christian Danz sich ausdrücklich auf den Neutestamentler Ernst Käsemann bezieht, weil dieser schon ebenso wie er votiert habe. Auch für Käsemann bringe, so Danz, „[d]er Bezug auf die Person Jesus von Nazareth, also auf ein extra nos, [...] das Eingebundensein jeder Deutung der Geschichte in eine konkrete, inhaltlich bestimmte Geschichte zum Ausdruck".[40] Liest man die entsprechende Stelle bei Käsemann nach, so heißt es dort in der Tat: Die Synoptiker „wollen [...] das extra nos des Heiles als Vorgegebenheit des Glaubens herausstellen." Doch Käsemann fährt fort: „Das *Festhalten* an der Historie ist eine Weise, in welcher das extra nos des Heiles seinen Ausdruck findet." Und kurz zuvor hatte er erläutert: „Wenn die Synoptiker anders als Johannes der Vergangenheit so erhebliche Eigenbedeutung belassen [...], so wollen sie damit doch wohl auf den Kairos hinweisen, der mit Jesus *begonnen hat*, durch ihn *bestimmt wird* und jede spätere Situation und Entscheidung *prädestiniert*."[41] Der Bezug auf die Historie ist für Käsemann also nicht nur Selbstdarstellung des Glaubens, der Glaube *kommt vielmehr immer schon*

---

36 Danz, *Christologie* (Anm. 8), 239 (Hervorhebung von mir).

37 Folkart Wittekind, Christologie im 20. Jahrhundert, in: Christian Danz / Michael Murmann-Kahl (Hg.), *Zwischen historischem Jesus und dogmatischem Christus. Zum Stand der Christologie im 21. Jahrhundert* (Dogmatik in der Moderne 1), Tübingen 2010, 41.

38 A.a.O., 42.

39 A.a.O., 40 f.

40 Danz, *Christologie* (Anm. 8), 204 mit Anm. 35.

41 Ernst Käsemann, Das Problem des historischen Jesus, in: ders., *Exegetische Versuche und Besinnungen*, Bd. 1, Göttingen ²1960, 202 (Hervorhebungen von mir).

von dieser Historie her. Ich füge hinzu: Das reformatorische *extra nos* ist entscheidend verkürzt, wenn man es nur als Struktur des Sich-nicht-selbst-gesetzt-Habens und nicht auch als Durch-einen-bestimmten-Anderen-so-gesetzt-Sein versteht. Es hängt für die Reformatoren alles am Glaubensgegenstand; von ihm her ist der Glaube, was er ist.

2. Ostern als Grund der Christologie

Anders als die eben beschriebenen Ansätze geht *Gunther Wenz* in seinem Buch „Christus. Jesus und die Anfänge der Christologie" von 2011 vor. Er referiert zwar ausführlich die verschiedenen Phasen der Leben-Jesu-Forschung und die jüngsten Positionen. Doch sein Buch beginnt Wenz ohne Scheu mit dem Satz: „Am Anfang war Ostern."[42] „Ostern ist konstitutiver Grund von Christentum und Christologie."[43] Ostern hat für Wenz eine eigenständige, ja gegenständliche Valenz: „Das Ostereignis hat […] als das ursprüngliche und endgültige Offenbarungsgeschehen sowie als Inbegriff des Heilsmysteriums zu gelten, welches Prinzip und Wesen von Christentum und christlicher Theologie ausmacht."[44] Im Ostergeschehen erschließt sich eben *Gott* dem Menschen – und nicht nur der Glaube sich selbst, wie Wenz explizit betont.[45]

Entsprechend will Wenz diese *theologische* Oster-Perspektive in der „historischen Analyse präsent […] halten", damit „der österliche Skopus in seiner Bedeutung für Gehalt und Gestalt christlicher Jesusüberlieferung im Blick bleibt".[46] Die Interpretationsperspektive hat sich hier also offensichtlich verschränkt: Nur durch Einbeziehung der österlichen Perspektive bekommt man den historischen Gegenstand theologisch angemessen in den Blick. Es wird eben „nach christlichem Urteil das Wesen der Existenz des irdischen Jesus verkannt, wo dieser ausschließlich als historische Vergangenheitsgestalt in Betracht kommt, deren Leben im Tode endete, um defini-

---

42 Gunther Wenz, *Christus. Jesus und die Anfänge der Christologie* (Studium Systematische Theologie, Bd. 5), Göttingen 2011, 27.
43 *A.a.O.*, 29.
44 *A.a.O.*, 29 f.
45 Vgl. *a.a.O.*, 30.
46 *A.a.O.*, 31. Eine untheologische Perspektive darauf wäre „dem geschichtlichen Gegenstand evidentermaßen unangemessen" (*ebd.*).

tiv einem Gewesenen anheim zu fallen".[47] Wenz folgt damit der Einsicht *Karl Barths* aus KD IV/2: „Kein Standort der neutestamentlichen Überlieferung und dann auch Jesus selbst gegenüber, der unter Abstraktion von seiner Auferstehung gewonnen wäre [...]! Diese ‚Neutralität' ist, wenn es um die Auslegung des neutestamentlichen Jesuszeugnisses als des Zeugnisses vom nahe herbeigekommenen Reiche Gottes gehen soll, illegitim."[48]

Wenz betont ausdrücklich, dass es für das österliche Glaubensereignis einen offenbaren Grund gibt.[49] Entsprechend schärft er gegen Positionen wie die in Abschnitt 1 dargestellten ein: „Würde das vorausgesetzte Oster-geschehen nur als eine vom Osterglauben gesetzte Voraussetzung gelten, dann wäre dieser grundlos und dazu verurteilt, in haltlosen Selbstbegrün-dungsversuchen zu vergehen."[50] Die „Gegenständlichkeit" des Auferstande-nen ist kein „Reflexionsurteil" des Glaubens, sondern kann nur durch „ein Realitätsurteil"[51] erfasst werden.

Gleichzeitig gesteht Wenz, und darin unterscheidet er sich von Karl Barth, der rein historischen, von Ostern absehenden Perspektive ihr *relatives* Recht zu. Methodisch differenziert er deshalb zwischen einem „his-torischen Jesus", bei dem vom kerygmatischen Christus ganz abgesehen wird, und einem „irdischen Jesus", der *vom* kerygmatischen Christus *her* erinnert wird; die inhaltliche Bestimmung beider sei zwar dieselbe; aber das *Verständnis* dieses Inhaltes sei jeweils unterschiedlich.[52] Das Leben Jesu ist eben ein „empirisches Datum in Raum und Zeit". Damit aber gibt es „ein Moment der Selbigkeit zwischen glaubenslosem, ja ungläubigem und gläu-bigem Wissen".[53]

Karl Barth hingegen will auf Jesus *gar nicht* ohne Kerygma und ohne Glauben schauen. Es dürfe „zwischen einem vorösterlichen und einem nachösterlichen Bild dieses Menschen im Neuen Testament praktisch nicht unterschieden werden". Denn „dieser Mensch – ein Mensch in seiner Zeit wie alle anderen – [war] nun doch *nicht so* gekommen und wieder gegangen

---

47 *A.a.O.*, 77. Vgl. *a.a.O.*, 124: „[...] der wirkliche Jesus [ist] nach evangelischem Zeugnis nachgerade derjenige [...], der sich an Ostern von sich aus lebendig in Erinnerung bringt, um in der Kraft des göttlichen Geistes selbst als Subjekt seines Gedächtnisses zu fungie-ren."

48 Karl Barth, *KD IV/2*, 275.

49 Vgl. Wenz, *Christus* (Anm. 42), 37.

50 *A.a.O.*, 37.

51 *A.a.O.*, 50.

52 Vgl. *a.a.O.*, 74. 77.

53 *A.a.O.*, 77.

[…] *wie alle andern* Menschen in ihrer Zeit."[54] Er ist der königliche Mensch. Barths Sicht auf den historischen Jesus ist eben bestimmt davon, dass Jesus Christus „als [!] der Sohn Gottes auch […] der Mensch *Jesus von Nazareth*"[55] ist. Seine Menschlichkeit ist von Gottes Göttlichkeit nicht zu trennen.

Doch zurück zu Wenz. Der Unterschied zwischen glaubendem und nichtglaubendem Wissen besteht nach Wenz darin, „dass der Glaube die Zweideutigkeit bloßer Kenntnisnahme eindeutig erkennt, wohingegen der Unglaube ihre Ambivalenz missachtet und eben dadurch geneigt ist, ihre Bedeutung zu verkennen."[56] Aus historischer Perspektive bleibt eben unklar, ob der so beschriebene Mensch als Christus zu bekennen ist. Diese Zweideutigkeit löst erst das christliche Osterzeugnis auf.[57] „Jesus wäre nicht, was er ist, ohne Ostern."[58] Denn „Ostern transformiert die Jesusüberlieferung auf fundamentale Weise und gibt ihr eine Gestalt, die sie ohne das Auferweckungs- und Auferstehungsereignis nicht hätte".[59] Ostern fügt keine neuen Inhalte hinzu, aber es erschließt die Geschichte Jesu „als vollendet und ein für alle Mal gültig".[60]

Umgekehrt gilt für Wenz aber auch: „Ohne Berücksichtigung der Worte und Taten des irdischen Jesus und namentlich seiner Kreuzigung kann von Ostern nicht sinnvoll die Rede sein".[61] „Urdatum von Christentum und Christologie ist Ostern nicht ohne Jesus."[62] Insofern gilt insgesamt: „Das Osterereignis ist die Erfüllung des Jesusgeschehens, das seine implizite Voraussetzung bildet."[63] Aber Ostern führt nicht zu einer Fortsetzung dessen,

---

54 Karl Barth, *KD IV/2*, 178.

55 *A.a.O.*, 173.

56 Wenz, *Christus* (Anm. 42), 78.

57 Vgl. *a.a.O.*, 43. Vgl. *a.a.O.*, 67: „Das Ostergeschehen ist Basis und Inbegriff aller Sinndeutungen des Lebens und Sterbens Jesu."

58 *A.a.O.*, 68. Erst von hier aus will Wenz die Inkarnation bedenken, denn Ostern, nicht primär die Geburt Jesu ist „konstitutiv für die personale Einheit Gottes und des Menschen in Jesus Christus" (*a.a.O.*, 68). Das Osterereignis nötigt aber dazu, „die menschliche Wirklichkeit des Personseins Jesu in ihrer irdischen Verlaufsgeschichte als personal identisch mit der sich in Jesu Zeitlichkeit entäußernden Wirklichkeit des ewigen Sohnes Gottes zu begreifen und zwar so zu begreifen, dass die Hingabe Jesu an seinen göttlichen Vater […] als die manifeste Entsprechung der Selbstentäußerung des Logos als des ewigen Sohnes des Vaters zutage tritt." (*A.a.O.*, 68).

59 *A.a.O.*, 53.

60 *A.a.O.*, 54.

61 *A.a.O.*, 49.

62 *A.a.O.*, 43.

63 *A.a.O.*, 65.

was mit Jesus begann, im Sinne von „Die ‚Sache Jesu' geht weiter".[64] Vielmehr geht es an Ostern um die „alles bestimmende[…] Wirklichkeit Gottes", die nicht durch die „vom Prinzip analoger Vergleichbarkeit beherrschte
historische Erkenntnis"[65] allein erfasst werden kann. Deshalb hat auch die
historische Erkenntnis in der Christologie nicht das letzte Wort und kann
Jesus von Ostern her nur in der Erkenntnis des Glaubens erschlossen werden. Weil aber vom kerygmatischen Christus her bleibend der irdische Jesus
erinnert wird, der inhaltlich mit dem historischen Jesus identisch ist, ist die
historische Erforschung Jesu für Wenz unersetzlich.[66]

Allerdings, und das sei nun doch noch kritisch angemerkt, bekommt
man bei Wenz in der Durchführung seiner Überlegungen den Eindruck,
am irdischen Jesus interessiere eigentlich nur dessen Kreuz.[67] Der irdische
Jesus kommt allenfalls noch mit seiner Botschaft vom nahen Gottesreich
zum Vorschein, einer Botschaft, die sich in Jesu Kreuz und Auferstehung
realisiert habe.[68] „Die historische Geschichte Jesu ist Prolog seiner Passionsgeschichte und kann über diese hinaus nicht ungebrochen fortgeschrieben
und kontinuierlich prologiert werden. Doch integriert die österliche Akti-
onsgeschichte Gottes die Geschichte Jesu und seiner Passion dergestalt, dass
der Ewigkeitssinn der jesuanischen Historie an dieser selbst zutage tritt."[69]
So wird auch bei Wenz die Weite des historischen Jesus nicht rezipiert.

3. Aktuelle Jesusbilder als Ausdruck gelebter Religiosität

Auch *Arnulf von Scheliha* geht von der nüchternen Diagnose aus, dass die
gegenwärtige systematische Theologie „[w]eitgehend unberührt von dem
breiten Interesse am historischen Jesus" arbeitet. Er beklagt, es würden „die
kirchlichen Lehrformeln zwar vorsichtig modernisiert, aber im Ergebnis re-
produziert. […] Man hat den Eindruck: Der Gong zur ‚dritten Runde' ist

---

64 A.a.O., 49 mit Bezug auf Willi Marxsen, *Die Auferstehung Jesu als historisches und als
    theologisches Problem*, Gütersloh 1964, 29.
65 Wenz, *Christus* (Anm. 42), 50.
66 Vgl. *a.a.O.*, 54.
67 Vgl. *a.a.O.*, 52.
68 Vgl. *a.a.O.*, 52.
69 A.a.O., 67.

für die Systematische Theologie noch nicht erklungen."[70] Von Scheliha will selbst anders verfahren.

Entsprechend beschreibt auch von Scheliha zunächst die „third quest" und ihre religiös affirmativen Aspekte. Er versucht nun aber nicht, von den dort vorgetragenen, verschiedenartigen Jesusbildern her einen irgendwie gearteten dogmatischen Christus plausibel zu machen. Vielmehr ist sein Verfahren umgekehrt und einer religionsphilosophischen systematischen Theologie verpflichtet. *Religionsphilosophische* Konzepte lassen sich, so seine These, im historischen Jesusbild anschaulich machen. Für das „christliche[...] Sinngefüge[...]" sei es entscheidend, „daß dessen zentrale Idee nicht nur ein gedankliches Konstrukt ist, sondern historisch angeschaut und an einem historisch verantworteten Bild Jesu ‚verifiziert' werden kann. [...] Das besondere Gottesverhältnis Jesu steht dabei für dasjenige historische Datum, das die ‚garstigen breiten Gräben' (Lessing) zwischen Vergangenheit und Gegenwart oder zwischen religionsphilosophischer Strukturtheorie und gelebter Religion überbrückt."[71]

Von Scheliha reflektiert deshalb, mit Hegel, die „Funktion" von Religion. Diese bestehe darin, „einem Volk die Definition dessen zu geben, was es für das Wahre hält".[72] Entsprechend zeige sich in den religiösen Aspekten der historischen Jesus-Bilder ein allgemeines, „sich religiös artikulierende[s ...] Wahrheitsbewußtsein [...], um dessen Begriff es der Dogmatik zu tun ist".[73] Anders gesagt: An den Jesusbildern zeigt sich nicht nur subjektive Projektion, sondern das religiöse Wahrheitsbewusstsein der jeweiligen Zeit. Dieses müsse Dogmatik auf den Begriff bringen.

Was ist die Aufgabe der Dogmatik nach Scheliha? Dogmatik ist, mit Schleiermacher, eine historische Wissenschaft, die die Lehre zusammenhängend darstellt, „wie sie zu einer gegebenen Zeit, sei es nun in der Kirche im Allgemeinen, wann nämlich keine Trennung obwaltet, sonst aber in einer einzelnen Kirchenparthei geltend ist".[74] Über Schleiermacher hinausgehend will von Scheliha aber den „kirchlichen Bezugsrahmen" der Dogmatik

---

70 Arnulf von Scheliha, Kyniker, Prophet, Revolutionär oder Sohn Gottes? Die ‚dritte Runde' der Frage nach dem historischen Jesus und ihre christologische Bedeutung, in: *ZNT* 2, H. 4 (1999), 22.

71 *A.a.O.*, 28.

72 *A.a.O.*, 27.

73 *A.a.O.*, 27.

74 Friedrich Schleiermacher, *Kurze Darstellung des theologischen Studiums zum Behuf einleitender Vorlesungen*, hg. v. Dirk Schmid, Berlin / New York 2002, § 97, S. 177.

entschränken, so dass Dogmatik eine „Theorie der Religion in der modernen Gesellschaft"[75] wird. Entsprechend ist die *Vielfalt* der gegenwärtigen Jesusbilder als Ausdruck der Religiosität der gegenwärtigen Gesellschaft zu verstehen. In den aktuellen Jesusbildern der „third quest" zeigt sich die aktuell gelebte Religion, die auf den Begriff zu bringen der Dogmatik aufgetragen ist.

Zunächst ist historisch festzuhalten: „Offensichtlich gab es [...] unterschiedliche religiöse Milieus, in denen Jesu Gottesverhältnis milieuspezifisch rezipiert werden konnte."[76] Es bestand offenbar bereits bei den ersten Christen eine große Varianz, Jesu Gottesverhältnis zu interpretieren. Von hier aus kritisiert von Scheliha weiter die kirchliche Entwicklung des christologischen Dogmas. Die kirchliche Dogmatik habe nicht eine in Jesu Leben liegende „Tiefengrammatik"[77] expliziert, sondern „die Entwicklung zum kirchlichen Dogma [... sei] kontingent".[78] Entsprechend sei „historisch mit Christologien zu rechnen, die ohne eine *theologia crucis* und ohne eine Auferstehungsvorstellung auskommen".[79]

Aus dieser historischen Pluralität der Jesusbilder folgert von Scheliha für die gegenwärtige Religiosität: „offensichtlich haftet die Bedeutung von Jesu Gottesverhältnis nicht an bestimmten Kontexten, sondern kann in neue, weltanschaulich differente Milieus verschoben, dort entfaltet und angeeignet werden."[80] Es gebe eben durchaus sinnvolle Jesusbilder jenseits des kirchlichen dogmatischen Bestandes. Die weltanschauliche Pluralität des Christentums sei nur zu begrüßen.

4. Der historische Jesus und der mehrfache Weg theologischer Erkenntnissuche

Gegenüber diesem evangelischerseits weit verbreiteten Lob der Pluralität des Christentums meldet die letzte Christologie, die hier betrachtet werden soll, zu Recht Bedenken an. *Michael Welker* will mit seinem Buch „Gottes

---

75 Von Scheliha, *Kyniker* (Anm. 70), 27.

76 A.a.O., 28.

77 Ingolf U. Dalferth, *Der auferweckte Gekreuzigte. Zur Grammatik der Christologie*, Tübingen 1994, 115.

78 Von Scheliha, *Kyniker* (Anm. 70), 29.

79 A.a.O., 29.

80 A.a.O., 29.

Offenbarung. Christologie" von 2012 „einer diffusen Begeisterung für un-
bestimmte ‚Pluralität' und einem ‚anything goes' entgegentreten [...]. Die
Macht des göttlichen Geistes und das Reich des auferstandenen Christus
reichen zwar ungeheuer weit, aber sie sind von einer klar beschreibbaren
Verfassung. [...] nicht [...] jedes selbst gebastelte religiöse Eigenheim [ist]
schon im Reich Gottes gebaut".[81]

Michael Welker gesteht ebenfalls, wie gleich deutlich werden wird, eine
Vielfalt von Jesusbildern zu. Der grundlegende Satz seiner Christologie
lautet aber: „Gott hat sich in Jesus Christus geoffenbart!"[82] Genau dieses
Bekenntnis *unterscheide* Christen von *anderen* religiösen Menschen.[83] Die
Aufgabe der Christologie ist nicht die Erhebung des religiösen Gegenwarts-
befundes, sondern Christologie müsse deutlich machen, wie sich Gott in
Jesus Christus offenbart hat und wie Gott fortfährt, „sich aus diesem irdisch
längst vergangenen Leben heraus [...] zu offenbaren und das Leben der
Menschen zu ergreifen, zu halten, zu retten und zu erheben".[84] Christologie
muss plausibel machen, „wie wir von einer noch heute wirkenden Offenbarung *Gottes* sprechen können, wenn es um ein Menschenleben geht, das vor
fast 2000 Jahren gelebt wurde".[85] Welker folgert für seine eigene Christologie, dass es dafür es eines „pneumatological turn"[86] bedürfe, der dazu befä-
hige, das Leben des historischen Jesus wie das Leben des Auferstandenen
„multikontextuell" wahrzunehmen.[87]

Wie gesagt, setzt sich auch Welker differenziert mit der Entwicklung
der Frage nach dem historischen Jesus auseinander.[88] Er ist der Ansicht,
„historisch-kritische und systematische Denkansätze [müssten] in neuer
Weise verbunden werden [...], wenn nicht nur Fortschritte in historischer,
sondern auch theologischer Erkenntnis erzielt werden sollen".[89] Welker zielt
deshalb auf eine „vierte Frage" nach dem historischen Jesus ab.[90] Diese entfaltet er wie folgt: Jeder Mensch lebe multikontextuell, sowohl synchron als

---

81 Michael Welker, *Gottes Offenbarung. Christologie*, 2., durchges. Aufl., Neukirchen-Vluyn
   2012, 53.
82 *A.a.O.*, 47.
83 Vgl. *a.a.O.*, 47.
84 *A.a.O.*, 51.
85 *A.a.O.*, 235.
86 *A.a.O.*, 51.
87 Vgl. *a.a.O.*, 52 f.
88 Vgl. *a.a.O.*, 62-70.
89 *A.a.O.*, 78.
90 Vgl. *a.a.O.*, 83-90.

auch diachron. Entsprechend müsse man sich und andere Menschen multikontextuell wahrnehmen und sich bewusst sein, dass auch man selbst je
nach Kontext von Anderen anders wahrgenommen werde.[91] Auch *Jesus von
Nazareth* sei in verschiedenen geographischen, soziokulturellen und religiösen Kontexten je anders wahrgenommen worden. Dies gelte für die Menschen, die ihm real begegnet sind: „Gebildete Thorakundige werden anders
auf ihn reagiert haben als Menschen, denen er vor allem durch seine Mit-
menschlichkeit Eindruck machte."[92] Es gelte aber auch für die schriftlichen
Zeugnisse über sein Wirken. Auch sie „privilegieren unterschiedliche Kontexte von Jesu Leben und Wirken."[93] Beide Ebenen der Multikontextualität
stünden in „komplexen Wechselverhältnissen".[94]

Von dieser Einsicht her kritisiert Welker die „third quest". Sie nehme in
ihren einzelnen Entwürfen von Jesusbildern diese Vielfalt gerade nicht wahr
und reduziere jeweils auf ein „monokontextuelle[s] Bild Jesu",[95] z.B. auf den
Jesus der Tischgemeinschaft. Aufgabe der historischen Jesusforschung müsse aber sein, alle Dimensionen von Jesu Multikontextualität darzustellen.
Zu ihnen gehören als dritte Dimension der Rückbezug auf kanonische Traditionen, insbesondere auf die alttestamentlichen Überlieferungen, und als
vierte die bisherige Rezeptionsgeschichte und gegenwärtige weltweite Be-
zugnahmen auf Jesus.[96] Dieser multikontextuelle historische Bezug auf Jesus
sei systematisch-theologisch „unverzichtbar, wenn sich der Glaube nicht
mit Jesusphantasien und frei konstruierten Christusbildern begnügen oder
von ihnen betrügen lassen will."[97]

Gleichwohl erschöpft sich nach Welker der systematisch-theologische
Zugang zu Jesus Christus nicht in diesen multikontextuellen Perspektiven
auf den historischen Jesus. Das entscheidende systematisch-theologische
Problem bestehe nämlich darin, dass man, wenn man Gottes Nähe *in diesem
einen* konkreten historischen Menschen festhalten wolle, den historischen
Abstand zwischen damals und heute gerade nicht so einfach überspringen
könne. Wie Christus dann auch Menschen heute bewege, sei gerade unter

---

91 Vgl. *a.a.O.*, 83.
92 *A.a.O.*, 84.
93 *A.a.O.*, 85.
94 *A.a.O.*, 85.
95 *A.a.O.*, 84. Vgl. *a.a.O.*, 86.
96 Vgl. *a.a.O.*, 86 f.
97 *A.a.O.*, 90.

Betonung des besonderen historischen Moments schwierig zu zeigen.[98] Beides ist nach Welker aber wichtig.

Bemerkenswerterweise wählt Welker nicht den Ausweg, „Gott im menschlichen Selbstbewusstsein zu entdecken",[99] wodurch dann die Brücke von Jesu Selbstbewusstsein zum unsrigen geschlagen werden könne. Denn mit der damit verbundenen Öffnung des Christentums für alle möglichen religiösen Phänomene komme es zu einer „Selbstsäkularisierung des Christentums".[100]

Welker will stattdessen „mehrere Wege der Erkenntnissuche"[101] zugleich begehen. Zu diesen *gehört* die Frage nach dem historischen Jesus. Doch noch nicht diese führt zur Christologie, sondern erst die „Wirklichkeit der Auferstehung".[102] Dabei bewahrt das „Leben des Auferstandenen [...] seine vorösterliche Existenz mit ihrer reichen Ausstrahlung in neuer Gestalt".[103] – Im Unterschied zu Wenz gibt es für Welker also durchaus eine inhaltliche Erweiterung gegenüber dem vorösterlichen Leben Jesu. So wird z.B. „[d]as diakonische Wirken Jesu, seine Botschaft der Liebe, seine gewaltlose Veränderung menschlicher Herrschaftsformen [...] durch ihn und die Seinen nachösterlich fortgesetzt und entfaltet."[104]

Die Auferstehung ihrerseits ist nicht richtig verstanden, wenn sie nicht gesehen wird im Zusammenhang mit dem Erkenntnisweg des Kreuzes, auf das Jesu irdisches Leben als Verstricktsein in die Not der Menschen hinausläuft.[105] Und schließlich folgt aus diesen drei Wegen der Erkenntnisweg der „Hohen Christologie" vom erhöhten Christus und vom Gottsein Jesu Christi.[106] Zu dieser gehört die Ausgießung des Geistes, durch den die Menschen an Jesu Christi königlichem, priesterlichem und prophetischem Amt teilhaben.[107]

Wieder ist Ostern das entscheidende Moment, an dem die Christologie beginnt. Welker ergänzt sie nur durch weitere Elemente („vier Wege"), weil

---

98 Vgl. *a.a.O.*, 236.
99 *A.a.O.*, 236.
100 *A.a.O.*, 237.
101 *A.a.O.*, 238.
102 *A.a.O.*, 239.
103 *A.a.O.*, 239
104 *A.a.O.*, 241.
105 Vgl. *a.a.O.*, 240.
106 Vgl. *a.a.O.*, 240.
107 Vgl. *a.a.O.*, 240. Die genauere Entfaltung der drei Ämter *a.a.O.*, 219-227.

ihm anderes eine Verengung scheint. Aber der Dreh- und Angelpunkt ist, wie bei Wenz und Barth auch, Ostern. –

Nun scheint Ostern dem gegenwärtigen Problembewusstsein kaum noch vermittelbar. In Theologie und Kirche begegnet oft eher Verlegenheit, wenn es um die Auferstehung Jesu Christi geht. Die Auferstehung Jesu Christi[108] wird entweder, Bultmann folgend, als Mythos verstanden, der eine innere Veränderung im Glauben der Jünger in einer mythologischen Figur veranschaulicht. Oder sie gilt als Metapher für den „Sieg der Hoffnung über den Augenschein",[109] ist Ausdruck dessen, dass nach jedem Winter ein Frühling kommt oder nach jeder Nacht ein Tag. Diesen Kreislauf des Lebens gibt es natürlich. Aber zu seiner Symbolisierung reicht ein Frühlingsstrauß oder ein Morgenlied. Eine Osterbotschaft braucht es dazu nicht.

Gehen wir auf die Beschreibung, die Auferstehung sei ein Mythos, zurück, so ist der Einsicht Rechnung zu tragen, dass christliche Theologie ohne einen, wenn ich so sagen darf, „gewissen mythologischen Rest" nicht zu haben ist. Das ist selbst Rudolf Bultmann klar gewesen. Für ihn war die Entstehung des Glaubens der Jünger an die Heilsbedeutung des Kreuzes „Tat Gottes".[110] Bultmann diagnostizierte: Mit dieser Rede bleibe in gewissem Sinne ein *„mythologischer* Rest".[111] Ohne einen solchen „mythologischen Rest" würde man aber auf die Kategorie von „Gottes […] entscheidende[m …] eschatologischen Tun"[112] verzichten müssen und damit auf den Gedanken eines Heilshandelns Gottes in dieser Welt.[113] Das heißt: Aus christlicher Sicht

---

108 Vgl. zum Folgenden bereits Christiane Tietz, *Barmen III: Die Kirche als Gemeinde von Brüdern und Schwestern*, in: Magdalene L. Frettlöh / Frank Mathwig / Matthias Zeindler (Hg.), *„Gottes kräftiger Anspruch". Die Barmer Theologische Erklärung als reformierter Schlüsseltext* (reformiert! Bd. 2,) Zürich 2015 (im Druck).

109 http://www.bayern-evangelisch.de/www/download/wort-zum-feiertag-2009.pdf (Zugriff am 20.1.12).

110 Rudolf Bultmann, *Neues Testament und Mythologie. Das Problem der Entmythologisierung der neutestamentlichen Verkündigung*, Nachdruck der 1941 erschienenen Fassung hg. von Eberhard Jüngel (Beiträge zur evangelischen Theologie 96), München ³1988, 62.

111 *A.a.O.*, 63. Diese Mythologie sei aber „nicht mehr Mythologie im alten Sinne", „nicht ein mirakelhaftes, supranaturales Geschehen, sondern […] geschichtliches Geschehen in Raum und Zeit"; es gehe um die „Paradoxie […], daß Gottes eschatologischer Gesandter ein konkreter historischer Mensch ist, daß Gottes eschatologisches Handeln sich in einem Menschenschicksal vollzieht, daß es also ein Geschehen ist, das sich als eschatologisches nicht weltlich ausweisen kann" (*a.a.O.*, 63 f.).

112 *A.a.O.*, 63.

113 Wenn sich in Jesus Christus in keiner Weise Handeln Gottes ereignet (wie auch immer das zu denken ist; und wenn es nur Gottes Identifikation nach seinem Tod mit ihm ist,

bleibt immer ein „mythologischer Rest", die Frage ist nur, wie viel „mythologischen Rest" man für nötig hält.

Für Karl Barth war Ostern ein geschichtliches Ereignis, auch wenn man es mit historischen Mitteln nicht erweisen kann: „Kann sich nicht auch *solche* Geschichte wirklich ereignet haben, und kann es nicht eine legitime Anerkennung auch *solcher* Geschichte geben, die ‚historisches Faktum' zu nennen man schon aus Gründen des guten Geschmacks unterlassen wird, die der ‚Historiker' im modernen Sinn des Begriffs gut und gerne ‚Sage' oder ‚Legende' nennen mag, weil sie sich den Mitteln und Methoden samt den stillschweigenden Voraussetzungen dieses Historikers in der Tat entzieht?"[114]

Mit dieser geschichtstheoretischen Frage einher geht die Frage, wie man die Offenbarung Gottes in Jesus Christus versteht. Ist sie, mit Christian Danz gesprochen, eine religiöse Reflexionskategorie, mit der „der Glaubensakt sich selbst als ein unableitbares Geschehen sowie sein Wissen um seine Unableitbarkeit"[115] beschreibt? Oder muss daran festgehalten werden, dass Gott sich in Jesus *selbst* offenbart? Welker versucht in seiner Verbindung von vier Wegen, bei denen die Auferstehung die Christologie eröffnet, eine Annäherung an den Grundsatz Barthscher Theologie: „Jesus Christus kann uns darum den Vater offenbaren und uns mit dem Vater versöhnen, weil er sich offenbart als der, der er *ist*. Er wird nicht erst Gottes Sohn oder Wort im Ereignis der Offenbarung. [...] [D]er Satz von der Gottheit Christi ist nicht als abgeleiteter, sondern als *Grund*satz zu verstehen. [...] *Aber nicht die Offenbarung und Versöhnung schafft seine Gottheit, sondern seine Gottheit schafft die Offenbarung und Versöhnung.*"[116]

---

die sich dem Herzen der Jünger erschließt), dann bleibt nur der deistische Gott – oder der Mensch ganz allein mit sich.

114 Karl Barth, Die Interpretation der Auferstehung durch R. Bultmann, in: Bertold Klappert (Hg.), *Diskussion um Kreuz und Auferstehung. Zur gegenwärtigen Auseinandersetzung in Theologie und Gemeinde*, Wuppertal 1967, 110.

115 Danz, *Christologie* (Anm. 8), 211.

116 Karl Barth, *KD I/1*, 435 ff.

5. Schrifthermeneutik

Noch einige abschließende Bemerkungen. Die vorgestellten Ansätze von
Danz und von Scheliha unterscheiden sich vom Zugang Karl Barths durch
eine andere Schrifthermeneutik. Danz und von Scheliha betrachten die biblischen Texte von außen und reduzieren die religiöse Dimension der Texte
auf einige allgemeine, heute akzeptabel scheinende religionsphilosophische
Figuren. Der Gegenstand des Glaubens wird bei ihnen dabei – idealistisch –
in das Glaubensbewusstsein hinein aufgelöst.

Barth hingegen stellt sich auf die Seite der Texte, die von Ostern herkommen. Welker und Wenz, auch wenn sie den vorösterlichen Zugängen
in gewissem Rahmen Legitimität verschaffen, folgen seinem Ansatz im
Grundsatz. Barth konzentriert sich ganz auf die von Ostern her gemachten
ontologischen Aussagen der Texte. Er spricht über „[d]en Gottessohn, der
als solcher auch der *Menschen*sohn war [!]", und über „den Erniedrigte[n],
der als solcher der *Erhöhte* [...] war [!]".[117] Das klingt nach einem naiven
Ontologismus, wird von Barth aber sofort aufgefangen durch die Hinzu-
fügung: „So hat ihn die Gemeinde, in der das Neue Testament entstanden
ist, gesehen".[118] Barth weiß also – gut kantianisch –, dass wir zu den Dingen
nur durch unsere Erkenntnis hindurch („gesehen") Zugang haben, nicht an
sich. Aber diese Erkenntnis wird nicht als produktives Deuten, sondern als
wahrnehmendes, rezipierendes Sehen begriffen.

Barth stellt sich im Umgang mit den biblischen Texten ausdrücklich in
eine Linie mit der Gemeinde: „So hat ihn die Gemeinde, in der das Neue
Testament entstanden ist, gesehen, so haben wir ihn nun unsererseits zu sehen versucht: nach besten Wissen und Gewissen von dem Standort aus, von
dem aus ihn das Neue Testament gesehen hat. [...] Wir haben ihnen darin
schlicht Folge geleistet."[119] Barth orientiert sich also an dem, wie die Texte
Jesus dargestellt haben, was ihr Anliegen war, als sie von Jesus sprachen. Das
nimmt er ernst.[120] Darin stellt er sich in die Gemeinde hinein. Und darin ist
seine Dogmatik *kirchliche* Dogmatik.

---

117 Karl Barth, *KD IV/2*, 274.
118 *A.a.O.*, 274.
119 *A.a.O.*, 274 f.
120 Vgl. *a.a.O.*, 278 f.

Peter Zocher

„Hier hat man das erfreuliche Gefühl, *nötig* zu sein."

Der neue Pfarrer Karl Barth und die Gemeinde Safenwil im Jahre 1911

Die zehn Jahre zwischen seinem 26. und 36. Lebensjahr, die Karl Barth als Pfarrer in der aargauischen Gemeinde Safenwil verbrachte, sind nicht nur persönlich und familiär, sondern auch beruflich und theologisch für ihn außerordentlich prägende Jahre gewesen. Dennoch fristet Barths Tätigkeit als Pfarrer, was die Aufmerksamkeit der Forschung angeht, eher ein Schattendasein, und wenn sie doch einmal eine Rolle spielt, dann in der Regel als allenfalls schwach ausgeleuchteter Hintergrund der großen gesellschaftlichen und politischen Umbrüche und ihrer Aufnahme durch Barth sowie der daraus resultierenden radikalen Neuausrichtung seines theologischen Denkens. Safenwil erscheint als der Ort, wo Barth sein soziales Gewissen anhand der Zustände der Textilarbeiterschaft und im bis tief in die Gemeindearbeit hineinreichenden Konflikt mit den Industriellen vor Ort schärfte und seine dann lebenslange Sympathie für eine sozialistische bzw. sozialdemokratische Politik erstmals und umfangreich in die Praxis umsetzte. Und Safenwil ist die Gemeinde, die den Paradigmenwechsel im theologischen Denken Barths aus erster Hand und sehr intensiv mitbekam – Barth predigte dort insgesamt ca. 500 Mal – und die ausweislich des Gottesdienstbesuchs und Barths eigener Klage über die mangelnde Wirksamkeit seiner Predigten und den Anstoß, den er damit erregte, weitgehend mit Unverstand reagierte.

Diese auf ihre Art ‚Problem-orientierte' Darstellung der Safenwiler Gemeinde und ihres Verhältnisses zu ihrem Pfarrer Karl Barth hat in übergreifenden biographischen und theologiehistorischen Darstellungen sicher ihr Recht. Trotzdem bedarf sie einer gewissen Korrektur, was die Anfänge und die durchaus hoffnungsvollen (Neu-) Ansätze von Barths Arbeit in Sa-

fenwil angeht. Im Folgenden sollen zu diesem Zweck vor allem zwei Briefe
Barths aus dem Herbst 1911 herangezogen werden, in denen er nach einem
Vierteljahr seine neue Situation als Gemeindepfarrer reflektiert und – in
Form, Inhalt und Stil an die unterschiedlichen Adressaten angepasst – auf
jeweils eine Auswahl seiner Aktivitäten näher eingeht. Es handelt sich um
die beiden Briefe an seinen Vater Fritz Barth vom 21. September 1911 und
an seinen Studien- und Verbindungsfreund Fritz Zulauf (1885–1965) vom
22. Oktober 1911.[1]

Die folgenden Ausführungen verstehen sich auch als eine späte Ergänzung der nach wie vor einschlägigen Studie Friedrich-Wilhelm Marquardts
über den „Aktuar" Karl Barth,[2] in der die Gemeindearbeit Barths anhand
seiner Protokolle der Kirchpflege-Sitzungen, also einer ‚offizielleren' Quelle
aus der Feder Barths, nachgezeichnet wird. Aufgrund der von Marquardt
verwendeten Quelle – in der zweiten Jahreshälfte 1911 hat es gerade einmal
drei solcher Sitzungen gegeben, am 27. Juli, am 5. November und am 29.
Dezember – werden aber auch dort die ersten Monate von Barths Tätigkeit
nur kurz behandelt, und der Fokus liegt auf den bald danach aufkommen-
den und dann anhaltenden Auseinandersetzungen um Barths umstrittenes
Engagement in sozialen und politischen Fragen und seine Predigtweise. Aus
einem kleinen Konvolut von Briefen Barths an Fritz Zulauf, das Friedrich-
Wilhelm Marquardt aus ihm nicht mehr erinnerlicher Hand überlassen
worden war und das seinem Wunsch gemäß nach seinem Tode an das Karl
Barth-Archiv übergeben wurde, stammt auch der hier zugrunde gelegte
Brief an Zulauf.

Zugleich soll darauf hingewiesen sein, dass mit der für dieses Jahr vorge-
sehenen Edition des Bandes *Predigten 1911* im Rahmen der *Karl Barth-Ge-
samtausgabe*, in dem sämtliche der hier angeführten Predigttexte zu finden
sein werden, eine weitere Lücke an veröffentlichten Quellen aus der Früh-

---

1 KBA 9211.90 bzw. KBA 9211.123; aus diesen beiden Briefen stammen im Folgenden alle
   Zitate ohne eigenen Herkunftsnachweis; welche Zitate welchem der beiden Briefe zuzu-
   ordnen sind, geht aus dem Kontext eindeutig hervor.
2 Friedrich-Wilhelm Marquardt, *Der Aktuar. Aus Barths Pfarramt*, in: *Einwürfe*, Bd. 3: *Karl
   Barth: Der Störenfried?*, München 1986, S. 93–139. In der Schwerpunktsetzung ähnlich:
   Hinrich Stoevesandt, *Der unbequeme Pfarrer von Safenwil*, in: Eberhard Busch / ders., *Der
   Zug am Glockenseil. Vom Weg und Wirken Karl Barths*, Zürich 1982, S. 11–35.

zeit des Barthschen Wirkens geschlossen wird.[3] Aus dem Umfeld der Arbeit an diesem Band entstammt die Idee zu diesem kleinen Beitrag.

1. Die neue Gemeinde in den Augen Barths

Eine ausführlichere allgemeine Schilderung der Safenwiler Gemeinde und ihrer Besonderheiten verdanken wir dem Brief an Fritz Zulauf, und man merkt den Zeilen an, dass Barth offensichtlich mit dem Vorurteil seines Freundes rechnete, er als ‚Stadtmensch' könne sich in einer Gemeinde wie Safenwil gar nicht wohlfühlen:

> „Willst du etwas hören von meinem Landpfarrerleben? Du siehst misstrauisch drein: Sprenzel[4] als Landpfarrer! Hö, ich bin's aber doch, und sogar ein recht vergnügter! Es macht mir sogar wesentlich mehr Freude als in Genf, hier zu arbeiten. Die Safenwiler sind zur Hälfte Bauern, zur Hälfte Arbeiter. Drei Fabriken strecken ihre unästhetischen Schlöte in die sonst schöne Landschaft. Die Kirche ist geradezu abscheulich, vor 50 Jahren gebaut, in einer Zeit, wo der gute Geschmack begraben war.[5] Das beiläufig. O Fäger[6], die Aargauer sind ein sympathisches Volk. Sie sind für Bauern so *lebhaft* und aufgeweckt, man ist auf dem Land und doch nicht abseits von der Welt. Kulturkanton heißen wir bekanntlich.[7] Warum nicht? Kultur ist etwas Schönes. Und so mach ich dann

---

3 Karl Barth, *Predigten 1911*, hrsg. von Beate und Eberhard Busch (*GA I*), Zürich 2015 [erscheint im Herbst].

4 Verbindungs-Vulgo Karl Barths.

5 Diese Einschätzung – allenfalls etwas weniger drastisch formuliert – vertrat Barth auch öffentlich; in der Predigt vom 17. Dezember 1911 über Mt. 11,2–6 etwa hieß es: „Unser Geschlecht hat weiter bessre Augen bekommen für das, was *Schönheit* ist. Das hängt mit dem ersten zusammen: was für uns schön sein soll, das muss aufrichtig, das muss natürlich sein. Die Schönheit, die unsre Maler sahen, ist nicht eine gemachte Schönheit, sondern die Schönheit des wirklichen Lebens. Wenn ihr unsre Kirche und unser Schulhaus miteinander vergleicht, so habt ihr ein Bild der veränderten Empfindungsweise. Ich hoffe, ihr habt auch das Gefühl, dass die Veränderung ein Fortschritt war." Das 1910 fertiggestellte neue Schulhaus von Safenwil weist eine dem Heimatstil verpflichtete Architektur auf.

6 Verbindungs-Vulgo Fritz Zulaufs.

7 Die vielfältigen Tätigkeiten der 1811 gegründeten Aargauer „Gesellschaft für Vaterländische Kultur" (überwiegend nur als „Kulturgesellschaft" bezeichnet) brachten dem Aargau die bis heute teils bewundernd, teils spöttisch gebrauchte Bezeichnung „Kulturkanton" ein; vgl. Karl Barth, *Vorträge und kleinere Arbeiten 1909–1914*, in Verbindung mit Herbert Helms und Friedrich-Wilhelm Marquardt hg. von Hans-Anton Drewes / Hinrich Stoevesandt (*GA III*), Zürich 1993, S. 717f., Anm. 1.

eben mit bei deren Kulturstreben (‚Geischtesleben' nennt es der Präsident der
hiesigen Sozialdemokraten!), natürlich auf meine Weise. Man braucht hier den
Pfarrer für Alles und Jedes."

Auch seinem Vater gegenüber, dem er die Gemeinde nicht mehr vor-
zustellen brauchte (Fritz Barth hatte seinen Sohn am 9. Juli 1911 dort mit
einer Predigt über 2.Kor. 4,1f. ins Amt eingeführt[8]), schilderte Barth seine
Auf- und Annahme in Safenwil beinahe euphorisch:

> „Es fällt mir auf, wie ganz anders man hier als Pfarrer *mitten* im Volkesleben
> drinsteht, nolens volens, als z. B. in Genf. Das Staatskirchentum hat doch auch
> sein Gutes. Man kann hier als Pfarrer einfach Alles werden und machen, die
> Leute finden es ziemlich selbstverständlich, dass man eben überall dabei und
> an der Spitze ist, wo es sich um die ‚Kultur' handelt. Mir ist diese Situation ganz
> erwünscht, lieber als die an andern Orten, wo man mit seinen ‚christlichen'
> Bestrebungen so nebenab steht und froh sein muss, wenn die Leute etwas von
> Einem wollen. Hier hat man das erfreuliche Gefühl, *nötig* zu sein. Ich glaube
> nicht, dass ein Unterschied besteht zwischen der ‚eigentlichen' Tätigkeit in Pre-
> digt etc. und diesen uneigentlichen ‚Kultur'-Tätigkeiten. Die Leute scheinen
> doch zu verstehen, dass Beides zusammengehört, wenn sie es auch oft etwas
> roh ausdrücken [...]. Die 500 Leute, die wir beim letzten Waldgottesdienst hat-
> ten, sind doch kein schlechtes Zeugnis für die Gesinnung der Aargauer [...]."

Der zuletzt erwähnte ‚Erfolg' der nicht auf seine Initiative zurückgehen-
den, sondern ihm von der Kirchenpflege vorgeschlagenen Waldgottesdienste[9] veranlasste Barth, für den 24. September einen weiteren solchen Gottesdienst anzusetzen, diesmal in Kombination mit Vorträgen zum Thema
„Bildung", und er kommentierte dies im Brief an seinen Vater in der ihm
eigenen Weise:

> „Wir reden diesmal über das Thema Bildung (Verstandesbildung, Charak-
> terbildung, Herzensbildung). Redner: ich, Kleinchen[10] (!), Pfr. Schild[11] aus
> Uerkheim. Kleinchen war zuerst sehr widerhaarig, als ich ihm das zumutete,
> er verstand dann aber, dass es ganz unsozial wäre, mit leeren Händen und ge-
> schlossenem Mund unter das aargauer Volk zu kommen. [...] Das hat er dann
> nun eingesehen und wird also am Sonntag als Redner über Charakterbildung

---

8 Vgl. Eberhard Busch, *Karl Barths Lebenslauf: nach seinen Briefen und autobiographischen
   Texten*, München ⁴1986, S. 72.
9 Die bisherigen Waldgottesdienste hatten am 6. und 20. August stattgefunden; vgl. Marquardt (Anm. 2), S. 97.
10 Heinrich Barth.
11 Paul Schild (1884–1966), seit 1907 bis 1930 Pfarrer im Safenwil benachbarten Uerkheim.

auftreten. Dazu gibt's Blasmusik und Gesänge der beiden Männerchöre von Safenwil und Uerkheim. Ist das nicht ein ‚reges kirchliches Leben‘, wie man in Bern sagen würde?“[12]

Während in beiden Briefen Hinweise auf die in Safenwil vorhandene pietistische Strömung noch fehlen, wird dem in dieser Hinsicht offenbar interessierten Fritz Zulauf vom besonderen Verhältnis zu „unserem Safenwiler Mystiker“ berichtet, einem „Absenter der bernischen Hansulianer[13]“: „Ich verstehe mich [...] gut mit ihm, weil ich den Tersteegen auch wertschätze.“ Noch wichtiger – oder vielleicht spektakulärer – erscheint aber das gute Verhältnis zum ökumenischen Nachbarn Arnold Grolimund (1866–1940), dem katholischen Pfarrer der solothurnischen Gemeinde Walterswil-Rothacker:

> „Und wie würdest du erst glücklich sein über die Nachbarschaft eines lebendigen katholischen Pfarrers! (ich grenze nämlich ans Solothurnische) Mit dem komme ich sehr oft zusammen, er war schon drei Mal bei mir zum Nachtessen, und wir unterhalten uns ausgezeichnet, obschon fast immer polemisch. Das System von Kant ist nach ihm für di dumme Lüt gut genug. Da haben wir's. Er ist strenger Anhänger der jetzigen *scharfen* Richtung im Katholizismus, sagte mir aber letzthin, er verfahre fortiter in re, suaviter in modo, und darum könne er bei mir das Nachtessen einnehmen!! So verschönern wir einander öfters das Zölibatsleben und geben unsern Gemeinden ein schönes Vorbild konfessionellen Friedens. O das sind Freuden, von denen ich in Genf keine Ahnung hatte.“

Das hier mit dem Hinweis auf das „Zölibatsleben“ angedeutete Alleinsein im Pfarrhaus machte Barth aber wohl doch zu schaffen. Nelly Hoffmann, mit der er seit dem 16. Mai 1911 verlobt war und die im Sommer bei seiner Einführung zugegen und auch anschließend noch einige Zeit in Safenwil war, lebte bis zur Hochzeit im März 1913 weiterhin bei ihrer Mutter und war 1912 für mehrere Monate als Hauslehrerin in England.[14] Und so folgt im Brief an Zulauf der Hinweis: „Ich habe geräumige Gastzimmer und

---

12 Unklar ist, ob die Veranstaltung so zustande gekommen ist. Auf einer Karte an Fritz Barth vom 23.9.1911 heißt es nämlich: „Das Wetter droht uns leider, den Waldgottesdienst unmöglich zu machen [...]“ (KBA 9211.82), und die Predigt vom 24. September über Mt. 6,12 lässt keinen Bezug zu einem besonderen Ort des Gottesdienstes erkennen. Der Text des Vortrags von Barth oder Vorarbeiten dazu sind nicht erhalten.

13 Mystisch geprägte, in den 1830er Jahren gegründete Gemeinschaft der Tannenthalbrüder, nach ihrem Gründer Johannes Ulrich Liechti auch Hansulianer genannt.

14 Vgl. Busch (Anm. 8), S. 83.

empfehle mich als Kurort für ermüdete Gebirgspfarrerfamilien![15] [...] Aber allen Ernstes: kommt doch einmal. Gerade jetzt, wo ich noch einspurig lebe, habe ich Freude, wenn man mich besucht. Ja, Faeger, das hast du nun nicht so erlebt wie ich, das *einsame* Pfarrerleben. Ich werde noch genug bekommen davon, bis ich meine wesentlich bessere Hälfte endgiltig kriege." Aus Barths Terminkalender geht denn auch hervor, dass sich im Herbst 1911 die Familienmitglieder, die zu Besuch zu ihm kamen, quasi die Klinke in die Hand gaben: vom 9. bis zum 18. September war sein Bruder Peter, ab 18. dann Heinrich Barth zu Besuch, und als dieser ihn am 27. September verließ, reiste am gleichen Tag sein Vater an, der bis zum 2. Oktober blieb. Seinen Ort sah Barth allerdings trotz des Alleinseins zunächst ganz in seiner Gemeinde, denn seinem Vater schrieb er, auf den Besuch des Ehepaares Kaftan in Bern Bezug nehmend: „Wenn der Brief heute noch ankommt, so bitte ich freundliche Grüße an Prof. Kaftans auszurichten. Ich wäre schon gerne gekommen, aber es ging jetzt entschieden nicht. Ich gehöre für die nächste Zeit entschieden nach Safenwil. Könnten sie nicht zu mir kommen vielleicht? Ich würde sie sehr gut aufnehmen!"

2. Erste Kontakte zur Arbeiterschaft

Besondere Beachtung verdienen beide Briefe, weil Barth in ihnen zeitnah und also unter dem unmittelbaren Eindruck des Geschehens stehend von seinen ersten Kontakten zur Safenwiler Arbeiterschaft berichtet. Dass sein Engagement in dieser Richtung und vor allem die sich daraus ergebenden Konflikte und Zerwürfnisse ab dem Jahreswechsel 1911/12 seine ganze weitere Tätigkeit in Safenwil mitbestimmen und prägen sollten, konnte er noch nicht ahnen. Ganz unbefangen und unbelastet davon schreibt er seinem Vater:

> „[G]estern Abend [kam] der Präsident des (sozialdemokratischen) Arbeitervereins zu mir,[16] ein sehr intelligenter und bewusster Arbeiter. Er hatte ein Stück (!) von meiner Waldpredigt über das Reich Gottes[17] gehört und darauf-

---

15 Fritz Zulauf war zu dieser Zeit in Gadmen im Berner Oberland tätig und wechselte 1912 ins Pfarramt von Delsberg (Delémont), wo er bis 1952 blieb.

16 Nicht ermittelt; in Barths Kalender findet sich unter dem 20. September nur der Eintrag: Zwahlen.

17 Es handelt sich um die Predigt vom 20. August über Mt. 6,10a.

hin einigermaßen Zutrauen zu mir gefasst. Wir haben uns drei Stunden lang sehr lebhaft über die *hiesige* soziale Frage unterhalten und folgende praktische Resultate gezeitigt: ich vertrete in der Schulpflege und in der Gemeindeversammlung den Antrag der Arbeiterschaft betr. Unentgeltlichkeit der Lehrmittel. Der Arbeiterverein veranstaltet diesen Winter eine Reihe von Vortrags- und Diskussionsabenden über politische, ethische und religiöse Gegenstände, die Vorträge in der Regel von mir!! Sie finden Sonntags Abends, etwa alle 3–4 Wochen (*nicht* in einer Wirtschaft) statt. Der erste Mitte Oktober über: ‚Menschenrecht und Bürgerpflicht‘[18]. Ferner soll ich, wenn ich über ‚tiefere Fragen‘ zu weitern Kreisen reden wolle, in dem ‚Freien Aargauer‘ (das sozialistische Arbeiterorgan) schreiben, sie würden sich freuen darüber. – Ich bin förmlich paff über die vielen Türen, die sich da auftun. An Arbeit wird es mir jedenfalls nicht fehlen in Safenwil. Vermutlich wird es zuerst einen kleinen Sturm im Wasserglas absetzen, wenn ich unter der Flagge der ‚roten Rotte‘ auftrete, aber ich will es schon verantworten."

Einer näheren Begründung bedurfte dieses Engagement für Barth nicht, es erschien ihm völlig selbstverständlich, denn: „Ich wäre doch ein Esel, wenn ich die Leute in ihrem unglaublichen Bildungshunger stehen ließe, wenn sie zu mir kommen, nur weil sie Sozen sind." Aus der abschließenden Bemerkung dazu kann man entnehmen, dass er sein Auftreten bei den Sozialdemokraten noch keineswegs als definitive Parteinahme verstanden wissen wollte:

„Ich hab' den Mann natürlich darauf aufmerksam [gemacht], dass ich in bei ihnen so gut wie bei Hüssys[19] nur *meine* Meinung sagen und vertreten könne. Er war aber damit einverstanden, und so werden wir dann nun schen, was sich aus der Sache entwickelt."

Dieser Eindruck wird unterstützt durch die offenkundige Zufriedenheit, mit der Barth seinem Vater einen Monat später Reaktionen auf diesen ersten Vortrag mitteilte: „Ich hörte von ein paar Seiten, dass auch die *bürgerlichen*

---

18 Abgedruckt in: Barth, *Vorträge und kleinere Arbeiten 1909–1914* (Anm. 7), S. 361–379.

19 Die Familie Hüssy war eine der beiden Textilfabrikantenfamilien Safenwils; aus dem Kreis dieser Familie wurde die Kirchgemeinde seit ihrer Gründung finanziell stark gefördert, und mit Hans Hüssy-Walti (Amtszeit: 1866–1901) und Gustav Hüssy-Zuber (1909–1914) stellte die Familie zwei der bis dahin drei amtierenden Präsidenten der Kirchenpflege. Vgl. *Kirchen- und Dorfgeschichte von Safenwil*, im Auftrag der Kirchenpflege zusammengestellt von Rosa Hilfiker-Schudel, Safenwil 1966, S. 36.38.

Safenwiler Freude hatten, ,weil der Pfarrer doch nicht nur den Sozialisten recht gegeben habe'."[20]

An den nächsten der ausweislich des Briefes an Zulauf gleich zu Beginn ausgemachten weiteren drei Vorträge, den nach Barths eigenem Zeugnis „sehr lang und zum Teil sehr heftig"[21] geratenen Vortrag „Jesus Christus und die soziale Bewegung"[22], gehalten am 17. Dezember, schloss sich dann mit einiger Verzögerung die erste grundlegende Auseinandersetzung mit der Fabrikantenfamilie Hüssy an. Um die Aufrechterhaltung der bis dahin „freundlichen Beziehungen" dieser Familie zum Pfarramt Safenwil war Barth trotz des Disputs bemüht.[23] Auch nach diesem zweiten Vortrag konstatierte er recht nüchtern und ohne politischen Enthusiasmus:

> „Nur muss man sich nicht täuschen: die Arbeiterbewegung ist nicht eine wuchtige Bewegung, sondern sie wird hier (wie sicher überall) von einer Anzahl Eifriger getragen (gerade wie ,die Kirche' bisher auch), die Andern folgen im Schlepptau. Man muss froh sein, die Eifrigen, die Echten zu gewinnen, nicht für ,die Kirche', sondern für die bewusste ,Fortsetzung' ihrer eigenen Bestrebungen. Die Andern trinken eben vorläufig noch ihr Bier und sitzen hinterm Ofen gerade wie die ,andern' Christen auch!"[24]

Deutlich wird, dass es Barth bei seinem Engagement zunächst nicht um ,den Sozialismus' oder die Stärkung der Sozialdemokratischen Partei ging, sondern um die Unterstützung des von ihm für richtig und notwendig gehaltenen Engagements der Sozialdemokraten für bessere Lebensbedingungen und mehr Gerechtigkeit, besonders soziale Gerechtigkeit. Mehrfach

---

20 Brief vom 24.10.1911 (KBA 9211.88).
21 Brief an Anna Barth vom 15.12.1911 (KBA 9211.97).
22 Abgedruckt in: Barth, *Vorträge und kleinere Arbeiten 1909–1914* (Anm. 7), S. 380–409. Im Januar 1912 folgte noch der Vortrag „Religion und Wissenschaft" (vgl. a.a.O., S. 418–438); der für Februar vorgesehene Vortrag zum Thema „Katholisches und protestantisches Denken" fand nicht statt (vgl. a.a.O., S. 362). Eine diesem Thema verpflichtete Predigt hatte Barth am 5. November 1911 zum Reformationstag über Lk.9,59f. gehalten: „Und so wollen wir uns denn heute von einem Worte Jesu zeigen lassen, was katholische Art des Denkens und Lebens ist und was unsre protestantische Art – *sein sollte.*"
23 Vgl. a.a.O., S. 382; vgl. auch oben, Anm. 19. Die Auseinandersetzung in Form dreier Briefe aus dem Februar 1912 ist dokumentiert in: Karl Barth, *Offene Briefe 1909–1935*, hg. von Diether Koch (*GA V*), Zürich 2001, S. 4–16.
24 Brief an Peter Barth vom 26.12.1911 (KBA 9211.104; vgl. Barth, *Vorträge und kleinere Arbeiten 1909–1914* [Anm. 7], S. 380f.).

finden sich dafür Belege auch in seinen Predigten dieses Jahres, übrigens
gerade auch schon in einer noch in Genf gehaltenen:

> „Haben wir doch seit einem halben Jahrhundert und mehr eine gewaltige Be-
> wegung vor Augen, die sozialistische Arbeiterbewegung, die in ihrem Kern
> wirklich nichts Anderes ist als ein Hungern und Dürsten der gesellschaftlich
> Zurückgestellten oder Enterbten nach ihrem Menschenrecht […]. Aber das
> ist sicher, dass im gegenwärtigen Moment die wichtigsten sittlichen Fragen
> des öffentlichen und privaten Lebens, ich erinnere nur an die Fürsorge für die
> schulentlassene Jugend, an die Frauenfrage und Alles, was damit zusammen-
> hängt, an die Alters- und Unfallsversicherung, an die Ruhetagsfrage, an die
> Alkoholfrage, dass Alles das gegenwärtig mit der Frage der sozialen Gerech-
> tigkeit aufs Engste zusammenhängt und eigentlich erst aus ihr hervorgegangen
> ist. Wer wollte leugnen, dass diese soziale Gerechtigkeit, das Menschenrecht
> im weitesten Sinn tatsächlich eine unbedingt notwendige Seite der religiösen
> Gerechtigkeit ist. Und wer wollte die tadeln, die sich deshalb als Christen ver-
> pflichtet fühlen, Sozialisten zu werden, so gut wie Andre in ihrer besonderen
> Lage die Verpflichtung empfunden haben, als Christen Abstinente zu werden?
> […] Die Stellung, die wir im Geiste Jesu zu der sozialen Gerechtigkeit, zu un-
> sern eigenen Rechten und zu denen Anderer einnehmen sollen, ist nicht das
> Hungern und Dürsten, sondern das Schaffen. Wir sehen dann auch, dass die
> wirklichen und nicht bloß gefühlsmäßigen Sozialisten, die Christen darunter
> so gut wie die Andern, keineswegs hungern und dürsten, sondern an allerlei
> bestimmten Punkten etwas *tun,* um die soziale Gerechtigkeit herbeizuführen,
> gerade wie wir gesagt haben, dass wir nach unsrer Pflicht und Schuldigkeit
> nicht hungern und dürsten, sondern sie *erfüllen* sollen."[25]

3. Eintritt und Arbeit im Blauen Kreuz

Ein weiteres neues Betätigungsfeld tat sich für Barth im örtlichen Verein des
Blauen Kreuzes, der 1877 gegründeten wichtigsten schweizerischen Orga-
nisation der Abstinenzbewegung, auf. Auch hier gründete sein Engagement
in seiner privaten Überzeugung, zu der er auch und gerade aufgrund seiner
Erfahrungen in der Zofingia gekommen war:

> „Wie kommt es dir vor", schrieb er an Zulauf, „dass ich jetzt *Blaukreuzler* bin??
> Das fehlte noch, nicht wahr! Aber es ist weiter keine Tücke dabei, ich war doch
> sowieso Abstinent, wie du vermutlich auch, jetzt kann ich's ja auch noch aus-
> drücklich sein und die gute Sache unterstützen. Der Alkoholismus in der Zo-

---

25 Predigt vom 19. März 1911 über Mt. 5,6.

fingia ist doch ein wüster Flecken in der Erinnerung, geht es dir nicht auch so? Überhaupt, was soll man eigentlich denken von den dort zugebrachten vielen, vielen Stunden? Der Ertrag geht doch nahe zusammen. Man *lebt* nachher [...] von so *ganz* andern Dingen. Und dann war's *doch* manchmal wieder schön dabei."

Der hier zum Ausdruck kommende innerliche Abschied von der Zofingia diente Barth wenig später auch in seiner Predigt vom 12. November 1911 über Lk. 9,61f. als illustratives Beispiel:

„Ich habe das in meinem eigenen Leben einmal erfahren: Es war mir fast gegangen wie dem Mann unsres Textes. Es war mir klar geworden, dass meine bisherigen Beziehungen zu gewissen ‚Freunden' mir fürderhin unmöglich sein würden. Ich ging andere Wege und hatte andre Interessen als sie. Ich wäre am Besten stillschweigend weggeblieben. Aber nachdem ich sie lange nicht mehr gesehen hatte, dachte ich: du willst noch einmal zu ihnen gehen zum Abschied, noch einmal der Ihrige sein wie vorher – und dann Schluss! Ich tat es, ich war noch einmal wie sie auch und wie ich früher gewesen, aber es wird mir immer erinnerlich bleiben, wie unsäglich fade ich mir an jenem Abend vorkam. Halb log ich damals gegen meine neu gewonnene Überzeugung, indem das, was ich meinen ‚Abschied' nannte, ganz einfach ein kleiner Rückfall in das alte Wesen war. Halb log ich gegen meine Vergangenheit, indem ich tat, als ob ich ihr noch angehöre, während ich doch innerlich, im Kern meines Wesens längst weiter war. Es schüttelt mich noch jetzt, wenn ich an das leere, kohlige Gefühl denke, mit dem ich schließlich wegging. Es war die doppelte Lüge des Abschiednehmens am falschen Platz, die sich damit rächte."

Über das konkrete Motiv, dem Blaukreuzverein gerade jetzt beizutreten – lobende Äußerungen Barths über dessen Tätigkeit finden sich bereits in mehreren Genfer und dann auch in Safenwiler Predigten –, und seine ihm dort vorschwebende Rolle schrieb Barth seinem Vater:

„Die Notwendigkeit liegt darin, dass sie Streit untereinander bekommen haben wegen dem bisherigen Leiter, der ein tüchtiger Redner war, aber es gegen die Frauenzimmer nicht zu genau nahm, was den Verein in bösen Ruf brachte. Ich werde mich zwar nicht zum regelmäßigen Leiter machen lassen, aber doch je und je die Sonntagabendstunde übernehmen und im Übrigen die äußere und innere Diplomatie des Vereins etwas vernünftig gestalten helfen."

Seinen Vorsatz, sich nicht zum „regelmäßigen Leiter" des örtlichen Blauen Kreuzes machen zu lassen, hielt Barth durch – für drei Monate... Die von ihm mitinitiierten Veränderungen des Vereinslebens – die Eröffnung einer „‚neuen Ära' [...] mit interessanten Vereinsstunden (Ansprache auch von

Frauen!!) und systematischer Trinkerbearbeitung"[26] – hatten den Gedanken
wohl allzu naheliegend erscheinen lassen, dass er dann auch gleich die Präsidentschaft übernehmen könne.[27]

4. Predigt, Konfirmandenunterricht und Kinderlehre

Barths Predigten und sein Konfirmandenunterricht spielen in den hier zugrunde liegenden Briefen keine oder nur eine marginale Rolle.[28]
   Bezüglich seiner Predigten sei deshalb hier nur erwähnt, dass Barth
sich entgegen dem landläufigen Vorurteil und vielleicht (im Blick auf die
Erinnerungen seiner Gemeindeglieder) zwar nicht ausreichend, aber doch
klar erkennbar bemühte, seiner neuen Gemeinde gerecht zu werden. Verglichen mit den Predigten der Genfer Zeit sind die Safenwiler Predigten des
zweiten Halbjahres 1911 zum einen deutlich kürzer[29] und weniger komplex
aufgebaut, und zum anderen reduzierte Barth in ihnen die Anspielungen
auf bildungsbürgerliches Allgemeinwissen. Wenn er Letztere dort aber doch
gebrauchte, dann erläuterte er sie in der Regel kurz, d. h. er setzte sie nicht
wie des Öfteren in Genf als bekannt und daher verständlich voraus. Im Ge-
genzug steigt die Zahl der verwendeten „aus dem Leben" gegriffenen Bei-

---

26 Brief an Fritz Barth vom 18.1.1912 (KBA 9212.4).
27 Wann die Übernahme der Präsidentschaft genau erfolgte, lässt sich nicht sagen. Am 14.
   Januar 1912 fand laut Barths Notizkalender die „Generalversammlung des Blauen Kreuzes" statt, ein sicher möglicher Termin. Andererseits erwähnt Barth in seinem Brief an
   seinen Vater vier Tage später, in dem er über die Aktivitäten im Blauen Kreuz berichtet (s.
   Anm. 26), nicht dass er nun dessen örtlicher Präsident sei; er teilt dies aber wenig später
   seinem Bruder Peter mit: „Im Übrigen bin ich jetzt richtig Präsident des blauen Kreuzes
   geworden" (Karte vom 23.1.1912 [KBA 9212.5]).
28 Beide Bereiche sind allerdings in den vorliegenden Darstellungen (vgl. zusätzlich zu den
   bereits angeführten im Besonderen noch Hartmut Genest, *Karl Barth und die Predigt.
   Darstellung und Deutung von Predigtwerk und Predigtlehre Karl Barths*, Neukirchen-
   Vluyn 1995, bes. S. 21–95) und durch die einschlägigen, bereits edierten Bände der Abt.
   I der Gesamtausgabe (Predigten 1913ff.; Konfirmandenunterricht 1909–1921) am besten
   beleuchtet, und daher erscheint eine Ergänzung – über den nochmaligen Hinweis auf den
   demnächst erscheinenden neuen Band der Gesamtausgabe (s. oben, Anm. 3) hinaus – am
   ehesten entbehrlich.
29 Von den 1911 gehaltenen 39 Predigten entfallen 13, also genau ein Drittel, auf die sechs
   Monate, die Barth noch in Genf war. Auf die Textmenge bezogen, machen diese 13 Predigten allerdings etwa 42% des Bandes aus.

spiele, die sich auf die bäuerliche Arbeit und Erfahrung oder auf die soziale Situation vor Ort beziehen, an.

Von seinen Konfirmanden, die ihm über seine ganze Safenwiler Zeit hinweg besonders am Herzen lagen, wird dem Vater gegenüber lediglich ein Ausflug auf die nahegelegene Frohburg erwähnt.

Die sonntäglich nach dem Gottesdienst gehaltene Kinderlehre, zu der er gemeinsam „mit vielen Kindern" für den 1. Oktober auch seinen Vater erwartete,[30] bereitete ihm großes Vergnügen, und einmal mehr zog er in seinem Brief an Zulauf den Vergleich mit den Genfer Verhältnissen:

> „Wie wunderbar, mit 160 Kindern am Sonntag zu wirken. Und die deutsch-schweizerische Disziplin dabei im Gegensatz zu dem Genfer Rottengeist schon unter den Kindern!!!"

5. Resümee

In den beiden Briefen, die hier ausgewertet wurden, schildert Barth die Arbeit und die Erfahrungen seiner ersten Monate in Safenwil beinahe euphorisch, mitunter ein wenig durch den ihm eigenen Humor geerdet, aber immer positiv, vor allem im Vergleich mit der bürgerlich-städtischen Gemeinde in Genf, in der er die beiden Jahre zuvor gewirkt hatte. Es ist viel von Aufbruch und Neuanfang zu spüren, für ihn selbst ebenso wie in seiner Sicht für die Gemeinde. Nur gelegentlich schimmert ein Anschein von möglichen Schwierigkeiten oder Konflikten durch die Ausführungen Barths, und dass er mit seinem Eifer, vieles neu oder besser machen zu wollen, vielleicht auch den einen oder anderen vor den Kopf gestoßen hat, kann man – abgesehen von der Selbstverständlichkeit solcher Reaktionen – allenfalls in Kenntnis der folgenden Entwicklungen ahnen.

Natürlich zeichnet Barth in diesen Briefen kein vollständiges Bild seiner Arbeit in den ersten drei Safenwiler Monaten; schon das Fehlen jedes Hinweises auf sein Predigen und die Reaktionen darauf zeigt dies überdeutlich. Dennoch bieten sie – auch über die bedeutsame Miniatur seines ersten Zusammentreffens mit einem offiziellen Vertreter der SP und dem sofort aufeinander abgestimmten Vorgehen in Gemeindefragen hinaus – wichtige Einblicke in die Anfänge von Barths Tätigkeit in Safenwil und lassen etwas von der persönlichen und beruflichen Aufbruchsstimmung erahnen, in der

---

30 Karte an Fritz Barth vom 23.9.1911 (KBA 9211.82).

er sich befand. Vor den allzu bald einsetzenden Mühen des Alltags und den vielen, in der Regel notwendigen, aber immer unerquicklichen Auseinandersetzungen und harten Konflikten jedenfalls wohnte auch diesem Anfang durchaus ein Zauber inne.

Gerard den Hertog

„Kein ‚lutherisches Prinzip'"[1]

Iwands Sakramentsverständnis in den dreißiger Jahren des 20. Jahrhunderts

Der Titel dieses Aufsatzes ist ein Zitat aus Iwands Besprechung von Helmut Gollwitzers Dissertation „Coena Domini" von 1938.[2] In dieser Rezension verwendet Iwand zweimal die Redewendung „lutherisches Prinzip" und spielt damit unverkennbar auf den Untertitel des 1931 erschienenen Buches von Bonhoeffers Freund Franz Hildebrandt: „EST. Das Lutherische Prinzip" an.[3] „Unverkennbar", weil Iwand Hildebrandts Buch 1933 in der Deutschen Literaturzeitung ausführlich rezensiert und sich dabei auch nachdrücklich auf dessen Untertitel bezogen hatte.[4]

„Kein ‚lutherisches Prinzip'" also. Nun hatte Iwand keine prinzipiellen Bedenken gegen die Benutzung des Ausdrucks „Prinzip" in der systematischen Theologie, wenn man nur nicht vergisst, dass „Prinzipien für sich [...] Könige ohne Land"[5] sind. Sowohl seine Vorlesungen der Ethik 1952 wie der

---

1   Hans Joachim Iwand, Coena Domini. Bemerkungen zu dem Buch von Helmut Gollwitzer, in: EvTh 5 (1938), 202–211; neu abgedruckt in: Hans J. Iwand, *Um den rechten Glauben*. Gesammelte Aufsätze I, herausgegeben und eingeleitet von Karl Gerhard Steck, München 1959¹/1965², 126 (vgl. 132).

2   Iwand hat das Buch intensiv mit seinen Studenten im Predigerseminar besprochen (vgl. Jürgen Seim, *Hans Joachim Iwand. Eine Biografie*, Gütersloh 1999², 218).

3   Franz Hildebrandt, *EST. Das Lutherische Prinzip* (SSTh 7), Göttingen 1931.

4   Hans Joachim Iwand, Rezension von Franz Hildebrandt, EST. Das Lutherische Prinzip, in: Deutsche Literaturzeitung 54 (1933) Heft 25, Sp. 1155–1158 (auch in: Hans Joachim Iwand, *Glaubensgerechtigkeit. Gesammelte Aufsätze II*, hg. v. Gerhard Sauter [Theologische Bücherei 64], München 1979, 272–275). Laut Holger Roggelin (*Franz Hildebrandt. Ein lutherischer Dissenter in Kirchenkampf und Exil* [AKG Bd. 31], Göttingen 1999, 36) verfasste Iwand die „ausführlichste Rezension" von Hildebrandts Buch überhaupt.

5   Hans Joachim Iwand, Studien zum Problem des unfreien Willens (1930), in: ders., *Um den rechten Glauben* (Anm. 1), 47: „Nur darf man nicht vergessen, Prinzipien für sich sind Könige ohne Land, und nichts ist so in Gefahr zum inhaltslosen Schlagwort herabzusinken wie das Prinzip."

Dogmatik 1957 beginnt er mit einer „Prinzipienlehre",[6] eine Bezeichnung, die auch damals wohl nicht sehr üblich war. Dass Iwand sich 1938 so vehement gegen ein „lutherisches Prinzip" wendet, hat zwar zweifellos mit der damaligen Situation zu tun, in der die Bekennende Kirche an dem von den „intakten" lutherischen Landeskirchen ins Feld gebrachten konfessionellen Gegensatz gescheitert war, ist aber nicht nur und auch nicht an erster Stelle zeitgeschichtlich und kontextuell bedingt. Es ging ihm um mehr und eigentlich auch um etwas anderes. Wenn auch Iwand Barmen als ein für die Kirche unumgängliches und wesentliches Ereignis anerkannt hat, betrachtete er den lutherisch-reformierten Gegensatz dennoch nicht als überholt. Innerhalb der einen Kirche soll theologisch durchreflektiert werden, damit die echten Fragen wieder ans Licht treten und eine Debatte darüber stattfindet, in der es zu den nötigen Entscheidungen kommen kann.

In seiner Rezension von Gollwitzers Buch bemerkt Iwand im Hinblick auf die lutherisch-reformierte Kontroverse in Sachen Abendmahl:

> „Wenn der falsche Graben zugeschüttet wird, muß der echte Riß wieder aufgedeckt werden."[7]

In welche Richtung dachte Iwand dabei? Ein anderes Zitat aus der Rezension lässt es spüren:

> „Im Abendmahlsstreit kommt Luther ‚die Kirche von morgen' zu Gesicht, er antizipiert hier die Frage *der* Kirche, die sich im protestantischen Liberalismus entfalten wird."[8]

Iwands Redeweise in diesem Satz zielt nicht in die Richtung einer konfessionellen Eigenheit, sondern er weist auf grundsätzliche Weichenstellungen in der Reformationszeit hin, die weitgehend bestimmend für die Zukunft gewesen sind. In ähnlichem Sinn spricht er in jener Zeit von der Lehre vom unfreien Willen und meint dabei einen Zusammenhang zwischen beiden

---

6 Ausgewählte Texte aus Iwands erstem (!) ganzen Kurs Dogmatik, den er in den Jahren 1957 bis 1960 las, sind veröffentlicht in: Hans Joachim Iwand, *Dogmatik-Vorlesungen 1957–1960*. Ausgewählte Texte zur Prinzipienlehre, Schöpfungslehre, Rechtfertigungslehre, Christologie und Ekklesiologie mit Einführungen, hg. v. Thomas Bergfeld und Edgar Thaidigsmann unter Mitarbeit von Gerard den Hertog und Eberhard Lempp [Arbeiten zur Historischen und Systematischen Theologie 18], Berlin/Wien/Zürich/London 2013, 21–72; vgl. meine „Einführung in die Prinzipienlehre", 7–18).

7 Hans Joachim Iwand, Coena Domini (Anm. 1), 132.

8 A.a.O., 131 (Hervorhebung im Text).

wahrzunehmen. Ich gebe zwei Beispiele, das eine aus dem Jahre 1930, das andere von 1939.

> Iwand notiert in der Einleitung seines Aufsatzes „Studien zum Problem des unfreien Willens" von 1930, dass in der Rezeption von Luthers Theologie „De servo arbitrio" „der Stein des Anstoßes" geworden sei, und bemerkt dazu in der Anmerkung: „Man könnte mit demselben Recht auch die Abendmahlslehre Luthers anführen".[9]

> In seinen „Erläuterungen zu De servo arbitrio" aus dem Jahre 1939 kennzeichnet Iwand den Luther, der diese Streitschrift verfasste, als einen Mann, der „einsam geworden [war] im Kampf gegen die politischen und spiritualistischen Schwärmer"[10], und er weist auch auf Übereinstimmungen zwischen den Ausführungen Luthers in „De servo arbitrio" und seinen Anliegen im Abendmahlsstreit hin.[11]

Aus diesem Befund können wir folgern, dass der Zusammenhang, den Iwand zwischen Luthers Abendmahlslehre und seiner Lehre vom unfreien Willen sah, kein einmaliges Gedankenexperiment war, sondern eine bleibende und ihm wichtige Einsicht.[12] Was meinte er aber damit und warum war ihm dieser Zusammenhang so wichtig?

Die Beobachtung, dass es eine Berührung zwischen Iwands Sicht der tiefsten Bedeutung von Luthers Abendmahlslehre und seinem Umgang mit Luthers Lehre vom unfreien Willen gibt, wird in den dreißiger Jahren noch einmal in einem Passus in seinem Aufsatz „Der Kampf um das Erbe der Reformation" aus dem Jahr 1932 bestätigt. Dieser Passus bildet im Aufbau

---

9 Hans Joachim Iwand, Studien zum Problem des unfreien Willens (Anm. 5), Anm. 4.

10 Hans Joachim Iwand, Erläuterungen zu: Martin Luther, Vom unfreien Willen, in: Hans Heinrich Borcherdt/Georg Merz (Hg.), Martin Luther, *Ausgewählte Werke*, 1. Ergänzungsband, München 1954³, 255.

11 A.a.O., 296: „Dieser bei Luther häufige Gedanke einer prästabilierten Harmonie zwischen dem inneren Wirken Gottes und seinem äußeren Wort bindet einerseits den Geist an das Wort – non sine verbo, sed per verbum tribuit spiritum (WA 18, 695, 28) – andererseits bleibt dadurch die Wirkung des Wortes dem Geist vorbehalten – ,intus ipse solus spirat, ubi ubi voluerit' (WA 18, 695, 30). Die Beziehung ist wechselseitig. Von hier aus wird man Luthers Haltung in der Abendmahlsfrage verstehen müssen."

12 Vgl. Hans Joachim Iwands große Luther-Vorlesung in den fünfziger Jahren: Hans Joachim Iwand, *Luthers Theologie* (Nachgelassene Werke Band 5) (1974) Gütersloh 2000², 39: „Seine Schriften über den unfreien Willen und seine Auseinandersetzung über das Abendmahl sind gegen die Entwicklung nach vorn gerichtet, die sich ankündigt, beim Humanismus gegen dessen Anthropologie, im Abendmahlsstreit gegen die philologische Exegese der Schrift."

des Aufsatzes den Beginn eines neuen Paragraphen. Auf den vorangegangenen Seiten hatte Iwand in einer für sein theologisches Denken in diesen Jahren charakteristischen Weise die Rechtfertigungslehre als Handeln Gottes sub contrario gezeichnet und die Lehre vom Abendmahl von hierher verstanden, und zwar als ein Handeln Gottes, das sich am Menschen als eschatologische Umkehrung seiner ganzen Existenz vollzieht. Hier findet ein moralisches Verständnis des Menschen seine Grenze und scheitert an der schöpferischen Gerechtigkeit Gottes. Vor diesem Hintergrund fragt Iwand:

> „Von dieser letzten Entscheidung, die jenseits der moralischen Außenseite unseres Lebens fällt, noch ein kurzes Wort: Wer verstehend und erkennend in sie eindringen will, der muß da einsetzen, wo der moderne Mensch gewöhnlich ausbricht, wo er der Reformation seine Gefolgschaft kündigt und wo die protestantische Kirche selbst wankend geworden ist. Ich meine die Lehre der Reformatoren über *Praedestination und Gegenwart Christi im Abendmahl*. Es wäre eine innere Unklarheit und unverzeihliche Schwäche, wenn wir uns hier nicht um klare Fronten bemühten. Denn beide Lehren, die von der Praedestination und die von der leiblichen Gegenwart Christi im Abendmahl, sind gleichsam der Probierstein auf die reformatorische Geisteshaltung, gerade dem modernen Geist gegenüber."[13]

Iwand spricht hier von Prädestination und nicht von unfreiem Willen. Das ist aber nicht als eine Annäherung an eine calvinistische Denkart zu deuten, sondern er spielt hier vielmehr auf die kühne These Luthers aus der „Disputatio contra scholasticam theologiam" an, dass die beste und unfehlbare Vorbereitung auf Gottes Gnade Gottes Erwählung und Prädestination sei, der unsererseits nur Unfähigkeit und sogar Aufstand gegen die Gnade Gottes gegenüber stehe.[14] Iwands Verwendung des Begriffs „Prädestination" ist also wohl nicht zu deuten als eine Annäherung an eine calvinistische Prädestinationslehre, vielmehr greift er zurück auf den jungen Luther, mit dem er sich ja in seiner Habilitationsschrift über den Zusammenhang von Rechtfertigungslehre und Christologie eingehend beschäftigt hatte.[15]

---

13 Hans Joachim Iwand, Der Kampf um das Erbe der Reformation (1932), in: ders., *Glaubensgerechtigkeit* (Anm. 4), 141 (Hervorhebung im Text).

14 „Optima et infallibilis ad gratiam praeparatio et unica dispositio est aeterna Dei electio et praedestinatio. Ex parte autem hominis nihil nisi indispositio, immo rebellio gratiae gratiam praecedit." (Martin Luther, *Disputatio contra scholasticam theologiam (1517)*, Thesen 29 & 30, WA 1, 225–226).

15 Hans Joachim Iwand, *Rechtfertigungslehre und Christusglaube. Eine Untersuchung zur Systematik der Rechtfertigungslehre Luthers in ihren Anfängen (1930)* (Theologische Bücherei

Interessant ist nun, dass Iwand hier „reformatorische Geisteshaltung"
und „modernen Geist" einander gegenüberstellt, und dass beide Lehren –
die Abendmahlslehre und die Lehre der Prädestination – hier zusammen
genommen und als *ein* „Probierstein" genannt werden. Er sieht also nicht
nur einen inneren Zusammenhang zwischen diesen beiden in der Reformation neu profilierten Glaubenstopoi, es gibt aus seiner Sicht auch eine
Übereinstimmung zwischen dem, was für Luther auf dem Spiel stand und
dem, was noch immer – und im 20. Jahrhundert sogar mit größter Dringlichkeit – dran ist! Prädestination und Gegenwart Christi im Abendmahl
sind in ihrem Zeugen von Gottes Handeln am Menschen für die Zeit der
Reformation wie die Moderne fremd und ärgerlich. Hier fallen daher aus
seiner Sicht die letzten theologischen Entscheidungen und trennen sich die
Geister. In diesem Licht lese ich folgendes Zitat aus seinen „Erläuterungen
zu de servo arbitrio" von 1939:

> „Großartig, mit prophetischem Blick über Jahrhunderte hinweg eine geistige
> Entwicklung voraussehend, hält Luther hier dem Erasmus entgegen: Durch
> dies sein Dogma wird es dahin kommen, daß der Mensch über Christus und
> den Satan weit emporgehoben, daß er der Gott aller Götter und der Herr aller
> Herren wird [...]. Luther hat gesehen, daß die Erlösungslehre des Christen-
> tums mit diesem humanistischen Unterbau vom edlen Kern des Menschen die
> Keimzelle werden muß für eine Apotheose des Menschen, die alles Heidentum
> weit übertrifft."[16]

Der letzte Satz schlägt die Brücke vom 16. bis zum 20. Jahrhundert, genauer zur Zeit des Nationalsozialismus – denn Iwand schreibt diese Zeilen
im Winter 1938–1939 während seiner Haft in der Steinwache, dem Gesta-
po-Gefängnis von Dortmund. Die Lehre vom unfreien Willen soll daher
nicht als eine konfessionelle Sonderlehre funktionieren, als ein „Prinzip", an
und für sich, sondern als geschichtsmächtiges Kriterium verstanden werden. Deshalb – so verstehe ich – unterstreicht Iwand in seiner Besprechung
von Gollwitzers Buch, es handle sich hier nicht um ein „lutherisches Prinzip", weil es ja *qua* Prinzip – konfessionelles oder theologisches oder wie
auch immer – in der Sphäre des menschlichen Denkens verharrt und das,
was hier im eigentlichen Sinne dran ist, verborgen bleibt oder sogar verkannt wird.

---

14), München 1966³.
16 Hans Joachim Iwand, Erläuterungen zu: Martin Luther (Anm. 10), 306.

1529 stand in Marburg die Frage zur Debatte, ob wir von unserem Ge-
denken des Todes Christi oder von Gottes wahrhaftiger Gegenwart in Brot
und Wein ausgehen; da war aber Zwingli der Kontrahent und nicht Calvin.
Iwand betont, die Situation im Jahr 1938 sei

> „eine andere, [...] als sie Luther in Marburg vorfand. Der Glaube an die Gegen-
> wart Jesu Christi im Abendmahl ist nicht umstritten. Beide, Lutheraner und
> Reformierte, lehren die Realpräsenz, wenn auch in sehr verschiedener Weise,
> und der Streit erhebt sich nun gerade um das Wie, um die Art und Weise, wie
> man hier und dort den Herrn im Abendmahl gegenwärtig glaubt."[17]

Diese grundsätzliche Übereinstimmung aber hatte das konfessionelle
Luthertum des 19. und 20. Jahrhunderts nicht gesehen oder sehen wollen.
Obwohl Iwand – sicher damals – entschiedener Lutheraner war, verharrte
er nicht in einer konfessionellen Position, sondern wusste sich im Kirchenkampf zu theologischer Neubesinnung und Entscheidung herausgefordert
und berufen:

> „Das Sichtbarwerden des wahren Gegenstandes der theologischen Diskussion
> ist das Ende des konfessionellen Schematisierens."[18]

Die eigentliche Front war für Iwand also nicht der Calvinismus des 16.
Jahrhunderts, sondern das, was in den dreißiger Jahren, im Kirchenkampf
und was ihm vorausging, zur Debatte stand. *Das heißt, es ging ihn auch selber in direktestem Sinn an.*

In diesem Aufsatz werde ich versuchen, Iwands Sakramentsverständnis
in den dreißiger Jahren in seinem sachlichen Gehalt und seiner Bedeutung
auf die Spur zu kommen, um so sein theologisches Anliegen in diesen Jahren besser zu verstehen.

Ich gehe dabei so vor, dass ich (1) zuerst dem nachgehe, wie Iwand in
diesen frühen Jahren über die Taufe – und über Sakramente überhaupt –
spricht. Dann (2) wende ich mich den Texten zu, in denen er das Herrenmahl thematisiert. Sodann (3) frage ich vor allem an Hand seiner Besprechung von Franz Hildebrandts „Est", was ihm zufolge damals als der „wahre
Gegenstand der theologischen Diskussion" zu gelten hatte. Zum Schluss (4)
ziehe ich eine Bilanz und frage, wie sich Iwands Umgang mit Taufe und
Abendmahl in sein Denken in diesen so bewegten und – auch für ihn selbst!

---

17 Hans Joachim Iwand, Coena Domini (Anm. 1), 128.
18 A.a.O., 127.

– entscheidungsvollen dreißiger Jahren einfügt und welches Licht es auf seinen Weg wirft.

1. Taufe

In zwei Texten aus den Jahren 1931 und 1932 geht Iwand auf die Taufe ein: „Leben und Lehre" (1931) und „Der Kampf um das Erbe der Reformation" (1932); im letztgenannten Text führt er auch Gedanken über die Sakramente als solche aus, obwohl er später in seiner Besprechung von Gollwitzers „Coena Domini" unterstreicht, dass die lutherischen Frühorthodoxen mit gutem Recht weder ein „‚lutherisches Prinzip' verfochten", noch „von einer allgemeinen Lehre über das Sakrament ausgingen"[19]. 1932 scheut er eine Definition des „Sakramentes" aber nicht und umschreibt wie folgt:

> „Sakramente sind Zeichen, d.h. sie haben die Aufgabe der Deutung, der Aufklärung eines verborgenen Sinnes."[20]

Die Worte „Deutung" und „verborgener Sinn" bedürfen eine Erläuterung. Was mag Iwand da wohl gemeint haben? Ist der Sinn also schon da, d.h. als Symbol in der Wirklichkeit vorhanden, wenn auch verborgen, und bedarf er nur der Aufklärung? Das Wort „Deutung" scheint doch in diese Richtung zu weisen. Sind sowohl Taufe wie Herrenmahl mit dem Wort „Deutung" nach reformatorischer Sicht richtig getroffen? So meint Iwand es schon, denn er folgert:

> „So ist die Taufe ein Zeichen für das irdische Leben, sie ist der geheimnisvolle Hinweis darauf, daß dieses Dasein ein Ringen von Leben und Tod ist, eine Taufe, in die Gott selbst den Menschen senkt, um ihn neu zu schaffen am Ende seiner Tage. Und wenn vom natürlichen Menschen gilt, daß er das Leben als das gegenwärtige ansieht, den Tod aber als das ausstehende, noch kommende Ereignis, so bedeutet der Taufglaube die unerhörte, wunderbare Umkehr dieser Ordnung von Leben und Tod in Jesus Christus. Glaube an die Auferstehung heißt Glaube an den Sieg des Lebens und ist zugleich dieser Sieg durch den Glauben."[21]

---

19 A.a.O., 126.
20 H.J. Iwand, Der Kampf um das Erbe der Reformation (Anm. 13), 139.
21 Ebd.

Die Taufe soll also „ein Zeichen für das irdische Leben" sein, sie stelle das Leben in ein anderes Licht, das wahre, das eschatologische. Aber beachten wir, sie weist nach Iwand nicht nur und auch nicht direkt auf Tod und Auferstehung Jesu Christi hin, sie ist nicht Verheißung, die vor uns liegt, sondern Enthüllung dessen, was jetzt schon in jedem Menschenleben – und in der Menschheitsgeschichte – dran ist. In der Tat: *Deutung!* Das Dasein sei *als solches* „ein Ringen von Leben und Tod". Was sieht der Glaube anders als der „natürliche Mensch"? Beide sehen ja, was ist. Der „Taufglaube" ist ja Glaube an den Sieg des Lebens und ist schon dieser Sieg.

Im Vortrag „Leben und Lehre" aus derselben Zeit setzt er ähnliche Akzente, nur noch pointierter:

> „[D]as Leben in der Zeit ist nichts anderes als eine Taufe und das Zeichen steht nur darüber, damit wir wissen, was unser ‚Sein in der Zeit' bedeutet. [...] Das Leben im Zeichen der Taufe verstehen heißt also, den Tod begreifen als das Dahingegebenwerden des Menschen, der wir sind, damit der Mensch, der wir nicht sind, der fromme, gerechte, heilige Mensch hervorgehe. [...] Das ganze Leben steht nun unter der Taufe und ist eine einzige Taufe – wie ein Bogen spannt sie sich vom Anfang bis zum Ende darüber – so daß niemand in diesem Leben über die Taufe hinausgelangen kann, sondern nur immer tiefer in sie hinein".[22]

Es ist wohl sehr pauschal und identifizierend: „das Leben in der Zeit ist nichts anderes als eine Taufe". Das ist also nicht erst der Fall, wenn Menschen im Glauben in die Gemeinschaft mit Jesus Christus einverleibt werden, sondern es gilt von jedem Menschenleben als solchem: „das Zeichen steht *nur* darüber, damit wir wissen, was unser ‚Sein in der Zeit' bedeutet." „Nur" – das lässt staunen. Es kann doch wohl nichts anderes bedeuten, als dass die Taufe das Lebensgesetz des Menschen als solches aufdeckt. Es ist aber, als schrecke Iwand vor dieser Konsequenz zurück, denn er schränkt gleich ein, differenziert und präzisiert:

> „Das Leben im Zeichen der Taufe verstehen heißt also, den Tod begreifen als das Dahingegebenwerden des Menschen, der wir sind, damit der Mensch, der wir nicht sind, der fromme, gerechte, heilige Mensch hervorgehe."

Hier vollzieht er eine Abgrenzung in Richtung eines politischen Verständnisses und legt die Taufe aus als Sterben des alten und Auferstehen

---

22 Hans Joachim Iwand, *Leben und Lehre. Etwas über vergessene Schätze aus Luthers Theologie* (Schriften des Lutherheims, Heft 2), Königsberg 1931, 24 f.

des neuen Menschen, des Menschen, *der wir nicht sind.* Es geht also um die
Gemeinschaft mit dem gekreuzigten und auferstandenen Christus. Iwand
will aber den Bezug auf den Menschen in dessen geschichtlichem Dasein als
solchem nicht aufgeben, denn er fährt fort:

> „Das ganze Leben steht nun unter der Taufe und ist eine einzige Taufe – wie ein
> Bogen spannt sie sich vom Anfang bis zum Ende darüber – so daß niemand in
> diesem Leben über die Taufe hinausgelangen kann, sondern nur immer tiefer
> in sie hinein".

Es ist die Sprache der Kreuzestheologie, aber sie wird durch ihre Bindung an eine – wenn auch dynamische – Ontologie daran gehindert, frei zu
wirken.[23] Ich verstehe solche Gedanken vor dem Hintergrund des kräftigen
Akzentes, den Iwand in diesen Jahren – z.B. in dem kleinen Aufsatz „Gesetz
und Evangelium" aus dem Jahre 1929 – setzt, dass nämlich „aller Menschen
Leben" auf dem

> „Gegensatz von Gesetz und Evangelium [...] angelegt [sei], daher muß es auch
> vom ihm her gedeutet werden. Diese Klarlegung des Lebens von seinem ihm
> eingegebenen Gesetze her als das genuine Verständnis seiner selbst – das ge-
> rade ist Theologie."[24]

Die Taufe – kann man also auch sagen – erinnert uns daran, dass wir
„unter dem Gesetz" stehen.[25] In seiner 1937er Bloestauer Vorlesung Gesetz
und Evangelium steht ein Passus, der zeigt, wie Iwand an dieser Stelle eine
Selbstkorrektur vorgenommen hat. Unter der Überschrift „Das Sein unter
dem Gesetz" führt er aus:

> „Die universale Bedeutung gewinnt das Gesetz durch die Verkündigung des
> Evangeliums. Aber damit ist für das Evangelium jeder Mensch ein Mensch,

---

23 Vgl. für diese Problematik Christian Johannes Neddens, *Politische Theologie und Theologie des Kreuzes. Werner Elert und Hans Joachim Iwand* (FSÖTH 128), Göttingen 2010.

24 Hans Joachim Iwand, Gesetz und Evangelium. Unveränderter Abdruck aus einer öffentlichen Vorlesung: „Die Gedankenwelt des jungen Luther". S./S. 1928, in: *Christentum und
Wissenschaft* 5 (1929), 210.

25 Vgl. Hans Joachim Iwand, Rezension von Paul Althaus, Der Geist der lutherischen Ethik
im augsburgischen Bekenntnis, München 1930, in: *Deutsche Literaturzeitung* 52 (1931)
Sp. 2260 f: „eine ontologische Bestimmung der menschlichen Existenz, und zwar der in
diesem Aeon spielenden Existenz überhaupt", womit „ein Dasein charakterisiert (...) ist
(...), dessen letzte Möglichkeit die Sünde, dessen letzte Realität der Tod und dessen letzte
unwidersprechliche Instanz das Gewissen ist."

der unter dem Gesetz steht. Ich habe früher gedacht, das sei eine ontologische Bestimmung, daß der Mensch an sich unter dem Gesetz steht: Das Sein ist ein Sein unter dem Gesetz. Dieser Satz ist falsch, denn nicht an sich steht jeder Mensch unter dem Gesetz, sondern das Evangelium stellt oder bezeugt unser Leben als ein Leben unter dem Gesetz. Erst vom Evangelium her wird deutlich, daß ich unter dem Gesetz stehe."[26]

Also: hier wird die Rede von einer „ontologischen Bestimmung, dass der Mensch an sich unter dem Gesetz steht", verabschiedet, womit das Verständnis der Taufe als bloße „Deutung" wohl auch entfällt.[27]

2. Herrenmahl

Wenden wir uns jetzt Iwands frühe Sicht des Herrenmahls zu. Geht es hier auch um die „Deutung" des Menschenlebens? Nein, hier setzt Iwand einen anderen Akzent! In „Der Kampf um das Erbe der Reformation" notiert er:

„Das Leben als kommende, noch ausstehende Wirklichkeit – das ist Thema und Gabe des Sakraments vom Abendmahl."[28]

Das Herrenmahl ist also anderer Art als die Taufe. Während die Taufe uns aus Iwands damaliger Sicht vor Augen führt, was sich in aller Menschen Leben als solchem vollzieht, so ist das Abendmahl nur Zeichen der neuen eschatologischen Wirklichkeit. Taufe und Abendmahl sind zwar unlöslich

---

26 Hans Joachim Iwand, *Gesetz und Evangelium (Nachgelassene Werke Band 4)*, (1964) Gütersloh 2000², 31.

27 Vgl. folgende Zitate aus der 1937er Vorlesung „Gesetz und Evangelium": „Das Sakrament der Taufe steht darum am Anfang des Glaubens an Jesus Christus, weil dieser Glaube nicht nur eine neue Vorstellung von Gott bringt, sondern weil in diesem Glauben ein neues Leben uns geschenkt wird. Darum heißt es auch, daß wir, so wie Jesus auferstanden ist von den Toten, in der Neuheit des Lebens wandeln sollen." (A.a.O., 146) „Meinen Sie nicht, daß das der eigentliche Sinn der Taufe ist, daß man einem Menschen nach seiner Geburt in diese Welt seine Bestimmung einprägt, als ob man ihn versiegeln wollte, als ob man ihn stempeln wollte mit dem Stempel seines Herrn, dem er zu eigen ist? Und wenn wir uns einmal die Frage stellen, ob es denn Sinn hat, daß immer noch Menschen hineingeboren werden in diese Welt der Sünde und des Todes, in diese Welt der Grausamkeit und der Ungerechtigkeit, dann werden wir keine andere Antwort finden auf diese Frage als die, daß niemand sich freuen könnte über die Geburt eines Kindes, der wirklich weiß, wie der Lebensweg des Menschen ist, wenn er nicht wüßte, daß dieses Kind bestimmt ist, Eigentum des Herren Christus zu werden." (A.a.O., 159 f.)

28 Hans Joachim Iwand, *Der Kampf um das Erbe der Reformation* (Anm. 13), 139.

verbunden, dennoch inhaltlich klar zu unterscheiden *und auch verschiedener Art*:

> „Taufe und Abendmahl sind die beiden umfassenden und einander ergänzenden Zeichen des christförmigen Lebens: sie gehören zusammen, wie der gekreuzigte und auferstandene Christus zusammengehören und eine Gestalt sind. Dort wird der alte Mensch in den Tod gegeben [vgl. Röm 6,6; Phil 3,10], hier die Form des neuen Menschen gewonnen [vgl. Röm 8,29; Phil. 3,21], die unsichtbare, geistliche Form einer Existenz, die nicht mehr in sich und für sich besteht, sondern gestaltet wird durch die Eingliederung in den Leib Jesu Christi [vgl. 1Kor 10,17]. So schwingt der Glaube, dem die Reformation Bahn gebrochen hat, um die Daseinsfrage von Leben und Tod – und umgekehrt: diese Frage, an der der Mensch das Fragen lernt und nur zu oft verlernt, heischt eine Antwort von jenseits des Menschen her, von der Offenbarung Gottes und seiner Gerechtigkeit."[29]

Iwand verteilt hier Taufe und Abendmahl in gewisser Weise auf Gesetz und Evangelium. Die Taufe zeige unsere „ontologische Bestimmung", unter dem Gesetz. So wie in der Taufe der alte Mensch in den Tod gegeben wird, so sagt das Gesetz: „du sollst Christus haben"[30]. Das Evangelium sagt demgegenüber: „Hier ist Christus". Gesetz und Evangelium fallen also nicht in dieselbe Zeit. Wer das Evangelium wirklich zu hören bekommt, tritt ein in Gottes neue Welt, die Welt der Sündenvergebung.

In ähnlicher Weise ordnet Iwand nun Taufe und Abendmahl einander zu: die Taufe als das Zeichen, das auf das Gesetz hindeutet, also auf *diese* Zeit, und das Abendmahl als das eschatologische Zeichen, das den Anbruch des neuen Aeons bezeugt.

So kann es Iwand nur vorstellen, weil er Taufe und Abendmahl nicht primär als kirchliche Handlungen versteht, die von Menschen mit gewisser Vollmacht vollzogen werden um das Heil zu vermitteln, sondern streng und

---

29 A.a.O., 140.

30 Vgl. Hans Joachim Iwand, *Gesetz und Evangelium. Unveränderter Abdruck aus einer öffentlichen Vorlesung: „Die Gedankenwelt des jungen Luther"* (Anm. 24), 211: „Also sind Altes und Neues Testament beide auf Christus gerichtet, mit dem Unterschiede, daß es dort heißt: Du sollst Christum haben und hier: Er ist da. *Lex precipit, evangelium offert.* Also wo immer *Christus* postuliert wird, da ist Gesetz, und wo er da ist, da ist Evangelium. Wo aber ein Mensch von Christus getrennt ist – und sonst wäre ja die Forderung: *tu debes Christum habere* nicht not – da liegt noch Zeit zwischen ihm und Christus. Wo er hingegen da ist, da ist Gottes Gnade und meine Sünde in *eine* Zeit gerückt, in das Heute des Evangeliums. Da ist Heilszeit." Vgl. auch ders., *Gesetz und Evangelium* (Anm. 26), 263.

auch entscheidend von Gottes Handeln an und im Menschen, also von der theologia crucis, her. Was das auf sich hat, werden wir aber noch feststellen müssen.

3. „Realismus", aber kein „Standpunkt"

Ich versuche jetzt zu verstehen, was Iwand meinte, als er das „konfessionelle Schematisieren" ablehnte, um den „wahren Gegenstand der theologischen Diskussion"[31] wieder ins Zentrum zu stellen. Im Blick auf diese Frage wenden wir uns nun seiner Rezension von Franz Hildebrandts „EST" aus dem Jahr 1933 zu, weil er sich darin genötigt sah, sich zu Hildebrandts profiliert lutherischer Position zu äußern. Iwand kennzeichnet das Thema von Hildebrandts Buch als nichts weniger als „die Immanenz des Göttlichen, oder besser gesagt: das Wirken Gottes in seiner Schöpfung und das Umfangensein dieser in solcher ‚Wirklichkeit‘" und lobt ihn dafür, dass er dieses Thema „in seiner Größe gesehen und in seiner dogmatischen Wichtigkeit dargetan"[32] habe.

Hildebrandt habe laut Iwand „zweifellos richtig gesehen, daß es sich im Abendmahlsstreit Luthers um ein grundsätzliches Datum handelt", das heißt: um mehr als ein konfessionelles Merkmal. Iwand fügt aber gleich einschränkend hinzu: „Es fragt sich nur, ob dieses Datum sich mit dem deckt, was der Vf. als eigene Position daraus gewinnt."[33] Einig mit Hildebrandt ist Iwand also darin, dass wir fragen sollen, welche theologische Entscheidung in Luthers Abendmahlslehre dran ist, uneinig aber darüber, was das für die eigene Theologie bedeutet.

Was war die eigene theologische Position Hildebrandts? Der Freund Bonhoeffers ist aus Iwands Sicht „weitgehend durch die polemische Abzweckung gegen die dialektische Theologie bestimmt".[34] Das verdunkele allerdings nur die Sachlage, „[d]enn Luthers Gegner von damals und des

---

31 Hans Joachim Iwand, Coena Domini. Bemerkungen zu dem Buch von Helmut Gollwitzer (Anm. 1), 127.
32 Hans Joachim Iwand, Rezension von Franz Hildebrandt, EST. Das Lutherische Prinzip (Anm. 4), 273.
33 Ebd.
34 A.a.O., 274.

Vf.s Gegner von heute unterscheiden sich doch in wesentlichen Punkten."[35] Hildebrandt meint:

> „Das ‚Est als Wirklichkeit' behauptet nichts anderes als das Prinzip der ‚Einlinigkeit' des Glaubens – an der ja gerade ein Gegner wie Barth das lutherische Wesen sogleich erkennt."[36]

Für ihn bedeutet das „Est" also „nichts anderes als das Prinzip der Eindeutigkeit in der Erkenntnis Gottes"[37], wie es auch „das Prinzip der ‚Einseitigkeit' in der Offenbarung [...] behauptet".[38] „Eindeutigkeit", „Einseitigkeit" und „Einlinigkeit" stehen hier jeder Form von „Dialektik" gegenüber, was wohl besagt, dass er nur eine unreflektierte und eindeutige Gotteserkenntnis als Grund echter Glaubensgewissheit für genuin lutherisch hält.[39] Hildebrandt findet dies bei Luther in der

> „Idee des *Deus revelatus* oder *incarnatus*, die wiederum schon in dem Thema von ‚De servo arbitrio' das der Abendmahlslehre vorbildet, wenn Luther sich gegenüber Erasmus auf Paulus beruft: ‚wir können wissen, was uns von Gott gegeben ist.' [...] Von hier aus dürfte die Beziehung zwischen Luther und Hegel ohne weiteres verständlich sein."[40]

Bemerkenswert ist, dass wir in diesem Zitat denselben Zusammenhang angedeutet finden, den wir bei Iwand mehrfach wahrgenommen haben, nämlich zwischen Luthers Abendmahlslehre und seiner Lehre vom unfreien Willen. Aber die Zielrichtung ist eine andere. Hegel ist es – so Iwand in seiner Besprechung –, der bei Hildebrandt „eine Luther verwandte Einheit von Geist und Geschichte im Sinne hat und dessen Philosophie immer noch die beste Anleitung zum Verständnis des lutherischen Est abgibt."[41] Das „Est", die Realpräsenz, ist der wahre „Standpunkt"[42] der Theologie. Die Kennzeichnung „Standpunkt" zeigt, dass es hier um Identifizierung und Konkretheit geht, nicht um Gottes Handeln.

---

35 Ebd.

36 Franz Hildebrandt, *EST. Das Lutherische Prinzip* (SSTH 7), Göttingen 1931, 110.

37 A.a.O., 111.

38 A.a.O., 112.

39 Vgl. Hans Joachim Iwand, Rezension von Franz Hildebrandt, EST. Das Lutherische Prinzip (Anm. 4), 272.

40 Franz Hildebrandt, *EST. Das Lutherische Prinzip* (Anm. 36), 111.

41 Hans Joachim Iwand, Rezension von Franz Hildebrandt, EST. Das Lutherische Prinzip (Anm. 4), 273.

42 Franz Hildebrandt, *EST. Das Lutherische Prinzip* (Anm. 36), 111.

Iwands Kritik an Hildebrandts Lösung ist, dass er zu wenig beachtet, „von welcher Fragestellung Luther selbst herkommt"[43], nämlich der Rechtfertigungslehre, die ja nicht ein an und für sich stehender reformatorischer Glaubensartikel ist, sondern nur von Gottes eschatologischem Handeln her zu verstehen ist. In der Rechtfertigungslehre geht es nach Iwands Überzeugung ja um nichts weniger als

> „die Wirklichkeit des Menschen und die Wirklichkeit Gottes und dies, daß das eine ohne das andere nicht gefunden werden kann. Alles, was auf Erden geschieht, in seinem letzten, endgültigen, eschatologischen Sinne, hat dies eine Ziel: den wirklichen Menschen und den wirklichen Gott miteinander zu konfrontieren."[44]

Von daher kennzeichnet er die Rechtfertigung denn auch als „ein geschichtliches, genauer gesagt: ein menschheitsgeschichtliches und endgeschichtliches Geschehen."[45]

Vor diesem Hintergrund verwundert es nicht, dass Iwand seine Besprechung mit einem Hinweis auf Luthers theologia crucis als Ausdruck seines spezifischen „Realismus"[46] abschließt. Obwohl er das nur andeutet, ist klar, dass es sich hier nach seiner Meinung um das genuin-lutherische „Est" handelt, das aber nicht ein „Prinzip" ist oder werden soll, sondern eine eigene Dialektik aufweist, die Luther nicht so von Barth abhebt, wie Hildebrandt es gern haben möchte.

4. Unumgängliches Umdenken

Iwands eigene Sicht des Zusammenhanges von Abendmahlslehre und Lehre vom unfreien Willen bei Luther verrät sich in seiner kritischen Gegenfrage an Hildebrandt:

---

43 Hans Joachim Iwand, Rezension von Franz Hildebrandt, EST. Das Lutherische Prinzip (Anm. 4), 274.

44 Hans Joachim Iwand, *Der Kampf um das Erbe der Reformation* (Anm. 13), 131f (Hervorhebung von Iwand).

45 Hans Joachim Iwand, Glaubensgerechtigkeit nach Luthers Lehre, in: ders. Glaubensgerechtigkeit (Anm. 4) (11–125), 17.

46 Hans Joachim Iwand, *Rezension von Franz Hildebrandt, EST. Das Lutherische Prinzip* (Anm. 4), 275.

„Wäre es nicht besser gewesen, die geschichtlich beglaubigten Widersacher [Luthers] als Typen des ‚anderen Geistes' heranzuziehen?"[47]

Er verweist dazu in dieser Rezension auf einen Aufsatz von Erich Seeberg in der Festschrift für dessen Vater, mit dem Titel „Der Gegensatz zwischen Zwingli, Schwenckfeld und Luther", in dem sich alles um das Verständnis von „Geist" dreht. Seeberg schreibt dort:

„Wenn jene [Zwingli und Schwenckfeld] alle den Geist als konzentrierte Inner- lichkeit und als abstraktes Bewußtsein denken, jenseits der Sphäre des Wirk- lichen – also als bloße Vernunft oder als reinen Willen – so denkt Luther den Geist auf dieser Welt stets ‚in etwas', in der Wirklichkeit, in der Geschichte."[48]

Diese Akzentuierung der Verbindung von „Geist" mit Gottes Wirken in der Geschichte hat Iwand damals nicht nur als theologisch richtig empfun- den, sondern auch als Wünschelrute angewendet, um Luthers Haltung in weltlichen und politischen Fragen zu verstehen. Wie wir schon gesehen ha- ben, handelte es sich hier für Iwand nicht um eine rein historische Fragestel- lung, sondern um eine systematisch-theologische Klärung der Lage seiner eigenen Zeit. Wie hat er die Zusammenhänge wahrgenommen?

In seiner Besprechung von Gollwitzers Coena Domini betont Iwand, Luther

„witter[e] einen metaphysischen Zusammenhang zwischen den Sakramentari- ern und den politischen Schwärmern".[49]

Was Iwand in seiner Rezension von Gollwitzers Coena Domi- ni über Luthers Haltung den Spiritualisten gegenüber schreibt, gilt also mutatis mutandis auch von den „politischen Schwärmern":

„Die Entwicklung, die Luther hinter den Sakramentariern witterte, die Gesichte, die ihn hier schreckten ebenso wie seine Bemühungen, diesem ‚Geist' den Weg zu verlegen und ihm keine Tür in die christliche Kirche offen zu lassen – das alles sind mehr als theologische Positionen."[50]

---

47 A.a.O., 274.

48 Erich Seeberg, Der Gegensatz zwischen Zwingli, Schwenckfeld und Luther, in: Wilhelm Koepp (Hg.), *Reinhold-Seeberg-Festschrift. Bd. I. Zur Theorie des Christentums*, Leipzig 1929, 63.

49 Hans Joachim Iwand, *Coena Domini. Bemerkungen zu dem Buch von Helmut Gollwitzer* (Anm. 1), 131.

50 A.a.O., 131 f.

Was meint Iwand mit einem „metaphysischen Zusammenhang"? Die wohl am meisten gängige Konnotation bei den Begriffen „Metaphysik" bzw. „metaphysisch" ist die einer „religiösen Hinterwelt". Sie passt aber keineswegs zu dem, was Iwand im zitierten Satz sagen will. Nun benutzt er dasselbe Wort „metaphysisch" in seinem Aufsatz „Der Kampf um das Erbe der Reformation":

> „In jedem Menschen reift ein metaphysisches Geschehen, in dem einen das Reich Gottes, in dem anderen das des Bösen. Das Geheimnis dieser letzten Entzweiung, der alles Dasein zutreibt, muß verdeckt bleiben. Die menschliche Vernunft wird eher zuschanden, als daß sie es enträtselt."[51]

„Metaphysisch", so meine ich zu begreifen, führt uns nicht über diese Wirklichkeit hinaus, sondern eher umgekehrt, sieht auf das, was Gott in der Geschichte tut. Wenn Iwand von einem „metaphysischen Zusammenhang zwischen den Sakramentariern und den politischen Schwärmern" spricht, meint er damit also, dass in der Geschichte Gottes mit der Welt diese zwei verschiedenen Bewegungen auf einen Nenner gebracht werden können, gerade weil sie beide einen Angriff auf das Reich Christi bilden und zwar grundsätzlich an derselben Stelle.

Um uns vor Augen zu führen, warum dieser Zusammenhang Iwand damals so wichtig war, zitiere ich einen Passus aus dem Aufsatz „Religion und Kultur", den er 1931 in der rechtsgerichteten politischen Zeitschrift „Jungnationale Stimmen" veröffentlichte. In dieser Phase seiner Entwicklung hatte er eine offene Flanke in Richtung des antidemokratischen Denkens, wie sich allein schon darin zeigt, dass er in dieser Zeitschrift publizierte. Auffällig ist nun, dass Iwand in diesem Aufsatz auf die Taufe Bezug nimmt:

> „der christliche Glaube kennt keinen größeren Feind als den Menschen, der sein Leben zu erhalten sucht, er kennt keine größere Blasphemie, als wenn dieser Mensch, der hier auf Erden zu Hause ist, sich als göttlich, wahr und endgültig ausgibt. Denn das, was wir jetzt sind, so sagt Luther einmal, ist nur Material, aus dem Gott den Menschen, der wir nicht sind, bereitet. Das Verständnis des Menschen, das damit angedeutet ist, und das in dem christlichen Symbol der Taufe, die aus diesem Grunde ein ‚Zeichen' heißt, seinen beredten Ausdruck gefunden hat, ist das eschatologische. Es heißt uns eines neuen Daseins warten, eines Daseins freilich, dessen Gestalt nicht unsere Phantasie entwirft, die doch wieder die Farben zu ihrem Gemälde unserem Geist entnehmen müßte, sondern eines Daseins, das in der Gestalt Jesu

---

51 Hans Joachim Iwand, *Der Kampf um das Erbe der Reformation* (Anm. 13), 142.

Christi aller Welt vor Augen gestellt ist, und das – als Verheißung – seinen Platz mitten in der Geschichte des Menschengeschlechts behauptet."[52]

Der Duktus des Aufsatzes zeigt eine Tendenz in Richtung antidemokratischen Denkens, und wie wir gesehen haben, war Iwand in seiner Rede von
der „ontologischen Bestimmung" des Menschen als einem „Sein unter dem
Gesetz" darauf aus, die Theologie auf die geschichtliche Wirklichkeit zu beziehen, wobei die Taufe in die Sphäre der Deutung und damit des Kraftlosen
gedrängt wird. Wir sollten aber nicht darüber hinwegsehen, dass ihm das
vor allem auch hier nicht wirklich gelingt. Der Duktus des Gedankenganges
gibt den Eindruck, dass die Taufe nur illustriert, aber wenn Iwand dann von
„warten" spricht, vom „Dasein, das in der Gestalt Jesu Christi aller Welt vor
Augen gestellt ist" und nicht als geschichtlich-wirksame Realität, sondern
als „Verheißung" sich behauptet, so ist es so gut wie unmöglich, diese Taufe
nahtlos mit einem antidemokratischen Geschichtsdenken zu verbinden.

Dennoch, so wenig wie Iwands Rede vom „Metaphysischen" war auch
seine Rede vom „Ontologischen" statisch. Er kritisierte Hildebrandt, weil er
sich an Hegel orientierte, aber er schloss sich damals weitgehend an Erich
Seeberg an, der ja auch von Hegel herkam, aber mit anderem Akzent, nämlich dem geschichtlich-wirksamen.[53]

1938 hat Iwand in dieser Hinsicht umgelernt. Ich kann es hier nur an-
deuten, weil ein eingehendes Referat uns vom eigentlichen Thema wegfüh-
ren würde. In den späten dreißiger Jahren hat er die Tür in die Richtung
einer Geschichtstheologie im Seebergschen Sinn geschlossen. Barth ist ihm
schon Ende 1933 „vorbildlich in seiner Gradheit"[54], und die Verbindung mit
Seeberg war schon längst abgebrochen. Aber als Barth sich immer klarer in
politischem Sinne äußert, wie vor allem in seinem Brief an Hromádka, wendet Iwand sich vehement dagegen. Was dahinter steckt, zeigt sich zum Beispiel in seiner Rezension von Gollwitzers Buch, nämlich darin, dass sowohl
Sakrament wie auch Stand und Staat von der Kreuzestheologie her gese-

---

52 Hans Joachim Iwand, Religion und Kultur, Jungnationale Stimmen 6 [1931] H. 6, 172;
    Neuabdruck in: Gerard den Hertog/Eberhard Lempp (Hg.), Der „frühe Iwand". Arbeiten
    zur Theologie Hans Joachim Iwands 3, Waltrop 2008, 248 f.
53 Vgl. Peter-Paul Sänger, Anfänge und Herkunft Iwands – seine theologischen Lehrer,
    in: Jürgen Seim/Martin Stöhr (Hg.), Beiträge zur Theologie Hans Joachim Iwands (Ar-
    noldshainer Texte Band 51), Frankfurt a.M. 1988, 11–23.
54 Hans Joachim Iwand, Briefe an Rudolf Hermann (Nachgelassene Werke Band 6), (1964)
    Gütersloh 2000², 260.

hen werden sollen.[55] Es gibt auch dann aus der Sicht Iwands wirklich einen Zusammenhang zwischen den „Sakramentariern" und den „Schwärmern", aber die Suche nach einer Verbindung mit einem antidemokratischen Denken ist dahin.

Das will aber nicht sagen, dass das unumgängliche theologische Umdenken an dieser Stelle damals schon zum Ziel gekommen war. Unter dem Eindruck des Versagens der Lutheraner im Kirchenkampf schreibt Iwand 1957 den Aufsatz „Stand und Sakrament" in der Gedenkschrift für Präses Held.[56] Darin bezeugt er Luther noch einmal Beifall in der Hinsicht, dass er „recht gesehen" habe, dass es eine „Parallelität"[57] zwischen den „Sakramentariern" und den „Schwärmern" gab.

> „Luther kämpft in seiner Lehre vom Sakrament gegen den ‚Verlust der Außenwelt'. Er wußte, daß, geht sie verloren, auch das Wort Gottes nicht mehr Wort Gottes für uns sein kann."[58]

Auch hier wieder die welthistorische Perspektive. Iwand spricht im Hinblick auf das 16. Jahrhundert sogar von „dem unbestechlichen Tiefblick ihrer maßgebenden Führer"[59] und denkt auch dabei allen voran an Luther, der denselben Kampf – gegen den „Verlust der Außenwelt" – auch in der Konfrontation mit den Schwärmern geführt hat.

Iwand korrigiert und repariert jetzt aber auch: der Stand gehört in die Lehre der Schöpfung, die Taufe ist aber von Jesus Christus her zu verstehen. Das heißt: wie Gott in der Schöpfung handelt, dadurch dass er sich durch sein Wort an bestimmte Stände bindet, unterscheidet sich darin von seinem Handeln durchs Sakrament, dass das Taufwasser sich nicht selbst behaup-

---

55 An den westfälischen Präses Karl Koch schrieb Iwand am 24. April 1939: „Es hat mich gefreut, neulich Asmussen hier zu sprechen. Seine Arbeit über Röm. 13 hat mir sehr gefallen. Ich sehe in der von Günther Dehn/Karl Barth neuerdings vertretenen Deutung eine Entwicklung, die wir nie mitmachen können, denn sie führt zur Theokratie. Der Staat ist nicht erst durch seinen Dienst für Christus, sondern er ist per se eine Ordnung mit göttlicher Autorität. Hier könnte es allerdings einen scharfen Schnitt in der BK geben. Denn Herrschaft Christi heißt für uns dann etwas anderes als für jene: bei jenen kommt das Kreuz zu kurz".

56 Hans Joachim Iwand, Stand und Sakrament (1957), in: Hans Joachim Iwand, Glaubensgerechtigkeit. Gesammelte Aufsätze (Anm. 4), 240–264.

57 A.a.O., 248 f.

58 A.a.O., 248.

59 A.a.O., 250.

ten und gegen Gott wehren kann.[60] Das darf uns aber nach Luther – und
Iwand – nicht darüber hinwegtäuschen, dass in beiden Fällen Gottes Wort
das Instrument, dessen Gott sich bedient, qualifiziert und damit ein echtes
Außen setzt.[61] Und

> „nun bringt erst [...] [d]er Glaube an Gottes Wort und Befehl [...] das in den
> ‚Stand' gelegte Geheimnis heraus, entdeckt es und entfaltet es in Dankbarkeit.
> Auch hier treffen wir also auf ein Stück jener Theologia crucis [Theologie des
> Kreuzes], wonach dem weltlichen Auge und dem selbstsüchtigen Sinn das ver-
> deckt ist, was Gott an Gabe und Kraft in die Niedrigkeit gelegt hat.“[62]

Noch immer kein Prinzip also, sondern die lebendige, geschichtliche
Wirklichkeit der theologia crucis. Aber das Handeln Gottes in der Geschichte, als Schöpfer, kann in keiner Weise selbständig, sondern nur in Bezug auf Jesus Christus und von ihm her gedacht werden. Die offene Flanke
bei Iwand in Richtung der Schwärmerei des 20. Jahrhunderts ist zugedeckt
und das Einfallstor für antidemokratisches Denken ist geschlossen.

---

60 Vgl. a.a.O., 248.253.262.
61 Vgl. a.a.O., 247.
62 A.a.O., 262.

Margit Ernst-Habib

Die Heiligkeit Gottes als Grund und Verheißung einer theologischen Religionskritik[1]

Einige einleitende Beobachtungen zum gegenwärtigen „Stand der Religion"

Kaum ein Tag vergeht ohne Nachrichten von religiös motivierten Konflikten zwischen verschiedenen Religionsgemeinschaften (oder zwischen Zweigen der gleichen Religionsgemeinschaft), die Leiden, Diskriminierung, Verfolgung und sogar den Tod mit sich bringen. Überall auf der Welt, von Syrien bis Deutschland, von den Niederlanden bis in die USA, von Frankreich bis Nigeria, erreichen religiöse Feindseligkeiten neue Höhepunkte und fordern Tag für Tag Opfer in einem kaum mehr vorstellbaren Ausmaß.[2] Wenn also Christopher Hitchens in seinem Bestseller die Behauptung aufstellt, dass „Religion tötet"[3], dann scheint er damit nur das allzu Offensichtliche

---

1 Das englische Original dieses Textes wird unter dem Titel „The Holiness of God as Reason for and Promise of a Theological Critique of Religion" im Herbst 2015 in dem von David Jensen herausgegeben Sammelband *Always Being Reformed* in den USA erscheinen und beruht auf einem Vortrag für die „Inaugural Clarence N. and Betty B. Frierson Distinguished Scholars' Conference" am Austin Presbyterian Theological Seminary im März 2014. Der Text wurde für die deutsche Übersetzung nur leicht überarbeitet und gekürzt.

2 Die neueste Studie des *Pew Research Center* (the Religion and Public Life Project) von 2014 belegt, dass in einem Drittel der untersuchten 198 Länder religiöse Feindseligkeiten ein Sechs-Jahres-Hoch erreicht haben. Der vollständige Report kann unter http://www. pewforum.org/files/2014/01/RestrictionsV-full-report.pdf [letzter Zugriff 06.05.2015] nachgelesen werden.

3 Das zweite Kapitel seines Buches *Der Herr ist kein Hirte. Wie Religion die Welt vergiftet*, München 2009 (amerikanisches Original 2007) trägt die Überschrift „Religion tötet".

festzustellen.[4] Gleichzeitig jedoch gehört „Religion" weltweit und in allen
Kontexten zu den für Menschen der unterschiedlichen Glaubensrichtungen
bedeutsamsten Beweggründen, sich ungerechten politischen, gesellschaftlichen und ökonomischen Systemen entgegenzustellen. Auf ganz spezifische
Weise motiviert und unterstützt „Religion" überall auf der Welt Menschen
dabei, für eine gerechtere lokale wie globale Gesellschaft zu arbeiten und
sich für Versöhnung, Integration und Konvivenz einzusetzen.[5] Schaut man
auf die Rolle, die „Religion" im konkreten Leben von Frauen, Kindern und
Männern spielt, dann wird dieser widersprüchliche Charakter von „Religion" noch augenscheinlicher, der in seinem Potential zu Stärkung und Befä-
higung auf der einen Seite, und auf der anderen Seite in seinem Potential zu
Begrenzung, Unterdrückung und Negation besteht – keine Religion scheint
dieser inhärenten Ambiguität entkommen zu können.

In den sog. „säkularisierten"[6] Staaten Europas wie zum Beispiel Deutschland wird eine weitere signifikante Entwicklung bezüglich des Status von
„Religion" und seiner Bedeutung für das alltägliche Leben sichtbar, die auf
den ersten Blick ebenso widersprüchlich zu sein scheint wie die gerade
geschilderte Ambiguität der Religion: auf der einen Seite verzeichnen alle
etablierten Kirchen, protestantische wie römisch-katholische, einen dras-
tischen Mitgliederschwund und eine weitreichende Abnahme an Verbind-
lichkeit und Engagement der verbliebenen Kirchenglieder, die sich zu einem
großen Teil dazu selbst als „kirchenfern" und nicht länger als Gläubige im
herkömmlichen Sinne verstehen.[7] Auf der anderen Seite stellen praktisch-

---

4   Für eine ausgewogenere und fundiertere Diskussion des Verhältnisses von Religion und
    Gewalt vgl. z.B. den von Ingolf Dalferth und Heiko Schulz herausgegebenen Band *Religi-
    on und Konflikt. Grundlagen und Fallanalysen*, Göttingen 2011, der Beiträge von christ-
    lichen, muslimischen und jüdischen Autoren und Autorinnen beinhaltet; vgl. auch die
    theologische Analyse von Martin Hailer, Theologische Religionskritik als Gewaltkritik.
    Ein altes Vorurteil und ein bleibendes Problem, in: Marco Hofheinz u.a. (Hg.), *Theolo-
    gische Religionskritik. Provokationen für Kirche und Gesellschaft (Forschungen zur Refor-
    mierten Theologie 1)*, Neukirchen-Vluyn 133–150.

5   Zur konfliktlösenden und integrierenden Wirkmacht von Religion vgl. zum Beispiel Pe-
    ter Antes u.a.(Hg.), *Konflikt – Integration – Religion. Religionswissenschaftliche Perspekti-
    ven*, Göttingen 2013. Zum Konzept der „Konvivenz" im Gegensatz zu Ko-Existenz vgl.
    Theo Sundermeier, *Konvivenz und Differenz*, Erlangen 1995.

6   Für eine hilfreiche Analyse des Begriffs „Säkularisierung" siehe Detlev Pollack, *Säkulari-
    sierung – ein moderner Mythos?*, Tübingen 2003.

7   Vgl. Thomas Großbölting, *Der verlorene Himmel. Glaube in Deutschland seit 1945*,
    Göttingen 2013. Die V. EKD-Erhebung über Kirchenmitgliedschaft „Engagement und
    Indifferenz" von 2014 stellt fest, dass eine Mehrheit der Kirchenglieder sich selbst als kir-

theologische und religionssoziologische Forschungen seit Jahren fest, dass Religion nicht nur *nicht tot* ist, sondern dass sie tatsächlich im Aufschwung begriffen ist, dass eine große Anzahl von Menschen innerhalb und außerhalb der Kirche sich selbst als „religiös" versteht und sich nach persönlichen, spirituellen Erfahrungen im weitesten Sinne sehnt. Schlagwörter wie das von der „Rückkehr der Religion" oder dem „Megatrend Religion" werden kontrovers diskutiert, und wenn sie auch keine adäquate Beschreibung des aktuellen religiösen *status quo* in Deutschland bieten mögen,[8] so verweisen sie doch auf eine Tatsache, die zum Verständnis der Rolle und Funktion von Religion in einer säkularen Gesellschaft zu Beginn des 21. Jahrhunderts grundlegend ist: Zwar mögen Kirchen, ihre Glieder, Repräsentanten und Repräsentantinnen in säkularisierten Gesellschaften als immer *irrelevanter* erfahren werden, gleiches gilt jedoch nicht für Religion im Allgemeinen. Religion nimmt *de facto* immer noch eine zentrale Rolle insbesondere in den Medien ein, sichtbar in Form eines virtualisierten Christentums[9] sowie in medialen Populärdarstellungen nicht-christlicher Religionen und religiöser Gestalten,[10] während *gleichzeitig* „andere" Religionen verstärkt als Bedrohung der Gesellschaft von innen und außen wahrgenommen und gefürchtet werden.[11] Trotz aller proklamierten Gleichgültigkeit ihr gegenüber scheint „Religion" oftmals sowohl der Angst vor wie auch der Anziehungskraft von den „Anderen" zugrunde zu liegen. Zusammenfassend lässt sich festhalten, dass selbst in säkularisierten Ländern unterschiedliche Verständnisse von und Erfahrungen mit Religion(en) im Leben der Gesellschaft allgegenwärtig

---

chenfern versteht und nicht nur der christlichen Religion, sondern Religion und Spiritualität insgesamt gegenüber indifferent ist. Mit Anja Gladkirch und Gert Pickel, Politischer Atheismus – Der „neue" Atheismus als politisches Projekt oder Abbild empirischer Realität?, in: Gert Pickel/Oliver Hidalgo (Hg.), *Religion und Politik im vereinigten Deutschland. Was bleibt von der Rückkehr des Religiösen?*, Wiesbaden 2013, 137–163, 160, wäre daher genauer nicht von einer Rückkehr der Religion, sondern von vielmehr von einer Rückkehr der Religion in die öffentliche Aufmerksamkeit und Diskussion zu sprechen.

8 Vgl. z.B. Ulrich H.J. Körtner, *Wiederkehr der Religion? Das Christentum zwischen neuer Spiritualität und Gottvergessenheit*, Gütersloh 2006.

9 Besonders offensichtlich etwa im Umfeld von Papstwahlen, aber auch in der medialen Aufbereiten von kirchlichen Skandalen.

10 Wie etwa der Gestalt des Dalai Lama und dem Dekorationstrend „Buddhismus".

11 An dieser Stelle sei nur auf die sich immer stärker manifestierende Islamophobie verschiedener Strömungen in Deutschland verwiesen, wie sie insbesondere in der PEGIDA-Bewegung in die Öffentlichkeit getragen wurde; zu Islamophobie in Deutschland und Europa vgl. z.B. Dorothée de Nèves gleichnamige Untersuchung von 2013.

sind, und dass die Behauptung, dass es „keine Gesellschaft ohne Religion"[12] gäbe, auch hier offenbar zutrifft.

Genau diese zentrale, wenngleich diffuse und mehrdeutige Rolle, die die Religion im täglichen Leben weltweit spielt, verlangt eine nähere Betrachtung und Religionskritik insbesondere auch aus theologischer Perspektive. Für christliche Theologien und Kirchen ist es von sogar noch entscheidender Bedeutung, diese widersprüchlichen Entwicklungen eines vermeintlichen „Megatrends Religion" und einer wachsenden Gleichgültigkeit Religion gegenüber in Betracht zu nehmen, nicht etwa um von gesellschaftlichen Entwicklungen zu profitieren (und dadurch womöglich die Mitgliederzahlen zu erhöhen) oder sich gegenwärtigen Strömungen und Prozessen anzupassen, sondern um ihre inhärenten Voraussetzungen und Implikationen genauer zu untersuchen. Wie können christliche Kirchen und Theologien auf einen Megatrend Religion antworten, der zu wachsen und gedeihen scheint, während er gleichzeitig Hand in Hand mit dem Megatrend „Gottvergessenheit"[13] geht; einem Megatrend, in dem Religion abgesehen von jeder Vorstellung eines personalisierten Gottes verstanden werden kann, mit dem Menschen in einer sinngebenden Beziehung leben könnten? Was haben christliche Kirchen und Theologien andererseits ihren Gemeindegliedern zu sagen, die sich selbst nicht nur als kirchenfern, sondern sogar als gleichgültig allen religiösen Aspekten gegenüber verstehen? Und wie können christliche Kirchen und Theologien, und das nicht allein hier in Deutschland, sondern weltweit, gleichzeitig mitbedenken, dass „Religion" von vielen Menschen als eine heilsame, ermächtigende, befreiende, förderliche Dimension ihrer Beziehung zu Gott und den Menschen gelebt und erfahren wird?

Diese Fragen deuten bereits die zwei zentralen Brennpunkten der folgenden Überlegungen an: In welcher Beziehung stehen „Religion" und „Gott"? Spezifischer gefragt: Wie kann eine christliche Theologie aus reformierter Perspektive die Beziehung zwischen dem, wer Gott ist und was Gott tut, und der menschlichen Antwort auf diesen Gott in Form von Religion verstehen? Wie kann diese Theologie dabei helfen, Religion – und hier primär die *christliche* Religion, als nicht mehr und nicht weniger als ein *menschliches*

---

12 Vgl. z.B. Trutz Rendtorff, *Gesellschaft ohne Religion? Theologische Aspekte einer sozialtheoretischen Kontroverse (Luhmann/Habermas)*, München 1975; Rene Girard, *Das Heilige und die Gewalt*, Düsseldorf 1995, 321 et passim; wobei die beiden Autoren jedoch aus einer je unterschiedlichen Perspektive diskutieren.

13 Körtner, *Wiederkehr* (Anm. 8), 51.

Konstrukt zu entlarven, immer in Gefahr, eher selbstgemachte Idole und falsche Götter zu konstruieren,[14] zu verkündigen und zu glauben, als auf den „Heiligen Einen" zu vertrauen? Und schließlich, wie kann eine solche theologische Religionskritik zu einem gottesdienstlichen Leben beitragen, *coram Deo* und *coram mundi*, in dem menschliches Leben in der *communio sanctorum* als Gemeinschaft der Heiligen mit Gott und Gottes gesamter Schöpfung gelebt werden kann?

Definitionen von „Religion": Mehr Fragen als Antworten...

Unbestritten gibt es eine große, geradezu überwältigende Vielzahl von Religionsdefinitionen; kein einzelnes Konzept, keine Definition jedoch kann auch nur annähernd einen Anspruch auf universale Gültigkeit erheben, weder in Theologie, noch in Soziologie, Religionssoziologie, Philosophie oder in einer anderen wissenschaftlichen Disziplin.[15] Lange Zeit wurde zudem das Konzept „Religion" in all seinen unterschiedlichen Definitionen sowohl im allgemeinen Sprachgebrauch als auch in der akademischen Welt dabei eher unkritisch verstanden und behandelt, indem es als allgemeingültiges und konstantes „human feature"[16] unhinterfragt vorausgesetzt wurde. Dies hatte zum Ergebnis, dass „Religion" zur Kategorie der „Plastikwörter" im Sinne von Uwe Pörksen[17] zu gehören scheint: ein amorphes Stereotyp mit pseudo-wissenschaftlichem oder universalem Klang, verwandt als (vorgeblich) hilfreiches Konstrukte zur Unterstützung von Kommunikation und Dialogen der unterschiedlichsten Art. Tatsächlich jedoch sind Plastikwörter nach Pörksen schwer fassbare, leere Wörter ohne konkrete und nach-

---

14 Calvins Warnung, dass „der Menschengeist zu allen Zeiten sozusagen eine Werkstatt von Götzenbildern gewesen ist" (Inst. I.11.8), kommt hier in den Sinn.

15 Vgl. dazu die umfassende Darstellung in vier Bänden von Ernst Feil, *Religio – Die Geschichte eines neuzeitlichen Grundbegriffes (Forschungen zur Kirchen- und Dogmengeschichte Bd. 36)*, Göttingen 1986–2012.

16 Vgl. Tomoko Masuzawa, *The Invention of World Religions, or, How European Universalism was Preserved in the Language of Pluralism*, Chicago 2005, 1f.

17 Uwe Pörksen, *Plastikwörter. Die Sprache einer internationalen Diktatur*, Stuttgart [7]2011. Christa Dommel, Biographien als Ort von Religion. Jürgen Lotts Theorie der Erfahrung mit Religion, in: *Theo-Web. Zeitschrift für Religionspädagogik* 7 Heft 2 (2008), 202–213, 204, verweist darauf, dass „Religion" als Begriff des öffentlichen Diskurses umso populärer zu werden scheint, je weniger Wissenschaft wie Gesellschaft sich auf eine abgegrenzte Definition zu einigen vermögen.

vollziehbare Bedeutung, die den jeweiligen Bedürfnissen einer spezifischen Gruppe von Menschen angepasst werden können und tatsächlich auch werden, während sie simultan den Charakter einer universalen Wahrheit, Gültigkeit und Autorität für sich selbst beanspruchen – viele dieser Merkmale scheinen auf die Verwendung des Begriffes der „Religion" zuzutreffen. Kritische Analysen des Begriffes der „Religion", die in den letzten Jahrzehnten aus theologischer und nicht-theologischer Perspektive in die Diskussion eingebracht wurden,[18] habe noch unzählige weitere Facetten dieses schwer zu definierenden Charakters von „Religion" zum Vorschein gebracht. Da jedoch der Umfang dieses Artikels keine ausführliche und angemessene Diskussion dieser Analysen erlaubt, sollen nur einige dieser Facetten wenigstens kurz zur Sprache gebracht werden, um die Bandbreite gegenwärtige Fragestellungen im Bezug auf den Begriff der Religion wenigstens anzudeuten.

Bereits die oberflächlichste Betrachtung des Begriffes zeigt dabei unmittelbar auf, wie grundsätzlich fragwürdig jedes Religionskonzept *per se* ist: auf globaler Ebene ist zunächst festzuhalten, dass die Mehrzahl von Sprachen, Kulturen und „Religionen" weltweit kein Wort oder Konzept besitzt mit dem das Wort „Religion" adäquat zu übersetzen wäre und welches als sein Pendant zum Sprachgebrauch etwa des europäischen wie nordamerikanischen, vom westlichen Christentum geprägten Diskurses genutzt werden könnte. Im westlichen Christentum wurde „Religion", von den lateinischen Begriffen „relegere" oder „religare" abstammend,[19] zunächst dazu verwandt, die „christliche Religion"[20] als die wahre Verehrung Gottes zu beschreiben – nicht in Opposition zu anderen Religionen, die erst im späten Mittelalter überhaupt in das Blickfeld von Theologie und Kirche kamen, sondern als Beschreibung einer menschlichen Ausdrucksweise, die sich von anderen Ausdrucksweisen, wie etwa der Kultur, unterscheidet und abgrenzt.[21] Der Plural des Begriffes „Religion" und mit ihm das konzeptu-

---

18 Vgl. dazu die in Anm. 15 genannten Bände von Ernst Feil sowie die darin aufgeführte umfangreiche Literatur.

19 Vgl. Carsten Colpe, Art. Religion und Religionswissenschaft, in: TRT⁴, Bd. 4, 239.

20 Vgl. Michael Weinrich, *Religion und Religionskritik. Ein Arbeitsbuch,* Göttingen ²2012, 11–24; für eine hilfreiche Einführung und Diskussion des Verständnisses von „Religion" bei Luther und Calvin vgl. Georg Plasger, Ansätze theologischer Religionskritik bei den Reformatoren, in: Hofheinz u.a. (Hg.), *Theologische Religionskritik* (Anm. 4), 65–75.

21 Wobei die Dialektik von Religion und Kultur in sich selbst ein Merkmal „westlichen" Denkens darstellt, das vielen andern gegenwärtigen wie historischen Kulturen/Religionen unbekannt ist; vgl. dazu z.B. Dommel, Biographien (Anm. 17), 204.

elle Verständnis von verschiedenen und disparaten Religionen wurde erst aufgrund von zwei innereuropäischen Entwicklungen aktuell: zum einen durch vermehrten Kontakt mit dem Islam durch arabische Eroberungen und friedliche Koexistenz; zum anderen durch die Aufspaltung der christlichen Kirche als Folge der Reformation. Dieser eurozentrische und „christliche" Charakter des Religionsverständnisses wurde noch offensichtlicher als europäische Kolonialmächte auf nicht-europäische Kulturen trafen und sie anhand eines Konzeptes kategorisierten und analysierten, dass ihnen selbst vollkommen fremd war, und dabei den kolonialen Vorannahmen entsprechend gar „Weltreligionen" konstruierten und erfanden.[22] Da diese Klassifikationen in der Mehrzahl weder neutral noch unvoreingenommen waren, sondern offensichtlich von (kolonialen) Interessen geleitet, kulminierten sie nicht selten in einer hierarchisch angeordneten Liste der Religionen, von den sogenannten „primitiven Naturreligionen" aufsteigend zu den „hochentwickelten monotheistischen Religionen", deren Klimax wiederum in der christlichen Religion als der einzig wahren und zivilisierten Religion gesehen wurde. Die desaströsen Auswirkungen dieser kolonialen Klassifikationen sind bis heute spürbar und werden insbesondere von postkolonialen Theorien und den sog. „Subaltern Studies" aufgezeigt und kritisiert.[23] Bereits seit einigen Jahrzehnten haben auch Frauen in Theologie und Kirche das Religionskonzept aus einer ganzen Reihe von Gründen in Frage gestellt, insbesondere wegen seiner binären Zuschreibung von privat/öffentlich, religiös/säkular, weiblich/männlich, die nicht mit religiösen Befreiungserfahrungen von Frauen korrespondierte, sondern stattdessen eher dazu beitrug, sie auszugrenzen und zu unterdrücken.[24] Man könnte sogar argumentieren, dass sich viele feministische Theologien, insbesondere in ihren Anfängen, als eine spezifische Form der theologischen Religionskritik

---

22 Ein erhellendes Beispiel für diese Fremdzuschreibung ist der Begriff des „Hindu", bzw. des „Hinduismus", der erst im Zuge der britischen Kolonialherrschaft und der wissenschaftlichen Beschäftigung mit Indien zu einer festen Größe wurde, dabei jedoch ein Kluster unterschiedlicher religiöser Strömungen umfasst, und erst später zu einer identitätsbildenden Selbstbezeichnung führte; vgl. dazu Angelika Malinar, *Hinduismus (Studium Religionen)*, Göttingen 2009, 13–25.

23 Vgl. dazu z.B. Jenny Daggers, *Postcolonial Theology of Religions. Particularity and Pluralism in World Christianity*, New York 2013.

24 Vgl. dazu die Beschreibung und Analyse bei Serene Jones, Transnational Feminism and the Rhetoric of Religion, in: Margaret A. Farley et.al. (Hg.), *A Just and True Love. Feminism at the Frontiers of Theological Ethics: Essays in Honor of Margaret A. Farley*, Notre Dame, IN 2007, 75–108.

(und des Konzepts der Religion an sich) entwickelten, verstanden nicht als rein akademische Übung, sondern als kontinuierlicher Prozess christlicher *metanoia*.[25] Aber noch mehr als von religiösen Institutionen und Paradigmen selbst wurde „Religion" seit dem 18. Jahrhundert in Europa zum Gegenstand heftigster Kritik aus anderen Disziplinen, wie etwa Philosophie, Psychologie und Soziologie, worauf Theologie und Kirche für lange Zeit mit eher apologetischen, gar verlegenen Versuchen reagierten, Religion zu verteidigen, wenn sie sich nicht gar gänzlich in die vermeintliche Sicherheit kirchlicher Absonderung begaben.

Gegenwärtig jedoch ist ein erneuertes Interesse an einer *theologischen* Religionskritik und ihrer Relevanz für Kirche und Gesellschaft in Deutschland festzustellen, und der vorliegende Artikel versteht sich als Teil dieses Diskurses. Ein zentraler Aspekt der gegenwärtigen Diskussion ist die Erkenntnis, dass jede theologische Religionskritik ihre dezidiert theologische Perspektive geltend machen und aufrechterhalten muss – sicherlich nicht ohne die Unterstützung anderer Disziplinen, aber nichtsdestotrotz sich selbst auf unapologetische Weise als *theo*-logisches Unterfangen verstehend. Einfacher ausgedrückt: Auch wenn viele populäre Religionsverständnisse der Gegenwart (zuweilen sogar innerhalb der Kirche) Gott vergessen zu haben scheinen, kann eine theologische Religionskritik es ihnen nicht nachtun. Ein wesentlicher erster Schritt zu einer theologischen Religions*kritik* muss daher in dem Versuch bestehen, eine theologische *Definition* von Religion zu erarbeiten, und dieser Aufgabe wenden sich die nun folgenden Überlegungen zu.

Theologische Annäherungen an eine Definition von „Religion"

„Denn Gott, der sprach:
Licht soll aus der Finsternis hervorleuchten,
der hat einen hellen Schein in unsre Herzen gegeben,
dass durch uns entstünde die Erleuchtung
zur Erkenntnis der Herrlichkeit Gottes
in dem Angesicht Jesu Christi.
Wir haben aber diesen Schatz in irdenen Gefäßen,

---

25 Vgl. dazu meinen Beitrag *Stammt Gott vom Manne ab? Denkanstöße für eine theologische Religionskritik als Sexismuskritik*, in: Hofheinz u.a. (Hg.), *Theologische Religionskritik* (Anm. 4), 151–178.

damit die überschwängliche Kraft
von Gott sei
und nicht von uns."[2 Kor 4:6f]

Den vorhergegangenen Beobachtungen und Überlegungen entsprechend kann also nicht davon ausgegangen werden, dass ein Konzept von „Religion" entwickelt werden könnte, das als unhinterfragbar wissenschaftlich, universal oder neutral angesehen werden könnte – Religion ist offensichtlich keine (gott-)gegebene menschliche Konstante, sondern vielmehr menschliches Konstrukt, welches als solches anfällig ist für alle Arten von Begrenzungen und Missbrauch. Bevor also eine Religionskritik entwickelt werden kann, muss die Tatsache, dass jeder Versuch, Religion zu definieren, selbst oder gerade wenn dies aus einer theologischen Perspektive geschieht, tatsächlich mehr Fragen und Probleme aufwirft als brauchbare und eindeutige Antworten zur Verfügung stellt. Daher können und sollen auch die folgenden Überlegungen zu einer Religionsdefinition aus theologischer Perspektive nur als vorläufige Annäherung an diese Frage verstanden werden, unternommen innerhalb eines christlichen Deutungskontextes aus reformierter Perspektive ohne jeden Anspruch auf universale Validität.

Aus dieser Perspektive heraus wäre zunächst festzuhalten, dass „Religion" auf fundamentale und essentielle Weise mit Menschen und mit „Gott" zu tun hat, was – wenn man die gegenwärtige Debatte über eine „Religion ohne Gott" in Betracht zieht - nicht so offensichtlich ist, wie es zunächst klingen mag. Diese näher zu bestimmende Beziehung zwischen Gott und den Menschen könnte dann als erster Ausgangspunkt für eine Beschreibung von Religion dienen: der gelebte christliche Glaube realer Menschen tritt als Religion in Erscheinung[26] in einer Vielzahl von Weisen, die ein jeweils partikulares Verständnis davon artikulieren, wer *Gott* und wer die *Menschen* sind. Religion, und diese Feststellung ist entscheidend, ist damit ein Konstrukt, das einen Zusammenhang herstellt zwischen mindestens *drei* Referenzpunkten: nicht nur zwischen Gott und den einzelnen Gläubigen, sondern zwischen Gott, den einzelnen Gläubigen *und* ihren Mitmenschen. In und durch Religion finden daher Gottes- wie Selbsterkenntnis (Calvin)[27] einen menschlichen und daher zwangsläufig begrenzten und fehlbaren

---

26 Michael Weinrich, *Theologische Religionskritik als Brücke zu einer Theologie der Religionen*, in: Hofheinz u.a. (Hg.), Theologische Religionskritik (Anm. 4), 18: „Dieser gelebte christliche Glaube tritt als Religion in Erscheinung."

27 Vgl. dazu die Einleitungssätze der Institutio zur Verbundenheit von *cognitio Dei et homine*: „All unsere Weisheit, sofern sie wirklich den Namen Weisheit verdient und wahr und

Ausdruck und Aktualisierung. Glaube an Gott wird als Religion gelebt, in Worten und Taten, im Privaten und Öffentlichen, in frommen Erfahrungen und intellektuellen Unternehmungen, in Strukturen und Begegnungen, im Gottesdienst und christlichen Leben, gemeinschaftlich und individuell, auf befreiende und bestärkende ebenso wie auf unterdrückerische und destruktive Weise. Die Beschreibung dieses zweideutigen Charakters von *Religion als gelebter Glaube* bereitet den Boden für eine weitere entscheidende und essentielle Differenzierung, die bei allen weiteren Überlegungen nicht außer Acht gelassen werden darf: Gott, Glaube und Religion sind drei separate Realitäten, die bei aller unbestrittenen Verbundenheit als solche verstanden werden müssen; weder kann Religion mit Glaube gleichgesetzt werden, noch kann der Anspruch erhoben werden, dass einen Glaube oder eine Religion zu „haben" bedeutet, dass die Gläubigen damit Gottes selbst hab-haft werden könnten. Mit den Worten von Michael Weinrich gesprochen muss die Aufgabe einer theologischen Religionskritik als Funktion der Kirche darin bestehen, auf diesen fundamentalen Unterschied von „Grund und Gestalt"[28] aufmerksam zu machen: der *Grund* von Kirche, Theologie und Religion liegt immer außerhalb ihrer selbst in Gott, dem Heiligen Einen, und aus diesem Grund müssen *alle Gestalten* von Kirche, Theologie und Religion ständig und unablässig kritisch hinterfragt und dekonstruiert werden. Die reformierte Tradition mit ihrer spezifischen Hermeneutik und ihrem inhärent theologischen Verständnis des *semper reformanda secundum verbum Dei*[29] hat eine Theologie hervorgebracht, die sich als „theology of trust and suspicion"[30] verstehen ließe und die auch für eine theologische

---

zuverlässig ist, umfasst im Grunde eigentlich zweierlei: Die Erkenntnis Gottes und unsere Selbsterkenntnis."

28 Weinrich, *Theologische Religionskritik* (Anm. 26), 21–23.

29 Vgl. dazu den Beitrag von Jason Goroncy, Semper Reformanda as a Confession of Crisis, in dem in Anm. 1 erwähnten Sammelband *Always Being Reformed*; für einen Überblick über die historische Genese dieser Formel vgl. Theodor Mahlmann, „*Ecclesia Semper Reformanda.*" *Eine historische Aufklärung. Neue Bearbeitung*, in: Torbjörn Johansson et. al. (Hg.), *Hermeneutica Sacra. Studien zur Auslegung der Heiligen Schrift im 16. und 17. Jahrhundert (Historia Hermeneutica. Series Studia Bd. 9)*, Berlin/ New York 2010, 381–442 und Michael Bush, Calvin and the Reformanda Sayings, in: Herman J. Selderhuis (Hg.), *Calvinus sacrarum literarum interpres. Papers of the International Congress on Calvin Research (Reformed Historical Theology 5)*, Göttingen 2008, 286–299.

30 Garrett Green, *Theology, Hermeneutics, and Imaginantion. The Crisis of Interpretation at the End of Modernity*, Cambridge (UK)/New York 1999, 21, spricht von einer „theology of suspicion and trust".

Religionskritik fruchtbar gemacht werden könnte. Eine so verstandene Theologie versucht der Gefahr der Idolatrie in all ihren mannigfaltigen Formen zu wehren, indem sie alle theologischen Konstrukte *und* religiösen Ausdrucksformen und Erfahrungen unablässig hinterfragt, während sie gleichzeitig davon ausgeht, dass Gott nicht nur alle fehlbaren und sündigen menschlichen Bemühungen als *Unglaube*[31] verurteilt, sondern auch darauf vertraut, dass dieses Urteil bereits „a shadow of God's grace"[32] ist und als solches Gottes Verheißung einschließt. Dieser auf Gott vertrauende Glaube stellt damit die grundlegende Motivation für eine radikale Hermeneutik des Verdachts gegenüber allen Konzepten und Ausdruckformen von Religion, und damit für eine theologische Religionskritik, während er gleichzeitig auf Gottes Gnade vertraut, die die Menschen und ihre Antworten nicht allein rechtfertigt, sondern auch *heiligt*. Die zweite These der Barmer Theologischen Erklärung schließt gewisslich auch „Religion" mit ein, wenn sie bekennt, dass es keine Bereiche unseres Lebens gibt, „in denen wir nicht Jesus Christus, sondern anderen Herren zu eigen wären, Bereiche, in denen wir nicht der Rechtfertigung und Heiligung durch ihn bedürften"; entgegen landläufiger Meinung ist von diesem Anspruch auch keine Ausdrucksform, kein Aspekt von Religion ausgenommen. Mit Karl Barth gesprochen sind Menschen in Religion „in einer Handlungsweise [begriffen], die nur insofern als recht und heilig erkannt werden kann, als sie zuvor und gleichzeitig auch als ganz und gar unrecht und unheilig erkannt ist."[33]

Folgt man diesem Gedankengang, dann wäre daraus zu schließen, dass aus christlicher Perspektive „Religion" nicht nur ein *theologischer Begriff* ist, sondern, noch genauer gefasst, ein *Bekenntnis*begriff. Abgesehen vom Bekenntnis zu Jesus Christus, der „uns von Gott gemacht ist zur Weisheit und zur Gerechtigkeit und zur Heiligung und zur Erlösung" [1. Kor. 1:30] und der der Grund ist, der gelegt ist [vgl. 1. Kor. 3:11], kann christliche Theologie kein Konzept oder Verständnis von Religion entwickeln. Nicht allein aus phänomenologischer Perspektive, wie oben angedeutet, sondern insbesondere aus einer theologischen und biblischen Perspektive müsste daher mit Barth davon ausgegangen werden, dass es so etwas wie eine *Religion an sich*, etwas als ein „Gefühl der schlechthinnigen Abhängigkeit" (Schleiermacher) oder als einen „Anknüpfungspunkt" (Brunner) als permanente und uni-

---

31 Vgl. dazu Barths berühmte Diskussion von *Religion als Unglaube* in KD 1.2, § 17.
32 Green, *Theology* (Anm. 30), 22.
33 KD I/2, 326.

versale menschliche Konstante nicht geben kann. Die Sünde des Menschen hat alle Aspekte und Fähigkeiten menschlichen Lebens durchdrungen und pervertiert, die Religion eingeschlossen, und allein durch Gottes Gnadenakt der Rechtfertigung und Heiligung, durch Gottes Versöhnung in Christus, kann Religion zu dem Bereich werden, in dem Menschen die Hand ausstrecken und Gott finden; oder vielmehr: in dem *Gott* die Hand ausstreckt und die Menschen findet. Dementsprechend ist jede theologische Religionskritik zunächst und an erste Stelle *Selbst*-Kritik, ein kontinuierlicher Prozess der *metanoia* und der neuen Anfänge – darin das Sündenbekenntnis als wesentlichen Teil beinhaltend.[34] Jede theologische Religionskritik erwächst diesem Verständnis nach aus einer Haltung, die auf Umkehr und Bußfertigkeit statt Arroganz basiert, die Gott und Gottes gnädiges Urteil lobt und vertraut, nicht die eigenen vergeblichen Versuche, Gott zu verstehen und sich mit Gott in Verbindung zu setzten; kurz gefasst: theologische Religionskritik erwächst aus einer *gottesdienstlichen* Haltung.[35]

Heiligkeit und Gotteserkenntnis

Auf dem Hintergrund dieser gottesdienstlichen Haltung sollen nun die Überlegungen zu Form und Inhalt einer theologischen Religionskritik weitergeführt werden. Wie oben bereits angemerkt hat Calvin (und reformierte Theologie im Allgemeinen) den Zusammenhang von Gottes- und Selbster-

---

34 Vgl. Matthew Myer Boulton, *God against Religion: Rethinking Christian Theology through Worship (The Calvin Institute of Christian Worship Liturgical Studies Series)*, Grand Rapids 2008, 178: „To borrow Luther's term, the genuine Christian cannot avoid the stance of the penitent, for she is ‚always a sinner, always a penitent, always righteous' […]. At every turn, she must confess that, if she is justified, she is simultaneously a thoroughgoing sinner, if her community is a community of saints, it is simultaneously a community of sinners; if her religion is the true religion, it is simultaneously the religion of unbelief, idolatry, and self-righteousness without peer. This emphatically rules out Christian triumphalism, or as Paul puts it, Christian ‚boasting'."

35 Boulton fährt fort: „At the same time, however, and just as emphatically, Christian shame and despair are likewise ruled out. For, at every turn, the genuine Christian must constantly confess and rejoice that, if she is a thoroughgoing sinner, she is simultaneously justified by God's grace; if her community is a community of sinners, it is simultaneously a community of saints by God's grace; and if her religion is a religion of unbelief, idolatry, and self-righteousness without peer, it is simultaneously ‚reckoned and adopted' by God's grace, that is, reckoned and adopted by God's prodigal love and mercy in Jesus Christ, who enters, adopts, and lifts religion once and for all."

kenntnis emphatisch betont, und auch in den vorangegangen Reflexionen über den Charakter von „Religion" ist dieser Zusammenhang evident geworden: Obwohl dort Religion als *menschliche* Antwort verstanden wurde, kann sie nicht verstanden werden ohne das *Subjekt* zu berücksichtigen, auf das sie antwortet. Aus diesem Grunde soll nun das Thema der Gotteserkenntnis stärker in den Vordergrund treten, mit einem Fokus auf dem, was traditionell als die *Attribute* Gottes bezeichnet wird, oder – um mit Wolf Krötkes Begriff zu sprechen: Gottes *Klarheiten*[36], von denen eine aus der langen Liste klassischer Attribute[37] im Zentrum der Überlegungen stehen wird: die *Heiligkeit* Gottes. In Anbetracht der zentralen Rolle, die „Heiligkeit" im gegenwärtigen Religionsdiskurs einnimmt, bis hin zu der Behauptung, dass „the category of ‚holiness' or ‚the holy' lies at the very ground of all genuine religion"[38], scheint diese Wahl naheliegend zu sein. Allerdings wird an dieser Stelle ausdrücklich nicht dem Beispiel solch bedeutender und einflussreicher Theologen wie etwa Rudolf Otto gefolgt, der die Begegnungen des Menschen mit „dem Heiligen" in seiner Schilderung der Religionspsychologie als Fundamentalkategorie aller religiösen Erfahrung versteht.[39] Heiligkeit wird im Folgenden auch nicht im Sinne Tillichs primär als „Phänomen der Erfahrung"[40], als „die beste Eingangstür in das Verständnis der Religion" verstanden; Ausgangspunkt der folgenden Überlegungen ist demnach *nicht* das, „was den Menschen unbedingt angeht" wie Tillich so einprägsam formulierte. Gleichfalls werden die folgenden Überlegungen auch nicht bestimmt durch eine religionssoziologische Perspektive, wie zum Beispiel die von Emile Durkheim, einen der Gründungsväter der Religionssoziologie, der „Religion" als ein „system of beliefs and practices that binds a community together around those things which it holds *sacred*"[41] verstand. Trotz

---

36 Vgl. dazu Krötkes Buch *Gottes Klarheiten: Eine Neuinterpretation der Lehre von Gottes „Eigenschaften"*, Tübingen 2001.

37 Für eine kurze Diskussion der Attribute Gottes in reformierten Bekenntnisschriften vgl. Jan Rohls, *Theologie reformierter Bekenntnisschriften*, Göttingen 1987, 53–57.

38 So der einleitende Satz des Lexikonartikels ‚Holiness' von Jaqueline Mariña in: Charles Taliaferro et.al. (Hg), *A Companion to Philosophy of Religion (Blackwell Companions to Philosophy Bd. 9)*, Malden, Mass 2010, 235–242, 235.

39 Vgl. Rudolf Otto, *Das Heilige: über das Irrationale in der Idee des Göttlichen und sein Verhältnis zum Rationalen*, Breslau 1917.

40 Dieses und die folgenden Zitate aus Paul Tillich, *Systematische Theologie Bd. 1*, Stuttgart 1955, 251.

41 Donald A. Nielsen, Transformations of Society and the Sacred in Durkheim's Religious Sociology, in: Richard K. Fenn (Hg.), *The Blackwell Companion to Sociology of Religion*

des unbestrittenen und außerordentlich bedeutsamen Einflusses, den diese Konjunktionen von „Religion" und „dem Heiligen" in den unterschiedlichsten Disziplinen ausgeübt haben, wird die folgende Diskussion *nicht* mit einem generischen Verständnis von heilig/Heiligkeit einsetzen,[42] sondern sich dem zentralen Objekt der Heiligkeit aus einer anderen Perspektive und von anderen Grundannahmen her nähern, von denen zwei hier kurz vorgestellt werden sollen. Wie noch zu zeigen sein wird, vermögen *biblische* und *theologische* Aspekte von Heiligkeit dazu beitragen, das Verständnis von Gottes „Heiligkeit" an sich, aber auch von geschöpflicher Heiligkeit und, als Konsequenz daraus, auch das Verständnis von *Religion* an sich, zu hinterfragen und zu dekonstruieren.

(a) „Ihr sollt heilig sein, denn ich bin heilig, der Herr, euer Gott." [Lev. 19:2; vgl. 1. Petrus 1:15] – mit diesem grundlegenden biblischen Anspruch und Zuspruch sollen die Überlegungen zum Heiligen, zu göttlicher wie geschöpflicher Heiligkeit eröffnet werden. Dem Zeugnis der Schrift nach darf der „Heilige Israels" [Jesaja 30:12; 45:11] nicht mit einem generischen Verständnis von Heiligkeit verwechselt werden;[43] und auch die Heiligkeit der *communio sanctorum* ist nicht abgesehen von Gottes Heiligkeit zu verstehen. Wie Jason Goroncy zu Recht festhält,[44] nehmen göttliche wie geschöpfliche Heiligkeit einen zentralen Platz in der „Heiligen Schrift" ein, in der Hebräischen Bibel wie in den Schriften des Neuen Testaments; jede theologische Erörterung, die sich mit Fragen der menschlichen Gotteserkenntnis auseinandersetzt, muss diese Zentralstellung von Heiligkeit in Betracht ziehen. Die Heiligkeit Gottes ist daher kein beliebiger Ausgangspunkt für eine theologische Religionskritik, sondern ein notwendiger interpretativer

---

(*Blackwell Companions to Religion Vol. 2*), Oxford 2001, 120–132, 120 (meine Hervorhebung).

42 Vgl. John Webster, *Holiness*, London 2003, 18.

43 Vgl. Hans-Joachim Kraus, *Systematische Theologie im Kontext biblischer Geschichte und Eschatologie*, Neukirchen 1983, 267: „Der Heilige Israels [...] ist nicht ‚*das Heilige'* Rudolf Ottos und all jener, die das Religiöse im ‚Heiligen', im Numinosen repräsentiert sehen. Die Heiligkeit Gottes ist die Einheit seines Gerichtes mit seiner Gnade. Der kommende Gott ist darin heilig, dass seine Gnade Gericht und sein Gericht Gnade in sich schließt. Gottes Liebe ist heilig. Sie lässt sich nicht annektieren."

44 Für einen einleitenden Überblick über göttliche und geschöpfliche Heiligkeit vgl. Jason Goroncy, The Elusiveness, Loss and Cruciality of Recovered Holiness, in: *International Journal of Systematic Theology* 10 (2), 195–209 sowie die in seinem Essay angeführten Literaturangaben.

Schlüssel. Und obwohl biblische Vorstellungen von Heiligkeit[45] durchaus unterschiedliche und zum Teil nicht einfach miteinander zu versöhnende Auffassungen und Überzeugungen von Heiligkeit einschließen, scheint es doch offensichtlich zu sein, dass das Thema der singulären und mannigfaltigen Heiligkeit,[46] das Thema des Heiligen Einen und der Heiligen Vielen sowohl im Neuen als auch im Alten Testament eine entscheidende Rolle spielt. Folgt man Goroncy, der sich darin auf den schottischen reformierten Theologen Peter T. Forsyth bezieht,[47] dann kann Gottes und unsere Heiligkeit gar als *„the* theme in the ministry of Jesus and so of the Scriptures"[48] verstanden werden. Wenn man weiterhin Theologie als Beitrag zum christlichen Auftrag Gottes Namen zu *heiligen* versteht,[49] dann könnte man daraus schlussfolgern, dass es „stands to reason [...] that Christianity's first concern be ‚God's holiness before all else."[50] Eine biblisch orientierte theologische Religionskritik, die in Vorgehen wie Ziel sowohl destruktiv als auch konstruktiv ist und sein soll, kann sich mit diesem Fokus auf „Heiligkeit" verstehen als *Gottesdienst,* der stets die Gefahr menschlicher Idolatrie und Entheiligung Gottes mit in Betracht zieht.

(b) Der Hauptgrund für einen Fokus auf Gottes Heiligkeit als interpretativer Schlüssel jedoch ist von essentiell christologischer Natur: Christus, der Heilige Gottes [Joh. 6:69], der uns zur Weisheit gemacht worden ist [1. Kor. 1:30], ist nicht allein der Erkenntnisgrund für alles, was Menschen über Gott sagen können, sondern auch genau der Ort, an dem der Drei-Eine Gott

---

45 David Willis, *Notes on the Holiness of God,* Grand Rapids 2002, 85f, listet Bibelstellen auf, „which have informed the history of Reformed interpretation of holiness".

46 Vgl. A.a.O., 86–90.

47 Peter T. Forsyth, *The Cruciality of the Cross,* London 1909, 5. Ich bin Jason Goroncy für den Hinweis auf die Relevanz von Forsyths Gedanken zum Thema der Heiligkeit Gottes dankbar.

48 Goroncy, *Elusiveness* (Anm. 44), 204.

49 Vgl. dazu John Webster, *Holiness* (Anm. 42), 9f: „A Christian theology of holiness is an exercise of holy reason; it has its context and content in the revelatory presence of the Holy Trinity which is set forth in Holy Scripture; it is a venture undertaken in prayerful dependence upon the Holy Spirit, it is an exercise in the fellowship of the saints, serving the confession of the holy people of God; it is a work in which holiness is perfected in the fear of God; and *its end is the sanctifying of God's holy name.*" (Meine Hervorhebungen) Vgl. dazu auch Frage 122 des Heidelberger Katechismus und Frage 190 des Großen Westminster Katechismus.

50 Goroncy, Elusiveness (Anm. 44), 204; vgl. dazu auch Willis, *Holiness* (Anm. 45), 58: Heiligkeit ist „the all-embracing, all-encompassing attribute of God – or, in the language of perfections, the holiness of God is the perfect perfection of all God's perfections".

Gottes eigene Heiligkeit in menschlicher Form offenbart,[51] oder in Anlehnung
an Karl Barth formuliert: die ganze Heiligkeit Gottes heißt und ist jetzt Jesus
von Nazareth.[52] Das Zentrum dieser Selbstoffenbarung des Heiligen Anderen (englisch: the Holy Other One) ist daher „Jesus Christ as witnessed to by
the power of the Holy Spirit in the scriptures of Old and New Testament."[53]
Aus dieser Perspektive heraus wird Heiligkeit nicht als spekulatives, me-
taphysisches, Gott von den Menschen entfernendes Attribut verstanden,
sondern als Gottes eigentliche Natur in Beziehung nicht nur zur menschlichen, sondern zur gesamten Schöpfung. Gottes Heiligkeit ist daher nicht
primär *Objekt* theologischer Schlussfolgerungen, sondern *Subjekt* dessen,
was Goroncy als „holy reasoning" versteht: „To affirm the Christ-given and
–shaped characterization of holiness is to affirm that God's holiness is not
the ‚object' of our curiosity so much as the ‚subject' of our life and being. So
to reflect on the self-revelation of holiness is to be ever orientated towards
and engaged in holy communion – a willed relationship of the holy with the
Holy – a communion which is initiated, established, maintained and perfected by the Holy Trinity and secured forever in Christ's cross. We are saved
into holiness – a holiness that is always, for humanity, ‚borrowed' holiness,
and is sustained by God."[54]

Heiligkeit ist, wer Gott ist und was Gott macht, und geschöpfliche, ab-
geleitete Heiligkeit ist das, worin die *communio sanctorum,* die geheiligte
Gemeinschaft derjenigen, die zum Heiligen Einen gehören, lebt und wächst.
Dieses zentrale biblische Verständnis von Heiligkeit, in die gegenwärtige
Zeit und für den gegenwärtigen Kontext übersetzt, stellt dabei nicht allein
eine Hilfe bei allen Versuchen einer theologischen Religionskritik dar, sondern fordert diese tatsächlich ein.

---

51 Vgl. Goroncy, Elusiveness (Anm. 44), 199, der Peter T. Forsyth, *The Person and Place
   of Jesus Christ. The Congregational Union Lecture for 1909,* Boston 1909, 347 zitiert: „to
   reveal God's own holiness in human form".
52 Vgl. KD II/1, 542.
53 David Willis, Holiness (Anm. 45), 3.
54 Goroncy, Elusiveness (Anm. 44), 202.

„God is Holy Mystery and Wholly Love"

Anders als viele der klassischen Bekenntnistexte der reformierten Tradition beginnen reformierte Bekenntnistexte der Gegenwart nicht mit einer ausführlichen Liste der Attribute Gottes,[55] die Gottes Wesen und Perfektionen in metaphysischen Kategorien beschreiben. Stattdessen betonen sie die ewige Unvollkommenheit der Gotteserkenntnis – weil Gott der *Heilige* ist, antworten sie in Ehrfurcht auf diesen Heiligen Gott, der sich seiner Schöpfung offenbart. Eines der jüngsten Bekenntnisdokumente, der *Song of Faith* der United Church of Canada von 2006 bekennt diese Bewegung Gottes auf die Menschen zu, und benennt die Offenbarung von Gottes Liebe als Zentrum der Gotteserkenntnis:

> „God is Holy Mystery, beyond complete knowledge, above perfect description. Yet, in love, the one eternal God seeks relationship. [...] Grateful for God's loving action, we cannot keep from singing. [...] We witness to Holy Mystery that is Wholly Love. [...] We find God made known in Jesus of Nazareth, and so we sing of God the Christ, the Holy One embodied. [...] Grateful for God's loving action, we cannot keep from singing. Creating and seeking relationship, in awe and trust, we witness to Holy Mystery who is Wholly Love."[56]

Gott ist „Holy Mystery", Heiliges Geheimnis, „das den menschlichen Verstand übersteigt"[57]; von sich aus können Menschen nicht über Gott sprechen, und wenn sie es versuchen, belegen sie Gott mit menschlichen Attributen in Superlativen, projizieren menschliche Wünsche und Bedürfnisse in den Himmel. Genau dies ist selbstredend einer der Hauptvorwürfe einer Anzahl von Religionskritikern, beginnend mit Ludwig Feuerbach, und er hat nichts von seiner Relevanz und Dringlichkeit eingebüßt. In theologische Begrifflichkeit übersetzt warnt dieser Vorwurf jede Form christlichen Glaubens, christlicher Theologie und Religion davor, den Verlockungen von Idolatrie nachzugeben, und fordert stattdessen eine Hermeneutik und Theologie des Verdachts ein, wie sie oben bereits angedeutet wurde.

Das jedoch ist nur ein Teil dessen, was der *Song of Faith* über Gottes Heiligkeit zu sagen hat, und für sich allein genommen, wäre er nicht allein

---

55 Vgl. etwa das Zweite Kapitel des Westminster Bekenntnisses.

56 Der *Song of Faith* ist online verfügbar unter http://www.united-church.ca/beliefs/statements/songfaith [letzter Zugriff 13.07.2015].

57 So das *Bekenntnis von 1967* der Vereinigten Presbyterianischen Kirche in den USA; abgedruckt in Lukas Vischer (1988), *Reformiertes Zeugnis heute. Eine Sammlung neuerer Bekenntnistexte aus der reformierten Tradition*, Neukirchen 1988, 161.

irreführend, sondern aus biblischer und theologischer Perspektive her verstanden schlicht falsch. Die United Church bekennt nicht ein unbekanntes und unerkennbares heiliges Geheimnis, welches insofern ignoriert werden könnte und sollte, wenn sich darüber nichts sagen ließe. Vielmehr lenkt das Bekenntnis die Aufmerksamkeit nicht länger auf das, was Menschen nicht tun können (von sich aus recht über Gott sprechen) auf das, was Gott bereits getan hat: sich selbst als „Wholly Love" in Jesus Christus offenbart. Gottes Heiligkeit ist „that pure love who is God eternally"[58]. Gott sucht und schafft Beziehung, Gott will nicht *totaliter aliter* in Abgrenzung von Gottes Schöpfung sein, sondern der Heilige Eine, der Heilige Andere, „who confronts us with purifying love"[59], damit eine „robustly positive – not a cautionary negative relation between the Holy One and the holy many"[60] schaffend.

Mit dogmatischen Begriffen gesprochen nähert sich die Diskussion an dieser Stelle den Fragen nach der „Immanenz" und „Transzendenz" Gottes; zwei Begriffe, die häufig ein tiefgehendes Missverständnis darüber herbeiführen, wer Gott als der Heilige Eine, der Heilige Andere ist: Transzendenz und Immanenz werden häufig als Gegensatzbegriffe missverstanden,[61] die primär eine vertikale Distanz konnotieren und in räumlichen Kategorien funktionieren. Das Zeugnis der Bibel jedoch verweist auf den *Heilige Anderen in Beziehung*, auf den „penetranten Immanenzwillen von Jahwes Heiligkeit" (von Rad),[62] der wahrhaftig in und mit seiner Schöpfung gegenwärtig ist, weder an sie gebunden noch durch sie begrenzt, dessen Immanenz kein Gegensatz zu göttlicher Transzendenz ist, weil beide sich auf das eine lebendige Subjekt beziehen. Christlicher Glaube und mit ihm theologische Religionskritik antworten in Ehrfurcht auf die Macht der Heiligen Liebe, die sich selbst offenbart und dabei ihr Geheimnis bewahrt.[63] Der Begriff der „Heiligkeit" verweist somit zwar auf ein Getrennsein („separateness"), die jedoch keine Entfernung („remoteness") darstellt, sondern eine Einzigartig-

---

58 Willis, Holiness (Anm. 45), 2: „Holiness is that pure love who is God eternally. This pure love is in every way prior to, is in every way the presupposition of, God's purifying love manifest in creaturely, derivative holiness [...] That pure love is immediate to God eternally and, as purifying love, is mediated temporally, spatially, energetically to constitute creation and redemption."

59 A.a.O., 36.

60 A.a.O., 34.

61 Vgl. auch zum Folgenden a.a.O., 1f.

62 Gerhard von Rad, *Theologie des Alten Testaments. Die Theologie der geschichtlichen Überlieferungen Israels*, München [10]1992, 219.

63 Vgl. Körtner, *Wiederkehr* (Anm. 8), 39.

keit („uniqueness") – eine Einzigartigkeit, die sich in Liebe an ihre Schöpfung bindet. Mayra Rivera, die aus einer postkolonialen Perspektive heraus argumentiert,[64] nennt diese Einzigartigkeit in Beziehung „relational transcendence", und auch wenn sie den Begriff Heiligkeit nicht verwendet, so kommt ihre Beschreibung doch dem hier skizzierten Verständnis von Gott als dem Heiligen Einen und Heiligen Anderen sehr nahe. Die Schöpfung Gottes und in ihr die *communio sanctorum*, die Gemeinschaft der *Heiligen*, ist von dieser relationalen Transzendenz Gottes berührt und verändert worden: „one does not remain unmarked by the costly love of the Holy One."[65] Diese grundlegend positive Beziehung des Heiligen Einen zu den heiligen Vielen, diese relationale Transzendenz hat unmittelbare Konsequenzen für (1) ein theologisches, konfessorisches Verständnis von „Religion"; und (2) für eine theologische, konfessorische Religionskritik, und schließlich (3) für das Verständnis von und die Begegnung mit „den Anderen".

(1) Mit Karl Barth kann Religion als gelebter Glaube als „Unglaube" verstanden, als „hartes Joch, [das] nicht abgeworfen werden kann, [sondern] getragen sein will"[66], allerdings nur insofern, als dass auch dieser Unglaube unter der Verheißung von Rechtfertigung und Heiligung durch den Heiligen Einen steht. Dadurch wird in keiner Weise Religion (oder Frömmigkeit etc.) mit dem Heiligen gleichgesetzt, sie werden allerdings auch nicht als unversöhnliche Gegensätze verstanden; nicht aufgrund dessen, wie Menschen Religion und Frömmigkeit leben, gestalten und verstehen, sondern aufgrund von Gottes Sein und Handeln. Religion als vollständig menschliche Angelegenheit verbleibt immer auf der Gestaltseite, kann die Kluft zwischen Gestalt und Grund nicht überwinden.[67] In ihrer Religion ergreifen und umfassen Menschen das Heilige nicht, sondern werden durch den Heiligen Einen ergriffen und umfasst (d.h. geheiligt) – trotz ihrer Religion. Ihre Religion wird als Unglaube verurteilt und negiert, aber dieses Urteil ist als Urteil des Heiligen Einen „Gottes aufrichtendes Urteil"[68]: in Christus, der Inkarnation des Heiligen Einen und Heiligen Anderen, hat Gott sich nicht nur der Menschheit offenbart, sondern ist auch eingegangen in die Welt der

---

64 *The Touch of Transcendenc. A Postcolonial Theology of God*, Louisville, KY 2007.
65 Willis, *Holiness* (Anm. 45), 2.
66 Karl Barth, *Der Römerbrief (1922)*, Zürich 2010, 354f.
67 Vgl. Weinrich, *Theologische Religionskritik* (Anm. 26), 21.
68 Vgl. Christoph Dahling-Sander/Georg Plasger (1997): *Hören und Bezeugen. Karl Barths Religionskritik als Hilfestellung im Gespräch mit den Religionen (Wechsel-Wirkungen 25)*, Waltrop 1997, 26f.

Religion und ist in ihr gegenwärtig; auch und gerade dort, wo Menschen Gott zu domestizieren oder in den Griff zu bekommen versuchen. Das heilige und heiligende Urteil des Heiligen Einen eröffnet den Menschen eine neue Zukunft, weil sie nicht länger an und durch die Sünde gebunden sind; sie sind nicht mehr gezwungen gerade auch und ganz besonders *in ihrer Religion* Sünder zu sein. Es ist also weiter mit Karl Barth festzuhalten, dass die Möglichkeit einer „wahren Religion" tatsächlich besteht, auch wenn nur in dem Sinne von wahrer Religion gesprochen werden kann, in dem wir auch von den gerechtfertigten Sündern sprechen.[69]. Keine Religion, keine Form von Religion ist in sich selbst wahr, sie kann nur durch das gnädige Wirken des Heiligen Geistes wahr *werden,* indem der Heilige Geist[70] die Gemeinschaft der Heiligen in allen Aspekten und Bereichen ihres Lebens an Christus bindet, der der „the Holy One embodied" ist.[71] Gottes Heiligkeit begegnet den Menschen als heiligende und reinigende Liebe, und das gilt in gleicher Weise auch für menschliche Religion.[72] Dieses Wirken Gottes ist der Grund dafür, warum „Religion" aus christlicher Perspektive nur als *Bekenntnis*begriff verstanden werden kann.

(2) Verfolgt man diesen Gedankengang weiter, dann muss auch theologische Religionskritik als ein bekennendes Unterfangen verstanden werden, da sie auf dem Bekenntnis zur Heiligkeit Gottes und Gottes heiligender Gnade beruht. Indem Gott als der „Heilige Andere" bekannt wird, werden *alle* religiösen Anstrengungen Gottes heiligem Urteil unterstellt – als dem Ausgangspunkt aller Theologie im Allgemeinen und theologischer Religionskritik im Besonderen. Gottes Heiligkeit verlangt und bedingt eine gewissenhafte und kontinuierliche Unterscheidung von Grund und Gestalt und gestattet keine Gleichsetzung menschlicher Vorstellungen von Gott *und* den Menschen mit dem Heiligen Einen und den heiligen Vielen. Aus diesem Grund ist theologische Religionskritik grundsätzlich achtsam gegenüber allen menschlichen Versuchen der Ent-Heiligung von Gottes Heiligem Na-

---

69 Vgl. KD I/2, 357: „Es gibt eine wahre Religion: genau so wie es gerechtfertigte Sünder gibt."

70 Vgl. KD I/2, 377: „Dass es eine wahre Religion gibt, das ist Ereignis im Akt der Gnade Gottes in Jesus Christus, genauer: in der Ausgießung des Heiligen Geistes."

71 Aus dem Bekenntnis *Song of Faith*; vgl. dazu oben bei Anm. 56.

72 Religion als Teil menschlicher Geschöpflichkeit ist daher nicht *per se* unheilig, sondern allein in ihrem sündigen Missbrauch; vgl. dazu Willis, *Holiness* (Anm. 45), 48: „,Holiness' is not the opposite of creatureliness but is the right use of creatureliness.".

men, insbesondere durch das Verlangen und die Praxis von Welt (und Kirche), Gott zu domestizieren und zu *nostrifizieren:*

> „Es gibt aber eine Entheiligung des Namens Gottes, die sowohl im Verhältnis zu der, die ihm im Atheismus, wie zu der, die ihm in den Religionen widerfährt, doch wohl die noch schlimmere sein dürfte: der Versuch der Welt, ihre Sache zur Sache Gottes zu erheben oder umgekehrt: die Sache Gottes ihrer eigenen Sache zu unterwerfen und dienlich zu machen. Man könnte ihn in seinen beiden Formen den Versuch der Nostrifikation Gottes nennen. Zu diesem Versuch kommt es dann, wenn die Gott unausweichbar, wenn auch ohne ihn zu erkennen, konfrontierte Welt zu entdecken meint, dass er für ihre eigenen Ziele, Zwecke und Bestrebungen eigentlich doch höchst brauchbar, ja unentbehrlich sein möchte, dass es also – statt ihn zu leugnen oder statt sich mit ein bisschen Religion mit ihm abzufinden – klüger sein möchte, ihn entschlossen zu bejahen: so nämlich, dass sie in ihm und mit ihm sich selbst bejaht – seine Gottheit als ihre eigene, ihre eigene als die seine. Sie kann jetzt auf die Leugnung Gottes wie auf die Abgötterei der Religionen in fröhlicher Überlegenheit verzichten. Sie integriert jetzt sich selbst Gott, oder sie integriert Gott sich selbst. Sie setzt jetzt sich selbst ihm oder sie setzt jetzt ihn sich selbst gleich."[73]

Nostrifikation Gottes ist Ent-Heiligung, weil sie Gott mit von Menschen gemachten Götzen aller Art ersetzt und so die Spannung zwischen dem Heiligen Anderen und der Menschheit auflöst, Grund und Gestalt miteinander gleichsetzt und die eigene Wahrheit als Gottes Wahrheit ausgibt. Alle Formen theologischer Religionskritik, die auf Gottes Heiligkeit zu antworten versuchen, werden besonders vorsichtig und aufmerksam gegenüber dieser grundlegenden Gefahr und Versuchung sein, die gerade dadurch *nicht* überwunden wird, dass die eigene Theologie, Religion, Religiosität, Frömmigkeit, aber auch Kultur, Politik, Wirtschaft etc. mit dem Label „christlich" versehen wird. Tatsächlich vermag der öffentliche und ostentative Gebrauch des Labels „christlich" vielmehr einen ersten Indikator dafür stellen, dass das diesen Erklärungen zugrundeliegende Gottesverständnis genauer hinterfragt und untersucht werden sollte. Eine theologische Religionskritik, die sich jedoch als Resultat der reinigenden Liebe des Heiligen Anderen versteht, wird ihr Augenmerk zunächst und vor allem auf die *eigenen* Versuche, Gott zu nostrifizieren, richten und wird sich demütig in die Solidarität mit all jenen stellen, die genau wie sie selbst versuchen, Gott zu domestizieren

---

73 Vgl. Karl Barth, *Das christliche Leben: Die Kirchliche Dogmatik IV/4. Fragmente aus dem Nachlaß. Vorlesung 1959–1961*, Zürich 214f.

und durch einen Götzen zu ersetzen. Eine theologische Religionskritik, motiviert und stimuliert durch die Begegnung mit dem Heiligen Anderen, wird auf der anderen Seite jedoch auch um die Verheißung wissen, die in der Offenheit, Unvollständigkeit und Fehlbarkeit aller Formen von Religionen liegt, indem sie erwartet und danach trachtet „to be touched by that which transcends it and, in the process, transform itself"[74] (oder, wie vielleicht genauer zu sagen wäre, danach trachtet, von Gottes heiliger Liebe transformiert zu werden). Kurz gesagt: theologische Religionskritik wird sich selbst auch als „sanctified work"[75] und Religion als geheiligtes Glaubensleben verstehen können.

Theologische Religionskritik, die dabei auf Christus, den Heiligen Gottes, den „Holy One embodied", vertraut, auf das ewige Wort, das Fleisch wurde, kann dann auch nicht vor dem *scandalon* des Kreuzes zurückschrecken, indem sie grundlegend „cruciform knowledge" als das „crucial criterion by which doctrine [and religion!] at every point is put to test"[76] ignorieren würde. Heiligkeit, die abgesehen vom Kreuz des Auferstanden Christus verstanden und definiert wird, ist eine abstrakte, zeit- und kontextlose, ungnädige, unprophetische, distanzierte und neutrale Heiligkeit einer Gottheit, die durch eine abstrakte *theologia gloriae* bestimmt wird, und nicht die Heiligkeit des gekreuzigten und auferweckten Heilandes, der gekommen ist um alles das zu heilen, zu heiligen und neu zu schaffen, das in heillose Unordnung geraten ist, indem er sich selbst in diese Unordnung begeben hat.

Theologische Religionskritik, die aus dem weitergehenden Wirken des Geistes in Herzen und Verstand Menschen erwächst, die darauf vertraut, dass dieser *Heilige* Geist die Gläubigen an Christus bindet, wird auch darauf vertrauen, dass der Geist „breathes revelatory power into scripture"[77], während sie gleichzeitig damit rechnet, dass eben dieser Geist sie und andere kritisch beurteilt, wenn sie die Schrift missbrauchen „by interpreting it narrow-mindedly using it as a tool of oppression, exclusion, or hatred"[78].

---

74 Mayra Rivera, *The Touch of Transcendence. A Postcolonial Theology of God*, Louisville. KY 2007, 128.

75 Vgl. John Webster, *Holiness* (Anm. 42), 17: "[…] in theology the work of human reason is sanctified work."

76 Vgl. dazu insbesondere Willis, *Holiness* (Anm. 45), 9–23; insbesondere a.a.O., 15f: „The cross that examines every theological claim is that particular one on which was killed Jesus Christ whom the apostolic community proclaimed to be the same as the risen Lord. It bars cheap grace, and it bars romanticizing suffering."

77 Ebenfalls aus dem Bekenntnis *Song of Faith*; vgl. oben bei Anm. 56.

78 Ebd.

Die Bibel kann das Heilige Geheimnis des liebenden Gottes weder ersetzen, kontrollieren noch zähmen, sondern bezeugt auf verweist nur auf den Heiligen Gott, und theologische Religionskritik wird dieses Verständnis der einzigartigen Autorität der Schrift in Spannung halten mit seinem begrenzten Charakter als Zeugnis.

Die Verheißung theologischer Religionskritik liegt dementsprechend nicht allein darin begründet, dass sie alle religiösen Idolatrie dekonstruiert und demaskiert, auch hat sich nicht das Wachsen in der wahren Gotteserkenntnis *per se* zum Ziel, sondern das Zunehmen an *Heiligkeit*, „a growth in holiness that is discovering more and more God's knowledge of us good creatures who are freely forgiven sinners"[79] – als diejenigen, die durch den Heiligen Geist gewiss gemacht werden *und* von Herzen willig und bereit ihm zu leben.[80]

3) Eine theologische Religionskritik ist dabei jedoch nicht eine rein akademische Übung, relevant nur für einige wenige Gelehrte, sondern eine fundamentale Funktion der Kirche, die sich selbst als *communio sanctorum* versteht, als die Gemeinschaft der Heiligen, die für einen Zweck erwählt und geheiligt wurde: um den Heiligen Einen, den Heiligen Anderen zu verkünden, der in Jesus Christus Mensch wurde und der im Heiligen Geist weiterhin wirkt; um das Heilige Geheimnis Gottes zu verkünden, das völlig Liebe ist, eine Liebe, die schafft, bewahrt und sich zu allen Menschen in Beziehung setzt. Theologische Religionskritik wird dabei alle Formen und Ausdrücke von Religion daraufhin untersuchen, ob sie diese äußerste „Menschenfreundlichkeit Gottes"[81] in Wort und Tat widerspiegeln, oder ob sie Gottes Namen ent-heiligen, indem sie ihr inhärentes und unaufhebbares Band zu allen „Anderen" leugnen oder ignorieren. Nur indem sie die Erkenntnis Christi, des inkarnierten Heiligen Einen, des wahren Gottes und wahren Menschen, vergessen und verleugnen, können Menschen davon ausgehen, dass sie ebenso gut miteinander wie ohne einander oder gar gegeneinander leben können,[82] ganz ihren eigenen Wünschen und Präferenzen entspre-

---

79 Willis, Holiness (Anm. 45), 57.

80 Vgl. Frage 1 des Heidelberger Katechismus.

81 Matthias Zeindler, *Erwählung. Gottes Weg in der Welt*, Zürich 2009, 155.

82 Die folgenden Überlegungen basieren auf der Diskussion Karl Barths in KD IV/4, 214. Barth schreibt dort: „Die Welt – wir sagen jetzt besser direkt: der Mensch, der laut seiner Gottesleugnung, laut seiner Abgötterei, laut seines wahnsinnigen Unternehmens, Gott mit sich selbst, sich selbst mit Gott gleichzusetzen, Gott nicht kennt und mit dem Allem seinen Namen entheiligt – dieser Mensch kennt auch seinen Mitmenschen nicht. Und eben da-

chend. Für Kirche, Theologie und eine theologische Religionskritik ist diese Interpretation von beliebiger Mit-Menschlichkeit zentral, wird doch gerade in diesem „wüste Widerspruch [...] der heilige Name Gottes entscheidend und auf höchste entheiligt."[83] Theologische Religionskritik wird die Ambiguität von Religion(en) und religiösen Ausdrücken berücksichtigen, jedoch nicht um sich anderen gegenüber als diejenigen zu erweisen, die „Recht haben", sondern um Gottes heiligen Namen zu ehren, indem sie alle Menschen „samt und sonders"[84] annehmen und ehren, ohne sie in Objekte zu verwandeln oder sie (in Analogie zur Nostrifikation Gottes) zu nostrifizieren anstreben. Als zentrale Aufgabe theologischer Religionskritik ließe sich damit die Bewahrung der (abgeleiteten, erschaffenen, sekundären) *Heiligkeit* in allen Gestalten von Beziehung definieren, in der Beziehung zu Gott wie zu den Menschen und der Schöpfung; eine Heiligkeit, welche „designates a reality *irreducibly different* from my own reality, without this difference destroying this reality and without the relation destroying this difference."[85] Theologische Religionskritik versucht, der Spannung Rechnung zu tragen, dass alle Menschen, ihre Religionen zusammen mit allen anderen Aspekten menschlichen Lebens, voneinander und vom Heiligen Anderen unterschieden sind und bleiben werden, und simultan unauflöslich miteinander verbunden sind durch das heilige Band Gottes in Christus. In diesem Verständnis versucht theologische Religionskritik, die Heiligen Gottes dabei zu unterstützen, ein heiliges, gottes-dienstliches Leben vor Gott, vor und für die Welt zu leben, die Gott so sehr liebt, während sie beten: „Geheiligt werde dein Name!"

---

rin kulminiert und offenbart sich seine Verkennung Gottes, dass er seinen Mitmenschen verkennt. Er hält ihn nämlich für ein Objekt, zu dem er als Subjekt nach seiner eigenen freien Wahl und Verfügung in Beziehung oder auch nicht in Beziehung treten, an dem er wie an so viel anderen Objekten vorübergehen oder mit dem er, wenn das nicht in Frage kommt, in den Grenzen des ihm Möglichen umgehen könne, wie es ihm passe. Er kennt ihn nicht als das ihm durch Gott unweigerlich zur Seite gesetzte Mitsubjekt, dem er in seinem Verhältnis zu Gott unweigerlich verbunden ist, so dass er seinerseits getrennt von ihm gar nicht Subjekt, also gar nicht Mensch sein kann."

83 A.a.O., 219. Barth charakterisiert diesen „wüsten Widerspruch" wie folgt: „Will man wissen, was es mit der Bitte: ‚Geheiligt werde dein Name!' und mit dem uns gebotenen Eifer um die Ehre Gottes zunächst im Blick auf die Welt eigentlich und letztlich auf sich habe, dann sammelt man seine Aufmerksamkeit am besten auf diesen einen Punkt: auf die böse Tatsache, dass wir Menschen, deren Gott sich doch in Jesus Christus in höchstem Erbarmen samt und sonders angenommen hat, einander ebensowohl Alles wie Nichts, ebensowohl Mitmenschen wie Wölfe sein können und wirklich sind." (A.a.O., 218)

84 Ebd.

85 Rivera, *Touch of Transcendence* (Anm. 74), 82.

Georg Plasger

„Ernstmachen mit Gott und die Menschlichkeit des Menschen"[1]

Sehr geehrte Damen und Herren,
wir erinnern heute an den akademischen Lehrer Jürgen Fangmeier. Und –
das ist meines Erachtens typisch für die Erinnerung – kommen bei Jürgen
Fangmeier anders als bei manch anderen Lehrern und Lehrerinnen in der
Theologie nicht zunächst eine theologische Position zum Ausdruck oder gar
eine bestimmte Schule zum Ausdruck, sondern zunächst der Theologe Jürgen Fangmeier. Viel weniger naheliegend ist es, eine spezifische Theologie
Jürgen Fangmeiers aufzuarbeiten. Natürlich gehörte er einer theologischen
Schule an – er war Barth-Schüler durch und durch und war sich dieser Prä-
gung sehr bewusst. Zeit seines Lebens hat er auch aus den Begegnungen
mit Barth geschöpft und einzelne immer wieder hervorgehoben; sie waren
und blieben ihm entscheidend wichtig. Und dennoch ist Jürgen Fangmeier nicht einfach ein dogmatischer Barthianer gewesen. Viele seiner theolo-
gisch-akademischen Akzente gehen deutlich darüber hinaus: Seine engen
Kontakte mit den vielen Frommen (im Wuppertal darf man sie ja ebenso
wie im Siegerland ohne Abwertung so nennen), die sich auch in zahlreichen
Lehrveranstaltungen dokumentierten, sein Engagement für die Schwachen
in unserer Gesellschaft, wofür ich einmal exemplarisch die Besuche in der
Remscheider JVA nenne, sein Herz für Israel, was ihn nicht zur Relativie-
rung christologischer Erkenntnisse führte, sondern in lebendige Dialoge,
nicht zuletzt auch mit Schalom Ben Chorin. Das alles gehört zum Theologen
und Christen Jürgen Fangmeier – und seine Theologie hat es immer zu tun
mit dieser dialogischen Struktur.

Übrigens: Auch als Barth-Schüler ist er nicht in allem Barth gefolgt.
So war Barth skeptisch, als Wilhelm Niesel Jürgen Fangmeier als seinen

---

1 Vortrag auf der Akademischen Gedenkfeier für Prof. Dr. Jürgen Fangmeier und Prof. Dr.
Dr. Rainer Röhricht am 11. Juni 2014 in der Kirchlichen Hochschule Wuppertal.

Nachfolger in Schöller präsentierte, weil Barth – im Nachhinein sicher auch zu Recht – sah, dass ein akademischer Weg verbunden mit einer Pfarrtätigkeit zu Einschränkungen im wissenschaftlichen Produzieren und sicher auch zu Relativierungen im akademischen Ranking führte. Jürgen Fangmeier ist keiner der ganz großen Theologen im wissenschaftlichen Diskurs geworden, obwohl in seiner schnellen Auffassungsgabe und auch in blitzgescheiten Anfragen immer wieder ein sehr hohes intellektuelles Niveau zum Ausdruck kam, verbunden aber mit seiner betont langsamen Sprache.

Wie gesagt, es gibt keine Theologie Jürgen Fangmeiers – und es wird vermutlich auch nie eine Dissertation über seine Werke geben. Das heißt aber nicht, dass es nicht möglich wäre, einige deutliche und markante Akzente aufzuzeigen, in denen Jürgen Fangmeier akademisch wirkte – im Mit- und Ineinander von theologischer Wissenschaft und dialogischer Verständigung. Ich will das in drei Punkten tun.

1. Mitmenschlichkeit statt Anknüpfungspunkt

Jürgen Fangmeiers opus magnum ist seine 1964 veröffentlichte und über 700 Seiten umfassende Dissertationsschrift mit dem Titel: „Erziehung in Zeugenschaft. Karl Barth und die Pädagogik".[2] Fangmeier untersucht hier minutiös die Barthsche Theologie auf ihre theologisch-pädagogische Relevanz hin – das Thema ist sicherlich auch Fangmeiers eigener Biografie geschuldet; er war ja immer wieder auch in Neuwied in der von seinem Vater geleiteten sozialpädagogischen Einrichtung tätig und auch davon wusste Fangmeier immer viel zu erzählen. Ich kann jetzt keine Würdigung der Dissertation durchführen – sie ist recht gut rezensiert worden -, sondern möchte zunächst nur auf einen Aspekt aufmerksam machen — auf die Dialoge.

Das fünfte Kapitel trägt die Überschrift „Scheidungen": und hier bearbeitet Fangmeier drei theologische Dialoge, die mit Barth geführt wurden: Gogarten, Brunner und Bultmann. Alle drei Dialoge widmen sich nicht spezifisch der theologisch-pädagogischen Frage, haben – so Fangmeier – aber doch deutlich pädagogische Implikationen. Und bei Brunner, dem aus meiner Sicht interessantesten Dialog, ist es nicht zuletzt der Anknüpfungspunkt. Wie vermutlich den meisten bekannt, hat Barth auf die Brunnersche Schrift „Natur und Gnade" vehement mit einem radikalen „Nein" geant-

---

2   Jürgen Fangmeier, *Erziehung in Zeugenschaft. Karl Barth und die Pädagogik,* Zürich 1964.

wortet. Brunner hatte gemeint, dass eine natürliche Theologie vor allem als „Dienst an der missionarischen Wirksamkeit"[3] notwendig sei, weil der Mensch auf die Frage nach Gott anzusprechen sei. Denn dem Menschen sei diese Frage nach Gott inhärent – und das versteht Brunner nach Fangmeier unter Anknüpfungspunkt. Nachdem Fangmeier Brunner ausführlich dargestellt hat, kommt er zum Verhältnis Barth – Brunner und zeichnet Barths theologische Bedenken nach; und deutlich wird, dass Fangmeier theologisch Barth zustimmt, indem er in einer anthropologischen Konstante eine dem göttlichen Wirken gegenüber selbstständige Instanz voraussetzt. Das will ich jetzt gar nicht weiter vertiefen. Aber auf diesen Seiten passiert dann etwas Seltsames. Denn nachdem Fangmeier Barths Kritik deutlich (und auch mit zeitgeschichtlichen Reminiszenzen versehen) dargestellt hat, fällt er sich halb selber ins Wort. Denn im nächsten Schritt fragt Fangmeier, ob nicht Brunners Anliegen, auch wenn es in der Form theologisch inakzeptabel durchgeführt sei, doch berechtigt sei. Und dann formuliert Fangmeier: „Barths Rede gewinnt einen warmen Ton, wo er auf ‚Brunners Anliegen' zu sprechen kommt".[4] Brunners Anliegen war es gewesen, den Menschen von heute zu erreichen – und darum hatte er nach Fangmeier betont, dass es notwendig sei, sich dem Menschen zuzuwenden. Ich zitiere Fangmeiers Deutung von Brunner: „Jugenderziehung ist insofern geradezu Modellfall, als hier Kondeszendenz im buchstäblichen Sinn aktuell wird: Ein großer Mann muß sich zu einem kleinen Kind herabbeugen, sich aufs Knie hinunterlassen, damit es ihm ins Gesicht sehen kann."[5] Für Brunner ist die Kondeszendenz der Christen zu den Nicht-Christen im Vorbild Gottes zu sehen, der sich in Christus selber erniedrigt hat.

Das Anliegen, nahe bei den Menschen zu sein, sieht Fangmeier aber jetzt in der Theologie Barths noch viel stärker verwirklicht. Denn wenn die Kondeszendenz Gottes, das Kommen Gottes zu den Menschen, als einziges betont wird, brauchen wir uns nicht mehr zu den Menschen herabbeugen – und Fangmeier schließt daraus: „Das dem Menschen Angemessene ist und bleibt zunächst und vor allem (nicht ein Sich-herabbeugen, sondern), daß er sich selbst als solchen erkennt, der der Kondeszendenz Gottes als seinem Erbarmen über seine Feinde genau so bedürftig gegenübersteht wie die an-

---

3 A.a.O., 240.
4 A.a.O., 246.
5 A.a.O., 241.

deren, daß er sich in aller Einfalt als mit unten (sündig, arm, klein) seiend versteht."[6]

Suchte Brunner den Anknüpfungspunkt beim Menschen, um nicht steil von oben kommen zu müssen, zeigt Fangmeier auf, dass Brunners scheinbar von unten kommender Einsatz beim Menschen tendenziell eine Überhöhung ist, weil er von der „Für-Struktur" ausgeht, Barth aber vielmehr von der Mit-Struktur. In der Pädagogik der sechziger Jahre war übrigens die Mit-Struktur, die heute die pädagogische Diskussion bis hin zum Inklusionsverständnis bewegt, maximal von ferne erahnbar. Fangmeier zeigt sich hier als moderner Pädagoge, der diese – wahrscheinlich noch für manche heute überraschend, weil dies so gar nicht traditionellen Bildern entspricht – aus der Theologie Barths entwickelt. Und – typisch auch für Fangmeier – erläutert er seine theologische Erkenntnis biographisch; das will ich uns nicht vorenthalten:

> „Beim Übergang vom Biblischen Unterricht in der Schule zum Pfarrunterricht meldet sich ein Schüler ab, da er konfessionslos sei. Als Katechet während eines langen Schuljahres hatte ich das nicht erfahren. Nun frage ich mich: Muß nicht mein ganzes Unterrichten in diesem Fall ein müßiges ‚Anpredigen‘ gewesen sein? Hätte ich mich nicht um den Anknüpfungspunkt sorgen müssen? Oder ist es gar nicht der Anknüpfungspunkt, sondern, einfacher und doch teurer, die *Mit-menschlichkeit*, die not-wendig ist? Indem ich in diesem Fall hierin noch ein wenig nachzuholen versuche, bestätigt sich mir, (1) daß *sie* es ist; erfahre ich, (2) daß jenes unbefangene Unterrichten tiefer gegangen ist, als ich gedacht hätte.

> - In meine Predigten und Andachten kam für mein Empfinden viel mehr Leben, wenn ich am betreffenden Ort die Bekanntschaft mit bestimmten Einstellungen zum Glauben (z. B. Ablehnung, Zweifel) gemacht hatte. Nun wurde angeknüpft, und es predigte sich mit viel mehr Schwung. Und doch weiß ich nicht, ob die Gemeinde von *diesem* Schwungrad besonderen Segen hat, ob die gezielten Schüsse vor Gott mehr vermögen als der ‚einfach‘ ausgestreute Same des Wortes.

> Unausweichlich ist auch in dieser Situation wiederum die einfache und umfassende Mit-menschlichkeit. Sie trägt auch Anknüpfungspunkte zu, aber indem *sie* das tut, geschieht es nicht abstrakt, sondern so, daß andere Faktoren viel

---

6 A.a.O., 247.

gewichtiger werden, so die Fürbitte, und was daraus resultiert; vor allem das Evangelium selbst."[7]

Mitmenschlichkeit statt Anknüpfungspunkt – so könnte man Fangmeiers Überbietung des Brunnerschen Anliegen aufnehmen. Fangmeier bleibt also nicht stehen bei der zumindest aus seiner Sicht theologisch berechtigten Kritik Barths an Brunner, sondern geht weiter und sucht Konsequenzen aus der Barthschen Theologie zu erarbeiten, die das Anliegen des Dialogpartners aufgreifen. Nach Fangmeier – und dem ist nach meiner Lektüre Brunners zuzustimmen – hat Emil Brunner seine ganze apologetische und natürlich-theologische Zuspitzung vor allem aus praktisch-theologischen Gründen entwickelt; vielleicht versteht Fangmeier Brunner sogar noch besser als er sich selber – wer weiß. Jedenfalls bleibt Fangmeier nicht einfach bei der Feststellung der Diastase stehen, sondern sucht Zeit seines Lebens nach dritten Wegen, die nicht einfach Kompromisse sind.

2. Jesus als Messias aus Israel und für Israel

Jürgen Fangmeiers Schriften sind, abgesehen von seiner langen Dissertation, oft eher knapp gewesen. Das ist auf der einen Seite leserfreundlich, auf der anderen Seite vermisse ich hier und da doch auch manche erläuternden Bemerkungen, die seine Erkenntnisse etwas ausgebreitet hätten. Insgesamt geht mir das so in seinen verschiedenen Schriften zum Thema Israel. Das Erste, was Jürgen Fangmeier meist im Hinblick auf die besondere Verbundenheit mit Israel sagte, war seine Erfahrung der Reichspogromnacht 1938. Als siebenjähriger Junge erlebte er in Oberbieber bei Neuwied den Pogrom. Er selber wurde gegen sein Drängen von seinen Eltern zurückgehalten, als Zuschauer dem Brand der Synagoge beizuwohnen. Das für ihn wichtigste Erlebnis trug sich am Abend des 10. November zu. „Da tat die Mutter mit mir einen Gang, der uns nahe bei der Synagoge vorbeiführte, so daß ich die rauchgeschwärzte Ruine – die nun gar nichts Imponierendes hatte – sah. Direkt kamen wir indes am Hause des Synagogenvorstehers vorbei. Und da lehnte dessen Frau an der Hauswand neben der Tür. Sie lehnte da, wie wenn man einen Balken schräg gegen das Mauerwerk gestellt hätte. Zu dieser Haltung eines versteinerten Menschen paßten die Augen, die wie erloschen ins Leere gingen. Sie sahen uns und sahen durch uns hindurch. Sie schienen

---

7 AaO., 247.

nichts und doch alles zu sehen, nichts mehr zu erwarten, dafür viel zu besiegeln. – Auf diesen meinen Augen-Blick, einen Augenblick des Vorübergehens wie dichten Schweigens, datiere ich das Ende meiner Kindheit."[8]

Es verging kaum ein Jahr, in dem er nicht von diesem ihn prägenden Erlebnis erzählte – und er hat Schlussfolgerungen daraus gezogen, die ihn in seiner theologischen Reflexion immer wieder das Thema „Israel" und „Judentum" in besonderer Weise haben reflektieren lassen. Einmal ist das in vielen Studienreisen nach Israel deutlich geworden; literarisch sind es die meisten seiner kleineren Publikationen zur Israelthematik im großen Umfeld des Rheinischen Synodalbeschlusses, der das Bekenntnis zur bleibenden Erwählung Israels in die Grundordnung der Evangelischen Kirche im Rheinland eingefügt hat. Jürgen Fangmeier gehörte zum Ausschuss „Christen-Juden" der Evangelischen Kirche im Rheinland und ist den grundlegenden Weg des neuen Ansatzes bewusst und deutlich mitgegangen – ohne jede Einschränkung trat er auch aus exegetischen Gründen für die nicht aufgehobene Treue Gottes zu seinem auserwählten Volk Israel ein. Andererseits spielte er aber nach eigenem Bekunden im Ausschuss doch auch eher eine Außenseiterrolle. Nun ist er durch seine Persönlichkeit nie jemand gewesen, der mit der Mehrheit schwamm. Aber es war doch deutlich, dass ihm wichtig war, immer zweierlei zu betonen: Nicht nur, dass die Erklärung und das damit ausgedrückte Bekenntnis die Kirche an Israel bindet – übrigens ein Bekenntnis, von dem in der weltweiten Ökumene, ja selbst in der reformierten Ökumene gegenwärtig wenig Gebrauch gemacht wird —, sondern für Fangmeier war es ebenso wichtig, dass der Satz, dass Jesus Christus der Messias Israels ist, „Israel letztlich an Jesus von Nazareth"[9] bindet. Er ist deswegen deutlich gegen eine Vorstellung von zwei Heilswegen eingetreten, weil das für ihn auf eine theologisch nicht machbare Lösung Israels von Jesus gleichkäme und letztlich sogar in der Gefahr stünde, Altes und Neues Testament voneinander zu lösen. Ich weiß noch von manchen Gesprächen, in dem ihm der Ausdruck „Hebräische Bibel", der in manchen Kreisen bis heute geläufig ist, nicht einleuchten wollte: Reißen wir nicht damit auseinander, was essentiell zusammengehört?

---

8 Jürgen Fangmeier „Reichskristallnacht" und vierzig Jahre danach. Erinnerungen und Reflexionen, in: Andreas Baudis u.a., *Richte unsere Füße auf den Weg des Friedens.* FS Helmut Gollwitzer, München 1979, 522-527, 524.

9 Jürgen Fangmeier, *Christen und Juden. Israel im Grundartikel der Kirchenordnung,* Bovenden 1995, 9.

In einem 1989 verfassten Beitrag mit der Überschrift „Sind wir Diebe an Israel?"[10] hat sich Fangmeier dieser hermeneutischen Frage zugewandt. Ausgangspunkt war, dass vor allem von Edna Brocke, der Grande Dame des jüdisch-christlichen Gesprächs, die Frage artikuliert wurde, ob nicht auch im jüdisch-christlichen Dialog eine starke Betonung Israels und etwa die neue Beachtung jüdischer Feste auch in christlichen Kreisen, ja sogar die Feier des Abendmahls mit jüdischen Pessachriten, ein Problem darstellt: Damit nehmt ihr uns unsere Eigenheiten weg, damit nehmt Ihr uns das Unsere weg, damit enterbt Ihr uns schon wieder.

Fangmeier verspürte sehr schnell, dass die dahinter liegende Frage noch deutlich mehr betrifft als allein die Verwendung jüdische Rituale. Entscheidend ist natürlich dann auch die Verwendung des Alten Testaments in der Christenheit: Nimmt sie es den Juden nicht weg, wenn sie es christlich oder sogar christologisch liest? Die Frage ist bis heute brisant. Und nach meinem Dafürhalten wird die Gefahr der Vereinnahmung des Alten Testaments vor allem in den dem jüdisch-christlichen Gespräch nahestehenden Kreisen sehr stark gesehen, weshalb nicht selten das Alte Testament isoliert vom Neuen Testament gelesen wurde oder aber das Neue Testament – ich überspitze jetzt – als Appendix für die Christen zum Alten Testament gelesen wird. Jürgen Fangmeier antwortet differenziert:

Erstens[11] haben wir uns vom Neuen Testament sagen zu lassen, an welchen Stellen wir in das Alte Testament eingeführt werden. Wenn Christen und Christinnen das Alte Testament auch als ihr Buch betrachten dürfen, dann eben deshalb, weil sie in Jesus Christus Hinzugekommene sind – aber eben in ihm Hinzugekommene. Eine einfache Adaption jüdischer Riten in christlichen Gemeinden, vielleicht sogar eine Seder-Feier ohne jüdische Beteiligung konnte sich Fangmeier nie vorstellen. Es gab in Schöller am Gründonnerstag einen Tischgottesdienst mit Elementen aus der Pessach-Liturgie. Und den Wein dazu kaufte er in der jüdischen Gemeinde, damals in Elberfeld. Und es war ihm auch wichtig, in das Taufwasser einen Tropfen Wassers aus dem Jordan hinzuzutun. Aber das geschah bei ihm nicht um der Anbiederung oder der nahtlosen Adaption willen, sondern weil ihm die Verbundenheit mit dem erwählten Volk und dem Land so entscheidend für uns Christen war.

---

10 Jürgen Fangmeier, Sind wir Diebe an Israel?, in: *RKZ* 129 (1988), 224-226.
11 Die folgenden Punkte beziehen sich auf die im Aufsatz „Sind wir Diebe an Israel?" (S. 225f.) formulierten Konklusionen.

Zweitens warnte er davor, die Solidarisierung mit Israel als Spiel zu verstehen, von der man sich in anderen Zeiten auch dispensieren könnte. Im Golfkrieg hatten Fangmeiers ein weißes Tuch aus dem Fenster hängen als Zeichen für die Botschaft vom Frieden – was in Kreisen des jüdisch-christlichen Dialogs aber schon als Verrat an Israel gedeutet wurde. Für Fangmeier aber war die Kritik am Golfkrieg keine Aufkündigung der Solidarität mit Israel, sondern deren für manche menschlichen Beziehungen auch harte Bewährungsprobe.

Drittens betonte Fangmeier, dass die Behauptung, dass die Kirche Miterbin der Verheißung sei, nur behauptet werden darf im „Bewußtsein, uns ihr [sc. der Miterbenschaft] als gänzlich unwürdig erwiesen zu haben."[12] Diese Gebrochenheit christlicher Existenz, die aus der Sicht Fangmeiers zur am Kreuz erkennbaren grundsätzlichen Gebrochenheit des gerechtfertigten Sünders gehört, führt nicht zur billigen Entschuldigung, sondern zu einer neuen Verantwortung: Vom Judentum zu lernen und „demütiglich-verantwortlich mit jüdischem Gut umzugehen."[13]

Anders als manche andere Stimmen im damaligen Ausschuss betonte Fangmeier deshalb aber auch, „daß nicht behauptet werden kann, Israel bedürfe Jesu Christi nicht."[14] Letzteres Zitat entstammt einem offenen Brief an den Münsteraner reformierten Alttestamentler Franz Hesse, der sich vehement gegen den Rheinischen Synodalbeschluss zur Wehr gesetzt hatte – und Fangmeier wusste um seine besondere Rolle im Ausschuss: Er warb auch um die Zustimmung von Franz Hesse und anderen, die aus christologischen Gründen Mühe mit dem Bekenntnis zur bleibenden Erwählung Israels hatte. Fangmeier antwortet ihm in diesem Zusammenhang doppelt. Einerseits, und das habe ich eben schon zitiert, braucht auch Israel Jesus Christus: „Bei aller Zeugenschaft Israels bedarf es des Messias Jesus und seines Heils."[15] Das klingt auf den ersten Blick nach einer Bejahung der Judenmission, die Franz Hesse gefordert hatte. Fangmeier dann aber weiter: „Hat die Kirche aus den Völkern einen Missionsauftrag an Israel? Diese Frage

---

12 A.a.O., 225.

13 A.a.O., 226.

14 Jürgen Fangmeier, Offener Brief an Franz Hesse, in: Bertold Klappert / Helmut Starck (Hg.), *Umkehr und Erneuerung. Erläuterungen zum Synodalbeschluß der Rheinischen Landessynode 1980 „Zur Erneuerung des Verhältnisses von Christen und Juden",* Neukirchen-Vluyn 1980, 66-71, 70.

15 Ebd.

vermag ich vom Neuen Testament her nicht mit ja zu beantworten. [...]
Nach Röm 11,26 wird und muß Gott selbst der Judenmissionar sein."[16]

Wie gesagt: Viel hat Jürgen Fangmeier zur Thematik nicht verfasst – es
sind vielleicht zusammen knappe 20 Seiten. Aber es war neben anderem
doch ein wichtiges Thema seiner theologischen Existenz – von Kind an.

In einem von seinen im Ruhestand verfassten Heften schreibt Jürgen
Fangmeier zur Thematik:

„SIND SIE JUDE?"

Zu einer Chagall-Ausstellung habe ich eine Lesung aus jüdischen Texten gehalten. Nachher spricht mich eine Frau an und fragt: „Sind Sie Jude?" Hat diese
Frau empfunden, dass ich eine lebendige Beziehung zum Judentum habe, so
dass sich ihr diese Frage aufdrängt? Ich werde mir bewusst: Das hat mich noch
nie jemand gefragt gehabt. Und: Ein Ja auf diese Frage ist für viele das Todes-
urteil gewesen! Eigentlich ist es eine Ehre, auf diese Frage mit ja antworten zu
können, denn da ist Gottes Erwählung.

Ich sage der Fragestellerin: „Ich bin nicht Jude. Wenn ich es wäre, wäre mir
dies aber durchaus recht. Doch bin ich es nicht." Später hat mich die gleiche
Frau noch einmal dasselbe gefragt. Diesmal habe ich zurückgefragt: „Sind Sie
Jüdin?" Sie hat die Frage bejaht. Ich habe dann wieder sagen müssen, dass
ich nicht Jude sei. Aber ich habe ihr die Hand gereicht und ihr das als Geste
der Verbundenheit gedeutet. Und ihr dann erzählt, ein Onkel von mir habe
eine Halbjüdin geheiratet, u.zw. in der Zeit der zunehmenden Judenhetze der
Nationalsozialisten, und ich sei mit diesem Zeichen der Solidarität immer sehr
einverstanden gewesen. Mein Gegenüber hat sich sichtlich gefreut. Mir aber
geht die Frage dieser Frau weiter durch den Sinn. Immerhin habe ich 1978
folgendes geschrieben: „Ich kann mir eine Situation vorstellen, wo nach neuem
maßlosen Leid für das Judentum durch aktive oder passive Schuld der Christenheit ich mein Christsein (!) nur noch im Judentum leben könnte: bei der
Synagoge anklopfend wie einst Büßer bei der Klosterpforte."[17]

---

16 Ebd.
17 Jürgen Fangmeier, „Reichskristallnacht" und vierzig Jahre danach. Erinnerungen und
   Reflexionen, in: Andreas Baudis u.a., *Richte unsere Füße auf den Weg des Friedens*. FS
   Helmut Gollwitzer, München 1979, 522-527, 527.

3. Theologische Existenz

Der dritte und kürzeste Akzent, den ich setzen möchte, gehört zum akademischen Lehrer Jürgen Fangmeier unbedingt dazu; diejenigen, die bei ihm studiert haben, erinnern sich an seine Seminare im Remscheider Gefängnis und insgesamt eher noch zahlreicher wahrscheinlich an die Begegnungsseminare mit Angehörigen von Freikirchen, Sekten und Weltanschauungen. Ich sehe hier verschiedene Gründe bei Jürgen Fangmeier, die ihn gerade zu letzteren Veranstaltungen bewogen haben. Ich fange einmal mit dem sekundären Element an, das aber für viele Studierende wichtig war: Nie ging es nur darum, andere kennen zu lernen, sondern auch, selber im Glauben sprachfähig zu werden. Elementar sagen zu können, was die eigenen evangelischen Fundamente sind, was zentral und was dann eher peripher – und dann so dialogfähig zu werden. Das Zweite war ein ökumenisches Interesse. Jürgen Fangmeier hatte manchmal den Eindruck, als sei unser Ökumeneverständnis allein auf das Gegenüber der röm.-katholischen und vielleicht noch der orthodoxen Kirche gerichtet. Sein Anliegen war es deshalb, einen Blick auf die kleineren Gemeinschaften, auf die Freikirchen zu richten – hier hat er übrigens auch einzelne Forschungen angeregt.[18] Im Wuppertal zu findende kirchliche Gemeinden haben nicht wenige Studierende damals gleichzeitig beeindruckt und befremdet – und immer lag es Jürgen Fangmeier daran, zunächst zu verstehen und zu würdigen, bevor auch kritische Fragen dran waren.

Für einen Barth-Schüler waren diese Wege in die gelebte Frömmigkeit tendenziell ungewöhnlich, war hier doch weniger von Gottes objektivem Handeln die Rede, wurde steile Christologie nur selten traktiert, sondern mehr die menschliche und christliche Erfahrung. Ich habe es bisher selten bei deutschen Hochschullehrern und -lehrerinnen erlebt, wie sehr die geistliche Erfahrung immer wieder Thema wurde – und die beiden schon geschilderten Hinweise stehen für unzählige Episoden und Erlebnisse; ja, auch Fangmeiers Predigten waren übervoll von solchen Deutungen von Erlebnissen. Vielleicht waren sie sogar für manchen zuviel. In seinen kleinen Heften „Erlebnisse, Zeichen" kann man viel von diesen Begegnungen und Erinnerungen nachlesen.

---

18 Zu denken ist etwa an die Arbeit von Wolfgang Heinrichs, *Freikirchen - eine moderne Kirchenform. Entstehung und Entwicklung von fünf Freikirchen im Wuppertal*, Köln, Gießen und Wuppertal ²1990.

Wie aber passt, so mag man fragen, die steile Barthsche Theologie zu solch einer erfahrungsorientierten Person? Die Antwort sehe ich gar nicht weit weg von Fangmeiers Brunner-Interpretation. Wer wie manche Dogmatiker den Begriff der Erfahrung in den Mittelpunkt stellt, versteht diese nicht selten als „Grunderfahrung" oder „existentiale Kategorie". Und steht dann in der Gefahr, auch zum Richter über Entscheidungen zu werden. Fangmeier stand, wie übrigens auch Barth, nicht in dieser Gefahr. Weil jegliche Erfahrung auch als Gottesbegegnung gedeutet werden kann und darf, ohne dass sie von anderen oder für andere normativ gemacht wird, kann man gelassen und neugierig Erfahrungen machen – gute und schwere.

Theologie ist Lebenswissenschaft, nicht Kulturwissenschaft und auch nicht Geisteswissenschaft. Sie hat es wohl zu tun mit dem Geist und den Geistern und auch mit der Kultur. Und wenn Jürgen Fangmeier, Barths Einführung in die evangelische Theologie interpretierend, sagt, dass die theologische Existenz dort keine tragende Rolle spielt, aber dennoch gelte: „Der Horizont theologischer Existenz durchzieht aber in gebührender Bescheidenheit und Bezogenheit das ganze Werk"[19] – dann fällt es nicht ganz schwer, diesen Satz auch auf Jürgen Fangmeiers theologische Existenz zu beziehen.

Auf Jürgen Fangmeiers akademische Vita könnte man deshalb den von ihm geprägten Satz stellen: „So ist theologische Existenz die Alternative zu einer Theologie der Existenz."[20] Nicht um die Selbstreflexion geht es, nicht um individuelle Erbauung, sondern um den Dienst für die Gemeinde. Theologische Existenz heißt für Jürgen Fangmeier, Theologe und Theologin für die Gemeinde zu sein und zu werden – immer wieder neu.

Ich zitiere einmal etwas länger: „Daß die Theologie der Gemeinde zu dienen und darum auf die Gemeinde, ihre geistlichen Erfordernisse, auch ihre Denkweise, Rücksicht zu nehmen hat, sei es denn als auch die ‚Schwachen', erscheint auf den ersten Blick als unanfechtbar. Als Einwände melden sich aber die Hinweise auf die (auch von Gott geliebte!) Welt, auf massive Falschtheologie der Gemeinde, auf Wahrheit und Wissen. Aber abgesehen davon, daß die ‚Welt' viel mehr, als oft vermutet wird, auf die Seite der ‚Schwachen' und viel weniger auf die Seite der ‚Starken' gehört, ist der (zu Recht gegenüber der Gemeindetheologie kritische) Zunfttheologe im-

---

19 Jürgen Fangmeier, Theologische Existenz heute?!, in: Eberhard Busch / Jürgen Fangmeier / Max Geiger (Hg.), *Parrhesia. Karl Barth zum 80. Geburtstag*, Zürich 1966, 366-387, 371.
20 A.a.O., 387.

mer wieder an das Gebot der Selbstkritik zu erinnern: wirklich pro mundo? Wirklich pro ecclesia? Wirklich pro veritate? Nicht u.U. vielmehr ein eigenes pro me? Was dann wieder neu zu der Frage hinleitet [...]: Was will der Text? Und da wird man an der immer wiederkehrenden Linie von Gott auf (lebende oder werdende) Gemeinde nicht vorbeikommen. Ebensowenig an der eigenen Berufung als Gemeinde-Glied, die für die theologische Existenz fundamental ist. Des Kampfes und auch Ärgers mit fundamentalistischer Selbstgewißheit, Borniertheit oder Nervosität wird dann immer noch genug bleiben."[21]

Ernstmachen mit Gott und die Menschlichkeit des Menschen – kein Widerspruch. Sondern die Aufgabe theologischer Entsprechung. Jürgen Fangmeier hat mit seiner eigenen theologischen Existenz vielen Menschen an der Kirchlichen Hochschule Wuppertal, am Johanneum, in Schöller und an vielen Orten Mut gemacht, als Christenmensch zu leben und zu denken, zu denken und zu leben. Mir auch.

---

21 A.a.O., 380.

Rezensionen

Angela Dienhart Hancock, Karl
Barth's Emergency Homiletic,
1932-1933. A Summons to
Prophetic Witness at the Dawn
of the Third Reich, Grand Rapids
2013

In may 1932 Barth broke with the
academic protocol and trespassed
on the 'territory' of his colleague in
Practical Theology in Bonn, Pfen-
nigsdorf, announcing in a letter to
him, that he intended to provide a
course in homiletics the next semes-
ter. It was not only the complaint
about the 'practical inadequacy of
his own students', that caused Barth
to give this course, he wrote to Pfen-
nigsdorf, but also the urge to give
exercises in the 'consequences of my
systematic theology for preaching',
preaching being called 'the bottom
line of theology'. Angela Dienhart
Hancock has written a historical,
theological and homiletical reconstruction of what was said in these two
semesters in homiletics and why. She
calls her book a 'work of recovery,
the excavation of something lost to
the theological imagination', namely
'the story of a preaching classroom
becoming a place of resistance in
Germany'. In a way her 'reconstruc-

tion' is also a homiletical 'rehabilita-
tion'. In his homiletic, David Buttrick
has made the damning assertion that
'if Karl Barth had been in South Af-
rica and not Prussia, he would have
told a figure like Desmond Tutu to
keep quiet about apartheid', and this
miserable caricature has often been
repeated. Hancock shows convin-
cingly how Barth's homiletic is first
of all a concrete theological-contex-
tual answer to what was happening
politically, societally, ecclesiastically
and homiletically in these macabre
months of 1932-1933.

Hancock opens her study with
a sketch of Barth's 'theological existence', explaining the coordinates
of his theology and the contextual
fronts of it. In the second chapter she
gives a panorama of the 'theological
existence in Weimar', and she uses
three lenses to characterize this period: the political, the ecclesiastical
and the academic. The chapter is a
fascinating archeological reading in
showing how these different domains
are interrelated. In her third chapter
Hancock analyses the pivotal importance of language. She shows how
'words functioned in Weimar' and
'how the church's speech about God,
particular in its preaching, was in-
filtrated by the propaganda pressing
on all sides'. It would become one of
Barth's major homiletical motives: to
detoxicate the practice of preaching
from the arsenic language surroun-

ding and pervading the church and her vocabulaire. Barth made a persistent plea for a dissident focus of the students on being principally servants of God's living Word. Hancock stresses the fundamental weakness of theological discourse in the 1930s, in the church's desperate need for wanting to be *relevant*, especially 'in the Reich to come'. Subsequently Hancock analyses the homiletical heritage in Germany, trying to reconstruct the reason why the church in her preaching was so vulnerable for a merger of 'Gospel and propaganda'. She shows the importance of the 'mystical collective of the *Volk*' in the German *Geistesgeschichte* and how the contemporain homiletical demand of 'being close to the hearer' could merge with this *Anliegen*. The focus changed from 'what is in the text', to 'what is in the soul of the *Volk*'. Preaching became 'pastoral care for the *Volksgemeinde*'.

It is Hancock's fundamental claim that Barth's homiletic should first of all be understood as a response to the *emergent* situation in which he lived (see her title *Emergency Homiletic*). She shows how each of the criteria Barth developed for preaching has this contextual strength and aim. For instance the criterium of the *church* as primal locus of preaching is a critique on the *Volk* as primal locus; the *Bekenntnismässigkeit* of the sermon is a critique of the

church having a *public* interest and a *political* agenda; the *Amtsmässigkeit* of the preacher underlines that the locus of legitimacy of the preacher is not in human criteria, including race (think of the Aryan paragraph), but in God's calling; his critique on the 'introduction' in the sermon is first of all aimed at those sermons that embedded the sermon in the 'great stream of German history' or in the particularities of the German *Volks-Seele*. Hancock means: This is not per se a *Barthan fatwa* on introductions in sermons all forms or circumstances, Barth didn't have the time to consider all these aspects, it was first of all an attempt to discredit the concrete practices of his day. It is also not true that the preacher 'disappears' in the act of preaching, in Barth's view. Barth writes about the preacher that should love his congregation, be open to them and share his life as one of them, even having a certain form of Kairos-consciousness of what should be said to these people in their concrete circumstances. The question is not *whether* they should speak a word to the situation, Hancock resumes, but *how and why*. The habitus Barth learns his students is distinctly filled with the spirituality of prayer, humility, soberness, *Heiligkeit*. Thus Hancock concludes: 'The *Predigtvorbereitung* artifacts tell a compelling story of emergency practical theology; they do not reveal some kind of timeless universal homiletical blueprint, we might label *Barthian*, but they offer a glimpse of a self-consciously contextual, dialectical, theological and contemporary homiletic forged in the midst of political and personal turmoil'. In my opinion her reconstruction doesn't *weaken* Barth's homiletic, but opens it as a concrete practice of 'theological imagination' by which any context is served.

C.M.A. van Ekris

C.M. van Driel, Het volk zonder applaus. De receptie van Karl Barth in hervormd-gereformeerde en christelijk-gereformeerde kring (Ad Chartas 25; Barneveld2014

Van Driel has issued a compilation of four articles, previously published in *Theologia Reformata*, on the reception of Karl Barth among conservative Protestants in the Netherlands between 1925 and 1968, accompanied by an introduction, conclusion and epilogue. The main title, 'The non-applauding people', characterizes Van Driel's subject of research: the reticent 'hervormd-gereformeerden' (members of the Dutch Reformed Church who consider themselves heirs to the pietistic 'Further Reformation') and the 'christelijk-gereformeerden'

(members of the Christian Reformed Churches who see themselves as heirs to the secession of 1834). Both are relatively small fractions of organized Christianity in the Netherlands. Van Driel notes: 'The contributions to the Barth reception of hervormd-gereformeerden and christelijk-gereformeerden have barely drawn the attention of people who were not of their own set, and have not played any role at all in further discussion.' (p. 146), which is probably the reason why many of these contributions have escaped the notion of both H.M. Wildi and the later *Karl Barth Literature Database*, and S. Hennecke (*Karl Barth in den Niederlanden*, 2014). Van Driel has carefully examined the records in order to fill this gap, although he has not been entirely exhaustive; upon closer examination, Barth is not mentioned for the first time in the Reformed periodical *De Waarheidsvriend* in 1926 (p. 29), but already twice in 1925, first in a report of the lecture 'Barth and his school' by rev. R. Dijkstra (Amsterdam) for the annual meeting of Reformed ministers, then in a report of a lecture by W. Kolfhaus, a leading man in the *Reformierter Bund in Deutschland* and admirer of Barth. The first report is rather critical on Barth's dialectics and hermeneutics, whereas the latter uncritically reproduces the final words of Kolfhaus' lecture on the growing influence of Barth's theology in Germany: 'winter is ending, spring is coming!'

In the 20s, the Reformed exercised restraint vis-à-vis new theological insights. Barth's dialectical theology was met with reserve and mixed feelings (hervormd-gereformeerd) or with general disapproval (christelijk-gereformeerd). In the 30s, Barth is appreciated for his attitude in the Church Struggle, but his theological innovations in the CD aroused suspicion. The writings of G.C. Berkouwer, a leading figure in the (slightly less conservative) Reformed Churches in the Netherlands, were leading in their estimation of Barth's theology: first *Karl Barth* (1936), in later years the more clement *The Triumph of Grace in the Theology of Karl Barth* (1954). In general, the form of Barth's theology was deemed too philosophical and its contents too progressive: his stance toward infant baptism, Christian institutions, and his doctrines of Scripture and election proved to be indigestible to them, he deviated away from Three Forms of Unity, and he tended towards universalism. Some were more sympathetic, mainly because of agitation against the 'sugary' God of the 19th century, his criticism of the self-congratulatory Reformed orthodoxy, and his plea for faith itself as the sole basis of belief.

Barth offered a way of dealing with a new era of agnosticism and secularization, but for a long time, those developments have remained largely unknown to the hervormd-gereformeerden and christelijk-gereformeerden. With the advent of existential theology, Death of God theology, liberation theology and the like in the 50s and 60s, things started to change. Whereas the interest of Dutch theologians in Barth rapidly faded, the Reformed started to appreciate Barth's relatively conservative view on God and man. Faced with those newer theologies, their former criticism seemed futile.

In the epilogue, Van Driel discusses very briefly the Reformed Barth reception in the Netherlands since the 60s. Until the 90s, the tone was critical, sometimes censorious. After the turn of the century, however, one detects a certain amount of gratitude towards Barth. Van Driel attributes this to the waning denominationalism ('pillarization') in the Netherlands. The fact that Van Driel's articles were published in the hervormd-gereformeerd periodical *Theologia Reformata* provides also a clear illustration of this development.

The author cautiously stays in the background. Does he consider himself to be Reformed? How well-versed is he in Barth's writings? For the reader, it remains a matter for conjecture. From his choice of words, the reader could sometimes gather that, in the author's opinion, the reception of Barth by the Reformed has not always been fair. Unfortunately, he does not elaborate on that, probably pursuing a form of objectivity he deems desirable. Nevertheless, Van Driel has treated us with a lucid survey of the Reformed Barth reception in the Netherlands up to and including the 60s. His book offers a welcome supplement to Hennecke's *Karl Barth in den Niederlanden*. Hopefully he intends, just like Hennecke, to write a sequel to this fascinating study.

Gerard van Zanden

Marco Hofheinz, »Er ist unser Friede«. Karl Barths christologische Grundlegung der Friedensethik im Gespräch mit John Howard Yoder (Forschungen zur systematischen und ökumenischen Theologie, Band 144), Göttingen, 2014

Dass Karl Barth sich zeitlebens mit den Fragen von Krieg und Frieden beschäftigt hat, braucht keine nähere Begründung. Bekanntlich hat der Erste Weltkrieg – und vor allem die Befürwortung der deutschen Kriegspolitik durch seine hochgeschätzten akademischen Lehrer – ihn zu einer radikalen theologischen Neuorientierung veranlasst. In der Zeit des Dritten Reiches hat er die Deutschen – auch die Bekennende Kirche! – erschüttert mit seinem Hromádka-Brief von 1938, in dem er die Verteidigung der Tschechoslowakei gegen einen Nazi-Übergriff als christlich geboten affichierte. Schließlich hat Barth sich dann in den fünfziger Jahren des 20. Jahrhunderts klar engagiert im Streit gegen die atomare Bewaffnung. Vor diesem Hintergrund ist es auffällig und auch wohl merkwürdig feststellen zu müssen, dass Barths Friedensethik noch nie selbständig systematisch analysiert und dargestellt worden ist. Dass Marco Hofheinz sich dieser Aufgabe gewidmet hat ist also eine sehr begrüßenswerte Ausfüllung einer Lücke in der Barth-Forschung!

Der Untertitel deutet an, dass auch John Howard Yoder (1927-1997), amerikanischer mennonitischer Theologe, der bei Barth studiert und sich in mehreren Büchern und Artikeln mit seinem Denken über Krieg und Frieden auseinandergesetzt hat, ins Gespräch einbezogen wird. Nun hat Yoder sich zu Barth verhalten und in mehreren Publikationen über seine Friedensethik geäußert, aber umgekehrt war das kaum der Fall. Der Untertitel besagt denn auch nicht, dass Barth sich mehr oder weniger intensiv mit

Yoder ausgetauscht hat, sondern dass Hofheinz das Gespräch führt. Weil Yoders Schüler Stanley Hauerwas heute einer der einflussreichsten Vertreter eines christlichen Pazifismus ist, lag es wohl auf der Hand nicht nur Barth zu Wort kommen zu lassen und zu befragen, sondern auch die Rezeption Barths bei Yoder und dessen kritische Fragen und Bemerkungen in dieses Buch aufzunehmen. Dennoch werden Hauerwas und seine ‚Schule' in diesem Buch kaum berücksichtigt und ist es die heutige theologisch-friedensethische Diskussion – namentlich die im deutschen Sprachraum –, mit der Hofheinz dieses Buch eröffnet und in die er im letzten Kapitel Barth einbringt. Wenn jetzt die Parolen „gerechter Friede" oder „gerechter Krieg" die Diskussion weitgehend beherrschen, wo stünde jetzt Barth dann, der ‚Erfinder' des Ausdrucks „gerechter Friede"?

Bevor diese Frage besprochen werden kann, ist eine andere Klarstellung erforderlich, nämlich: Ist es sachgerecht, wenn man von „christologischer Begründung" der Ethik bei Barth spricht? Dies würde ja bedeuten, dass ethische Positionen – nachträglich – christologisch begründet und das heißt dann wohl legitimiert werden. Barth wird oft so interpretiert – und dementsprechend abgelehnt und diffamiert als autoritär und dezisionistisch. Damit wird Barths ethische Denkweise aber völlig verkannt. Hofheinz wählt ganz bewusst den anderen Terminus: ‚Grundlegung'. Deswegen kann er aber nicht umhin, die Konturen von Barths Ethik zu zeichnen, die *nicht* im Zuge einer natürlichen Theologie menschliche Urteile theologisch untermauert und legitimiert, sondern in der es darum geht, dass von Jesus Christus her gelernt und verstanden wird, was es auf sich hat, dass Er unser Friede ist und dass es Ihm zu folgen gilt, der alle Macht im Himmel wie auf Erden hat.

Um Barths Ethik gerecht zu werden, ist es nach Hofheinz angebracht, den Unterschied und den Zusammenhang zwischen ‚Entdeckungszusammenhang' und ‚Begründungszusammenhang' zu bedenken und damit zu zeigen, dass Barths (Friedens)ethik keine sauber theologische Exerzition ist, sondern ihren „Sitz im Leben" in einer ebenso sorgfältigen wie engagierten Wahrnehmung der geschichtlichen Lage hat. Hier sieht man, wie die ‚analogia fidei' bei Barth konkret stattfindet.

Die fundamentalen Fragen werden in den vier Kapiteln der ersten Hälfte des Buches (107-339) erörtert, das unter der Überschrift „Christologische Grundlagen der Friedensethik Karl Barths" steht. Die fünf Kapitel des zweiten Teils (341-647) werden präsentiert als

„konzeptionelle Konkretionen zur christologischen Grundlegung der Friedensethik Karl Barths". Das Gespräch mit Yoder wird angefangen im 3. Kapitel des ersten Teils, wo die Nachfolgekonzeptionen verglichen werden, und konkretisiert weitergeführt im 2. und 4. Kapitel des zweiten Teils, wo Barths Rede vom ‚Grenzfall' von Yoder her angegangen wird bzw. Yoders (!) „Rezeption der Lehre – oder besser: Tradition – vom gerechten Krieg" unter die Lupe genommen wird. Weiter zeigt Hofheinz im zweiten Teil u.a., wie Barth inhaltlich-theologisch in der Diskussion über die atomare Bewaffnung in den fünfziger Jahren des zwanzigsten Jahrhunderts vorging; im Schlusskapitel zeichnet er Barth wieder in die heutige friedensethische Diskussion ein.

Ich habe dieses Buch, wegen all dem, was es enthält, mit großem Gewinn gelesen: sorgfältige Analyse von Barths Ethik im allgemeinen und seiner Friedensethik im Besonderen, aufschlussreiche Beschreibung der heutigen friedensethischen Debatte, und vieles mehr. Dass hier und da etwas knapper hätte formuliert und Wiederholungen hätten vermieden werden können, hat dem kaum Abbruch getan.

Gerard den Hertog

Verzeichnis der Autorinnen und Autoren

Margit Ernst-Habib, Dozentin für Systematische Theologie, Columbia Theological Seminary Decatur/Atlanta, margiternst@web.de

Drs. Kees van Ekris, Pfarrer der Protestantischen Gemeinde in Zeist, cmavanekris@live.nl

Prof. Dr. Gregor Etzelmüller, apl. Professor für Systematische Theologie, Ruprecht-Karls-Universität Heidelberg, gregor.etzelmueller@wts.uni-heidelberg.de

Prof. Dr. Gerard C. den Hertog, Professor für Systematische Theologie, Theologische Universität Apeldoorn; g.c.den.hertog@hetnet.nl

Prof. Dr. Ernstpeter Maurer, Professor für Systematische Theologie, Technische Universität Dortmund, ernstpeter.maurer@tu-dortmund.de

Prof. Dr. Georg Plasger, Professor für Systematische und ökumenische Theologie, Universität Siegen, plasger@evantheo.uni-siegen.de

Prof. Dr. Christiane Tietz, Professorin für Systematische Theologie, Universität Zürich, christiane.tietz@theol.uzh.ch

Prof. Dr. Annette Weissenrieder, Professorin für Neues Testament, San Francisco Theological Seminary, AWeissenrieder@sfts.edu

Gerard van Zanden MA, Doktorand der Protestantisch Theologischen Universität Amsterdam und Pfarrer der Protestantischen Gemeinde in Pesse / NL, gerardvanzanden@pthu.nl

Prof. Dr. Ruben Zimmermann, Professor für Neues Testament, Johannes Gutenberg Universität Mainz, zimmerru@uni-mainz.de

Dr. Peter Zocher, Leiter des Karl Barth-Archivs, Basel, peter.zocher@unibas.ch